天津社会科学院 中国城市史研究会 主办

城市史研究

（第31辑）

URBAN HISTORY
RESEARCH

张利民　主编

社会科学文献出版社
SOCIAL SCIENCES ACADEMIC PRESS (CHINA)

《城市史研究》 编委会

目　录

变消费城市为生产城市

——1949 年前后中国共产党关于城市建设方针的提出过程及原因

李国芳

内容提要：1940 年代末，中国共产党开始大规模地攻占城市，着手城市管理工作，并决定把工作重心从农村转移到城市。在此过程中，中国共产党从革命党的眼光，着眼于对中国社会"半封建半殖民地"性质的判断，以马克思剩余价值理论为核心，以实现工业化为使命，逐渐形成了新的城市建设方针。中国共产党认为，中国城市以往均为"消费城市"，自己的目标就是把其变为"生产城市"。

关键词：城市规划 城市建设方针 中国共产党 消费城市 生产城市

"消费城市"与"生产城市"，是在中华人民共和国成立前后中国共产党人对城市既有经济状况的大体评估，及对城市未来建设方针的总体判断。换言之，在中国共产党人看来，城市本应是现代生产方式主要是工业生产的集聚区域，也是中国实现独立、富强梦想的重要支柱。当时，中国的大多数城市虽然显示出繁华与喧嚣气象，但更多地依赖商业、服务业等行业，而恰恰缺少发达的工业；未来的中国要实现独立、富强，唯一之途便是在城市中发展工业，变"消费城市"为"生产城市"，变中国为工业国。

那么，变"消费城市"为"生产城市"这一城市建设方针是怎样形成的呢？中国共产党人缘何提出该方针呢？本文拟围绕党史研究中的这个薄弱问题①做一大致梳理。

一 变"消费城市"为"生产城市"新方针的形成

抗日战争结束以前，中国共产党的主要任务是动员工人、农民进行革命，未及长期占领城市，并以城市主人的身份看待、管理城市，如何建设城市的问题自然提不上议事日程。抗日战争胜利后，中国共产党派出大批干部与部队进军东北，首先在东北有了牡丹江、齐齐哈尔、哈尔滨等数座城市，从而开始思考如何管理城市、改造城市与建设城市的问题。

中国共产党代表了工农劳动者的利益，宣扬"劳工神圣"，并曾在抗日根据地时期大力提倡改造农村中不务正业的"二流子"。因此，当中国共产党人在这些城市中看到大量的闲散劳动力构成一个纯粹"消费"而不"生产"的特殊群体，终日无所事事之后，便决心改变这种现象。在牡丹江市，该市领导人提出，为了搞好财经工作，最迫切的任务便是紧缩城市，把闲散劳动力、逃亡地主及"旧的城市的统治阶级"及其"走卒"，"包括警察、特务、腿子，以及与此有联系的统治分子"等15000人迁移到乡村。面对这个举措是否会影响城市工商业发展的疑虑，中共牡丹江市委书记张烈解释道："有的同志怕城市人口减少会影响工商业，影响城市之繁荣，实际恰好相反，城市里单纯消耗的人越多，城市的负担就越重，只有人人参加生产，整个社会财富增加，农民富裕，工业发达，才会有真正的繁荣。"②在颇受俄罗斯风习影响的哈尔滨，市民烫发与妇女涂口红并不鲜见。在中国共产党人看来，这不但与"生产"无关，而且属于"旧社会奢侈颓靡之劣习"，因此首先通令市政府及"附属机关之学校男女员工

---

① 在既有的相关研究成果中，城市学、城市史或经济史领域的专家学者贡献最多。如中国市长协会、《中国城市发展报告》编辑委员会编《中国城市发展报告（2001～2002）》，西苑出版社，2003，第578页；董志凯《从建设工业城市到提高城市竞争力——新中国城建理念的演进（1949～2001）》，《中国经济史研究》2003年第1期；李益彬《启动与发展——新中国建立初期城市规划事业研究》，西南交通大学出版社，2007，第28～30页等。但这些论著对该问题一般均泛泛带过，并未详细考察其提出过程、原因等问题。

② 张烈：《关于移民问题（节选）》（1946年8月），中共牡丹江市委党史研究室《北疆旭日——牡丹江城市接管与社会改造》，黑龙江朝鲜民族出版社，2000，第42～45页。

不得烫发，女教员、女职员不得涂抹口红"。①

对于牡丹江市的上述做法，东北地区中国共产党高层完全赞成。1947年3月，东北局把"组织与强迫城市流氓与失业者到农村中，从事农业生产"，列为如何发展生产的措施之一。② 东北地区的其他城市，如哈尔滨、齐齐哈尔等积极响应。③ 据统计，自该年11月至次年3月，哈尔滨市共移民7000余户将近3万人"下乡生产"，④ 1948年则有1.3万户3万余人被移出哈尔滨市"开荒、造林、打鱼"。⑤

在华北地区，因为中国共产党军力相对较弱，攻占城市也相对较迟。到1947年11月，晋察冀野战军才占领了一座大城市——石家庄。为了肃清城市中的"不稳定因素"，稳定城市秩序，中国共产党准备把几万名逃亡地主驱逐出城。问题是，石家庄是一座主要依靠铁路交通而繁荣发展起来的商业城市，人口聚集与周边交通至关重要。故在石家庄与周边城市交通难以很快恢复正常的情况下，骤然间驱逐几万名消费能力较强的逃亡地主出城，很可能会影响到石家庄的商业贸易。对此，中央工委书记刘少奇并不担心。他估计，这样做，"石家庄的商业可能要缩小些"，但这并非什么大不了的事情，因为"繁荣市面"绝不是共产党所希望的，"今后支持石家庄建设的是精干的生产事业"。⑥ 刘少奇为石家庄所指明的发展方向及随后石家庄的实践，同样得到了中央工委常委朱德的肯定。朱德称："过去这些城市里面是一些什么呢？是封建官僚的堡垒，他们并不一定要生产。而是他们把这些地方统治起来，归他们去压迫剥削乡村和城市里面的工人、农民、小资产阶级，为他们服务。现在我们进城了，要组织人民大众发展工业生产。过去在衙门做事的人，现在也要把他们变成生产者，使

---

① 《哈尔滨特别市政府通令"秘字第3号"》（1947年1月16日），哈尔滨特别市政府秘书处编《哈尔滨特别市政府公报》第1期，第12页。
② 东北局：《关于1947年度财经工作方针与任务的指示》（1947年3月4日），东北解放区财政经济史编写组编《东北解放区财政经济史资料选编》第1辑，黑龙江人民出版社，1988，第36页。
③ 《东北城市移民下乡参加明年生产运动》，《人民日报》1947年12月6日，第2版。
④ 《哈市移民月底结束》，《东北日报》1948年3月19日，第2版。
⑤ 李富春：《关于城市工作的几个问题》（1949年3月7日），《李富春选集》，中国计划出版社，1992，第62页。
⑥ 《刘少奇同志对石家庄工作的指示》（1947年12月16日），中共中央文献研究室编《刘少奇年谱（1898～1969）》（下），中央文献出版社，1996，第109页。

他们不是靠衙门吃饭。我们是要人民自己办自己的事，把整个城市变成生产的城市。"①

为了把东北、华北城市的上述做法推广开来，更为了给中国共产党即将大规模占领的其他城市明确发展方向，中国共产党中央华北局机关报《人民日报》与东北局机关报《东北日报》先后刊发数篇新华社通讯，首次公开提出了带有明显导向性的"生产城市"概念。其中，1948年6月下旬的一篇通讯报道说："哈尔滨市工业继续飞速发展，工业成品的出产逐月猛增。现哈市在民主政府正确工商业政策指导与扶植下，日益向生产城市方向发展。"② 另一篇通讯则开门见山地强调："牡丹江市经过'吸收外资发展工业'及逐渐纠正了敌伪统治期间残存的与国民生计无益的畸形商业繁荣后，现全市正当工商业已获得迅速发展，基本上消灭了失业现象，成为一个生产的城市。"③ 同年9月的另一则报道同样以牡丹江市为例，说明经过共产党三年来的改造，该市已从"一座消费的城市慢慢的转为生产城市"。④

很快，把"消费城市"转变为"生产城市"的例证接连出现在《人民日报》上，如《牡丹江成为相当电气化的城市，工业发展速度超过商业，非必需的行业日趋减少》《洛阳经过半年建设，逐渐变成生产城市》《在毛泽东旗帜下走上光明大道，石家庄解放一周年业已变成生产城市》等。⑤

与此同时，对共产党占领下华北地区其他一些城市的不同做法，华北局坚决予以否定和批评。当时，一些城市工作干部"对外来非必需品不是坚决禁止，存在有依靠这些外来非必需品来繁荣城市的思想"，"忙于开澡塘，开戏院，举办庙会"，试图依靠商业、扩大消费来"繁荣城市"。对此，华北局认定其均为"模糊观点""错误思想"，是与发展城市、繁荣城

---

① 《朱德在华北工商业会议上的讲话》（1948年5月21日），华北解放区财政经济史资料选编编辑组等编《华北解放区财政经济史资料选编》第2辑，中国财政经济出版社，1996，第681页。

② 《哈市工业飞速发展，工业成品逐月猛增》，《人民日报》1948年6月22日，第2版。

③ 《工商百业迅速发展，牡丹江成生产城市》，《人民日报》1948年6月27日，第2版。

④ 《牡丹江面貌改观，逐渐转为生产城市》，《东北日报》1948年9月30日，第1版。

⑤ 《人民日报》1948年10月20日，第2版；1948年11月8日，第2版；1948年12月2日，第1版。

市的方针背道而驰的。①

1949 年前后，随着攻克的城市越来越多，中国共产党中央决定把工作重心从农村转移到聚集了中国经济之现代部分的城市中。此时，使全党了解如何恢复与发展城市经济，如何改造城市经济，稳固在城市的统治，就成为一项十分迫切的工作。鉴此，在总结以往城市工作经验教训的基础上，中国共产党七届二中全会强调，"只有将城市的生产恢复起来和发展起来了，将消费的城市变成生产的城市了，人民政权才能巩固起来。城市中其他的工作……都是围绕着生产建设这一个中心工作并为这个中心工作服务的"。② 接着，《人民日报》发表社论，把"变消费的城市为生产的城市"提升为"当前的重要任务"。③ 显然，在中华人民共和国建立前夕，变"消费城市"为"生产城市"的城市建设方针，最终得到了中共中央的肯定，并上升为全党的意志与共识。

至于何谓"生产城市"，时任大连市领导人的韩光曾针对大连市数年来的做法，做过这样的描述："生产城市的基本特点是广泛的参加生产与劳动；并且其生产的成果，其创造的价值，大大超过本市或本区全体人民的消费量。"具体来说，就是工厂种类多、工人在各阶层中所占比例最高（或较高）、创造的价值大大超过消费总额、具备为劳动人民服务的文化娱乐场所及生活方式围绕生产进行。这种特点反映到城市面貌上，即"工作时（上班时），街上冷清。有人说像'防空'，形容得很好。这时市场上'萧条'，买东西的人不多，摊贩行商叫卖者杂乱于街头的现象是找不到了。工厂则忙，人大部都集中于工厂"，没有所谓"繁荣"的夜市。按韩光的理解，"消费城市"与此相反，其面貌是"早上（直到九点钟罢）街头人稀少，除了学生和叫卖者以外，很少找到行人。有电车的城市，上午十时前，没有什么乘客，午间与下午（四点以前罢）车上才拥挤起来。市场整天客满。夜间，人们精神倍足，妓院、戏院、舞厅、赌博场、街头都

---

① 《华北人民政府工商部关于华北工商业会议后工商业政策执行情况的工作综合报告》（1948 年 10 月 7 日），华北解放区财政经济史资料选编编辑组等编《华北解放区财政经济史资料选编》第 1 辑，中国财政经济出版社，1996，第 391 页。

② 《在中国共产党第七届中央委员会第二次全体会议上的报告》（1949 年 3 月 5 日），《毛泽东选集》第 4 卷，人民出版社，1991，第 1428 页。

③ 《把消费城市变成生产城市》，《人民日报》1949 年 3 月 17 日，第 1 版。

充满着人群，挤来挤去"。①

二　缘何变"消费城市"为"生产城市"？

中华人民共和国成立前夕中共中央最终确定下来的变"消费城市"为"生产城市"的城市建设新方针，在建国后虽然并没有一直大张旗鼓地予以宣传和倡导，但实际上与中国实现工业化的现实任务结合在一起，持续而深刻地影响着中国的城市化水平和进程。那么，中国共产党人为什么会对旧有城市产生"消费城市"的认识，强调必须把这些城市转变为"生产城市"呢？

首先，中国共产党认为，只有工业生产而非"消费"等商业行为才是中国实现独立、富强的不二法门，才是中国向社会主义过渡的前提条件。

作为东方的泱泱大国，中国在近代以来屡遭西方列强的军事、经济侵略。面对痛局，国人不断探求改变积贫积弱状况的道路。到 20 世纪 30 年代，中国知识界在"西化"概念基础上，率先提出了"现代化"的理念，并将中国现代化问题的核心界定为工业化等经济问题。② 追求中国独立、富强的中国共产党人通过对世界各国的对比考察，同样接受了这种思想。刘少奇曾指出："现在世界上凡是强大的国家，都是工业国……我们中国之所以弱，也就是因为我们还只有很少的工业，我们还不是一个工业国。要中国强盛起来，也必须使中国变成工业国。"③ 同时，毛泽东从中国之所以受到日本侵略这个角度分析道："中国落后的原因，主要的是没有新式工业。日本帝国主义为什么敢于这样地欺负中国，就是因为中国没有强大的工业，它欺侮我们的落后。""要打倒日本帝国主义，必需有工业；要中

① 《生产城市、劳动城市——韩光同志在一个干部学习会上的讲话》，天津市人民政府秘书处编印《天津市政》第 2 期，1949 年 9 月 15 日，第 44～49 页。

② 参见罗荣渠《中国近百年来现代化思潮演变的反思（代序）》，罗荣渠主编《从"西化"到现代化——五四以来有关中国的文化趋向和发展道路论争文选》，北京大学出版社，1990，第 21 页；阎书钦：《20 世纪 30 年代中国知识界"现代化"理念的形成及内涵流变》，《河北学刊》2005 年第 1 期，第 192 页。

③ 刘少奇：《在陕甘宁边区工厂职工代表会议上的讲话》（1944 年 5 月 20 日），《刘少奇选集》上卷，人民出版社，1982，第 302 页。

国的民族独立有巩固的保障，就必需工业化。我们共产党是要努力于中国的工业化的。"① 而在抗日战争即将取得胜利之际，毛泽东展望未来，再次肯定了工业化对于中国未来的重要意义。毛泽东强调："在新民主主义的政治条件获得之后，中国人民及其政府必须采取切实的步骤，在若干年内逐步地建立轻重工业，使中国由农业国地位升到工业国地位上去。中国的新民主主义的独立、自由、民主与统一，如无巩固的经济做它们的基础，如无进步的比较现时发达得多倍的农业，如无大规模的在全国经济比重上占极大优势的工业以及与此相适应的交通、贸易、金融等事业做它们的基础，所谓新民主主义的独立、自由、民主与统一，是不能巩固的。"②

以马克思主义为指导、以苏联为榜样的中国共产党对中国走向社会主义这个目标是坚定不移的。但是，在新民主主义革命的任务即将完成之际，估计到当时中国的工业生产少得可怜，最多只占国民经济的10%～20%，中共中央不得不考虑暂时搁置社会主义革命的任务。③ 对苏联情况更为熟悉的任弼时则以苏联为例，突出强调了工业对于向社会主义过渡的必要性。他说："单有军事上、政治上的条件，没有经济上的条件，没有工业的发展，要想转向社会主义是不可能的，过去'左'倾错误也在此。俄国在一九一三年工业占国民经济的比重是百分之四十二点一，而我们现在还只有百分之十左右，有什么办法转入社会主义呢？当然，我们有苏联的帮助，转入社会主义时，工业的比重可以不必达到百分之四十几，但大致说来，总不能少于百分之三十。"④

总之，无论从中国实现独立、富强的理想出发，还是从中国走向社会主义的物质条件出发，中国共产党人都非常清楚：中国必须实现工业化。因此，在中华人民共和国建立前夕，中国人民政治协商会议全体会议便确

---

① 毛泽东：《共产党是要努力于中国的工业化的》（1944年5月22日），中共中央文献研究室编《毛泽东文集》第3卷，人民出版社，1996，第146～147页。

② 毛泽东：《论联合政府》（1945年4月24日），《毛泽东选集》，东北书店，1948，第335页。

③ 刘少奇：《关于新民主主义的建设问题》（1948年9月13日），中共中央文献研究室、中央档案馆《党的文献》编辑部编《共和国走过的路——建国以来重要文献专题选集（1949～1952）》，中央文献出版社，1991，第21页。

④ 任弼时：《在党的七届二中全会上的发言》（1949年3月13日），《任弼时选集》，人民出版社，1987，第430页。

定了工业化尤其是重工业优先发展的战略目标。① 而城市作为承载现代化使命的主体，理所当然地必须以工业主要是重工业的发展为重点方向。原来多以商业、服务业为主的"消费城市"也必须向"生产城市"转变。

其次，按照马克思的剩余价值学说，商品具有价值和使用价值两重性。资本主义的生产过程，不只是生产使用价值的劳动过程，同时也是价值形成过程和价值增殖过程，是工人劳动力在商品中物化的过程。相反，商品交换仅仅改变商品价值在不同资本家之间的分配，而不能增加流通中的价值总量，不能增加整个资产阶级的财富。换言之，纯粹的商品流通并不创造任何价值和剩余价值，商业利润只是产业资本家让渡给商业资本家的一部分剩余价值。

对于上述马克思用来分析资本主义经济、倡导革命的理论基石，中国共产党人显然也是掌握和理解的，并以之来分析中国的现实问题。如在抗日战争时期，为解决根据地物资极端缺乏的特殊状况，毛泽东指出，"商业只可救急，要建立永久基础于商业之上，是不可能也不应该的"。农、工、商业的轻重顺序应该是这样的："农业为第一位，工业、手工业、运输业与畜牧业为第二位，商业则放在第三位。"② 再如，1948 年召开的华北金融贸易会议认定，"商业本身不能生产财富，创造价值"。③ 相对熟悉马克思相关理论的任弼时、周恩来等中共中央其他领导人对这一点讲得则更明白。任弼时曾指出："商人当然有剥削，商人的商业行为本身不生产任何价值，他们或者是分享资本家一部分利润，或者是直接对生产者消费者实行剥削。"④ 周恩来也讲过："工业是生产的，商业则附属于工业，投机性大，必须区别二者。"⑤

此外，中国共产党在形成建国方略之际，全国范围的商业投机日形肆

---

① 《中国人民政治协商会议共同纲领》（1949 年 9 月 29 日），中央档案馆编《中共中央文件选集》第 18 册，中共中央党校出版社，1992，第 585、592 页。

② 毛泽东：《经济问题与财政问题》（1942 年 12 月），中共中央文献研究室编《毛泽东文集》第 2 卷，人民出版社，1993，第 462 页。

③ 《华北〈金融贸易会议综合报告〉》（1948 年 5 月），中央档案馆编《中共中央文件选集》第 17 册，中共中央党校出版社，1992，第 292 页。

④ 《土地改革中的几个问题》（1948 年 1 月 12 日），《任弼时选集》，第 430 页。

⑤ 周恩来：《新民主主义的经济建设》（1948 年 6 月 21 日），《周恩来选集》上卷，人民出版社，1980，第 305 页。

虐，通货如同脱缰野马般疯狂膨胀。在理论、现实及中国重农抑商的历史传统等各种因素的影响下，刚刚进城的中国共产党人不得不动用各种经济措施、行政手段甚至专政职能打压商业投机，抑制通货膨胀，结果仍不能立时奏效。基于此，深受其苦的中国共产党人对商业自然不会抱持什么好感，痛斥其"有时囤积居奇，作投机事业，为害更大"①也就在情理之中了。

既然商业，尤其是私营商业的存在不但无益，反而有害，那么新政权就没有理由为其留下什么生存空间。具体说来，即"商业的发展方向是国营资本、合作资本。现在在法律上不禁止私商，我们要用国家商业资本、合作资本来调节私人商业资本，私人商业要在我们的控制下营业"。②"我们应发展工业资本，反对商业资本。用经济的办法挤掉他。"③

从这个意义上说，对商业的认识、痛恨甚至敌视也是中国共产党人转变"消费"型城市的重要因素之一。

再次，苏联城市规划理论与实践的影响。1949年夏，随着中国共产党夺取全国政权指日可待以及中苏两党之间的互相了解，大批苏联专家来到中国，帮助中国恢复经济。④此时，中国因为对经济建设缺乏经验，故须在许多方面学习苏联。对于城市建设，当时一种比较普遍的认识就是"学习苏联的先进经验，反对欧美式资本主义市政建设观点"，并认为"这是城市建设人员和技术人员思想上必须解决的问题"。⑤而苏联专家依据苏联城市规划的理论与实践，强调城市规划要"贯彻为生产、为劳动人民服务的方针"。⑥例如，对北京到底应该如何建设，苏联专家建议，"北京没有大的工业，但是一个首都；应不仅为文化的、科学的、艺术的城市同时，也应该是一个大工业的城市。现在北京市工人阶级占全市人口的百分之

---

① 《土地改革中的几个问题》（1948年1月12日），《任弼时选集》，第430页。
② "刘少奇在中共中央各部门负责人会议上的发言"（1948年8月17日），《刘少奇年谱（1898～1969）》下卷，中央文献出版社，1996，第158页。
③ "朱德在中共中央各部门负责人会议上的发言"（1948年8月17日）。
④ 参见沈志华《苏联专家在中国（1948～1960）》，中国国际广播出版社，2003，第62～74页。
⑤ 刘秀峰：《大力加强基本建设工作的领导》（1952年10月30日），中国社会科学院、中央档案馆编《1949～1952中华人民共和国经济档案资料选编·基本建设投资和建筑业卷》，中国城市经济社会出版社，1989，第607页。
⑥ 赵士修：《我国城市规划两个"春天"的回忆》，中国城市规划学会编《五十年回眸——新中国的城市规划》，商务印书馆，1999，第16、17页。

四，而莫斯科的工人阶级则占全市人口总数的百分之二十五，所以北京是消费城市，大多数人口不是生产劳动者，而是商人，由此可以理〔联〕想到北京需要进行工业的建设"。对于苏联专家的意见，北京市相关部门领导人完全同意，并强调："首都建设应该以发展工业为最中心的任务，要积累一切可以积累的资本投资于工业，因此以最经济的方法进行行政中心的建设并使北京更加美丽与现代化是必须采取的。"①

最后，从中华人民共和国成立之日起，中国共产党就标榜自己代表工人阶级的利益，以工人阶级为阶级基础。但是，因为中国特殊的国情，从1920年代末起，中国共产党不得不首先从农村积蓄力量。结果，当1940年代末开始大规模攻占城市之时，中国共产党发现自己的成员绝大多数来源于农民。② 为改变这种状况，毛泽东称："蒋介石的国都定在南京，他的基础是江浙资本家。我们把国都建在北京，我们也要在北京找到我们的基础，这就是工人阶级和广大的劳动群众。"③ 换言之，中共中央开始着力使自己回归到真正的工人阶级政党，"对工人阶级寄以无限同情……进行'归队工作'"，④ 坚决依靠工人阶级。而要扩大与依靠工人阶级队伍，发展城市工业也就成为题中应有之义了。1950年代初，当看到"五一""十一"游行队伍中工人人数较少时，毛泽东很不满意，就警告北京市领导人：北京市如不大力发展工业生产，壮大工人队伍，就要把首都迁到工业与工人比较集中的上海去。⑤

鉴于上述状况，北京市领导人极为焦虑，声称："如果在北京不建设大工业，而只建设中央机关和高等学校，则我们的首都只能是一个消费水平极高的消费城市，缺乏雄厚的现代产业工人的群众基础，显然，这和首都的地位是不相称的。"随后，北京市再次向国家计划委员会反映，北京

① 曹言行、赵鹏飞：《对于北京市将来发展计划的意见》（1949年12月19日）及其附件巴兰尼克夫：《北京市将来发展计划的问题》，中共中央党史研究室、中央档案馆编《中共党史资料》第76辑，中共党史出版社，2000，第2、4页。曹言行、赵鹏飞当时分别任北京市建设局局长、副局长。

② 《安子文同志五月份向毛泽东同志所作的综合报告》（1949年5月11日）。

③ 傅颐：《彭真和北京的城市建设——访马句》，《中共党史资料》第76辑，第60页。

④ 《中央关于纠正在新解放城市中忽视工运工作的偏向的指示》（1948年12月22日），中央档案馆编《中共中央文件选集》第17册，第615页。

⑤ 傅颐：《彭真和北京的城市建设——访马句》，《中共党史资料》第76辑，第60页。

市现代工业职工只占全市总人口的4%左右，"因此，首都虽然因为是中央所在地，群众的政治空气比较浓厚，但由于缺乏强大的近代产业工人作为群众基础。在许多方面的活动中，都突出地反映了小资产阶级的，'小职员'的，小市民的，消费者的思想情绪和要求"，并强调"这是首都最大的弱点，和首都的政治地位极不相称"。因此，北京市在拟订城市规划时"首先就是从把北京建设成为一个大工业城市的前提出发的"，并请求中央相关部门早日批准该规划草案。① 按照这种思路，到20世纪70年代中期，北京市宣称自己已经发展成为一座工业基地，工人在全市总人口中的比重也增长到1/4，从而摘掉了"消费城市"的帽子，成为"生产城市"。②

总之，因为受到实现工业化的历史使命、马克思剩余价值理论、苏联城市规划实践及依靠工人阶级的意识形态等多种因素的影响，中国共产党最终形成了变"消费城市"为"生产城市"的城市建设新方针，并在该方针的指引下揭开了中华人民共和国城市化进程的序幕。直到1980年，《全国城市规划工作会议纪要》才开始着手修正该方针，并强调各城市必须从实际出发，科学地确定城市性质和发展方向。③

作者：李国芳，中共中央党校中共党史教研部

---

① 《中共北京市委关于早日审批改建与扩建北京市规划草案的请示》（1954年10月24日）、《北京市委对于国家计划委员会对北京市规划草案的审查报告的几点意见》（1954年12月18日），中国社会科学院、中央档案馆编《1953～1957中华人民共和国经济档案资料选编·固定资产投资和建筑业卷》，中国物价出版社，1998，第854、855页。

② 《毛主席无产阶级革命路线的伟大胜利，北京由消费城市发展成重工业基地，去年的工业总产值比一九四九年增长一百一十倍》，《人民日报》1974年9月22日，第1版。

③ 曹洪涛：《与城市规划结缘的年月》，中国城市规划学会编《五十年回眸——新中国的城市规划》，第40页。

论抗战胜利前后重庆的城市功能转型

孙明理

内容提要： 重庆城市发展的历史经历了由城到城市的城市化过程和城市的近代化过程，重庆的城市功能随之发生转型。尤其是在开埠时期、抗战时期和抗战胜利以后这三个阶段，重庆的城市功能呈现出不同的特点，对重庆的城市近代化进程产生深刻的影响。

关键词： 抗战胜利前后　重庆　城市功能

一　抗战胜利以前重庆的城市功能转型

（一）抗战爆发前重庆的城市区域性功能

重庆在明清以前只是西南一个区域性的军事城堡和政治行政中心，以地方行政职能为主，工商业并不发达。明清时期开始，随着长江上游航运的开发，长江上游的商运以水路为主体，长途贩运往往以河流为依托，与沿河城市串通，形成了以重庆为枢纽的商业贸易网络。重庆作为长江上游诸干支流总汇的优势得到发挥，与全国的流通网络连接起来，逐渐成为长江上游的航运中心和商业贸易中心，经济功能开始显现。这一时期，重庆城市的政治功能占主导地位，经济功能依附于政治功能。

鸦片战争爆发后，随着外国资本主义侵入中国和中国资本主义的发展，一批开埠通商城市迅速兴起，城市性质、规模、功能、结构等都发生了较大的变化，成为近代型城市。其中，重庆就是典型的外部力量推动下引起城市内部功能和结构演变的城市类型。1891 年，重庆开埠通商以后，外国资本涌入，进出口贸易额猛增，在重庆城市经济中占据主导地位。各国开始在重庆建立领事馆、洋行、公司、工厂、医院、学校、教堂等，重庆形成了以外国租界为基地的地域结构布局，并一跃成为西部地区屈指可数的近代工商业和金融业中心城市。1921年，刘湘设重庆商埠督办，1922年设市政公所，1927年改为市政厅，1929年正式建市，定位省辖市，行政地位与成都相同。这一时期重庆的经济功能日益占据主导地位，并促使其政治功能也发生变化。

抗战全面爆发前的重庆由于近代工业的产生和初步发展，促使城市功能转型，但仍属于区域性功能的中心城市。直到抗战爆发以后，重庆开始了特定历史条件下的特殊进步，由区域性中心城市向全国综合性功能城市转型。

（二）抗战时期重庆的全国综合性功能

抗战爆发后，国民政府决定迁都重庆，重庆成为中国的战时首都。因而，如果说开埠是重庆城市兴起的契机的话，那么抗战爆发、国民政府迁渝则是重庆城市兴盛的关键。[①] 随着政治地位的空前提高，重庆的城市功能发生前所未有的特殊转型，成为具有综合性功能的全国中心城市。

1. 战时首都功能的确立

1937年7月，抗日战争全面爆发，日本侵略者攻陷平津，随后直逼首都南京。1937年10月，国防最高会议在南京召开，确定四川为抗战的大后方，重庆为国民政府驻地。1937年11月20日，国民政府发布《国民政府移驻重庆宣言》："国民政府兹为适应战况，统筹全局，长期抗战起见，本日移驻重庆。此后将以最广大之规模，从事更持久之战斗。"[②] 实质上就是把首都的功能从南京移到重庆，"战时首都是重庆城市在抗战时期历史的主体"。[③] 1939年5月，重庆市升格为行政院直辖市，市政不再隶属省府辖制而取得直隶中央的地位。1940年9月6日，国民政府颁布《国民政府定重庆为陪都令》："今行都形势，益臻巩固，战时蔚成军事政治经济之枢

---

① 隗瀛涛：《中国近代不同类型城市综合研究》，四川大学出版社，1998，第367页。
② 《国民政府移驻重庆宣言》，《文汇年刊》1939年第1期，第3页。
③ 周勇：《重庆抗战史：1931~1945》，重庆出版社，2005，第2页。

纽，以后自更为西南建设之中心……兹特明定重庆为陪都。"① 这就从法律上确定了重庆战时首都的地位，是近代以来重庆权力政治地位发展到顶峰的标志，重庆在历史上首次成为一个全国性政权的首都。

2. 全国性的多功能中心城市确立

重庆"战时首都"的历史长达八年之久（1937 年 11 月 20 日～1946 年 5 月 5 日），由于其战略地位的重要性，短期内迅速完成了城市化的进程，一跃成为抗战时期中国的政治、经济和文化的中心。

首先，重庆是抗战时期以国共合作为基础的抗日民族统一战线的重要政治舞台，发挥了战时全国政治中心的功能。国内各抗日党派和无党派人士利用重庆的全国政治中心地位和功能，围绕"抗日"和"民主"两个历史课题，为团结抗战、反对投降和推动政治民主化而积极努力。1938 年 7 月 6 日，以国共合作为基础，团结国内各抗日党派和无党派人士的具有咨询建议双重性质的特殊咨议机关②——国民参政会在汉口成立，它是全国民主力量参政议政、献言献策的重要政治舞台，之后的四届参政会有十一次会议（1938 年 10 月 28 日～1946 年 4 月 2 日）在重庆召开。1939 年 1 月，中国共产党在重庆秘密成立以周恩来为书记的高层秘密机关——南方局，目的是"一、巩固党；二、深入群众；三、向中层阶级发展统一战线"，③ 直接就问题与国民党谈判与交涉，肩负着维护国共合作、团结争取中间势力和推动政治民主的独特政治使命。1941 年 3 月，中国青年党、国家社会党、第三党、救国会（1942 年加入）、职教派和乡建派的代表在重庆上清寺秘密成立中国民主政团同盟，并在 1944 年取消"政团"两字，改组为中国民主同盟。民盟在重庆积极贯彻抗日、实践民主精神和加强国内团结的主张，推动了全国民主运动的高涨。这一时期，中国各派政治力量的领导机构、政治领袖、代表人物均汇聚在重庆，重庆遂逐渐成为全国

① 《国民政府定重庆为陪都令》，《江西省政府公报》1200 号，第 33 页。
② 目前学术界针对国民参政会性质的研究有三种观点：反映和代表人民意愿的民意机关或者准民意机关、供国民政府决策的咨询机关和具有咨询建议双重性质的特殊咨议机关。本文依照《国民参政会组织条例》"第六条：国民参政会得提出建议案于政府。第七条：国民参政会有听取政府施政报告暨向政府提出询问案之权"的职权规定和国民参政会的实际运行情况，倾向于将国民参政会的性质归为"具有咨询建议双重性质的特殊咨议机关"。
③ 金冲及编《周恩来传》，中央文献出版社，1998，第 561 页。

民主力量和民主运动的汇聚地。

其次，重庆在抗战时期承接了中国生产力布局的重大调整，构筑了战时中国的经济基础，① 发挥了战时全国经济中心的功能。抗日战争使国民政府将原有以上海为中心的工业重心，向重庆为中心的西部地区转移。据记载："自国府迁来，现有的著名工厂共有三四百家，其中机器五金业约150 家，电气无线电业 20 余家，化学工业约 40 余家，陶器玻璃业约 10家，纺织业 60 家，印刷业 40 余家。"② 加上为适应战时建设的一批工厂，重庆市工厂占到当时国统区工厂总数的 1/3。这时，重庆的工业结构由轻工业为主转变成以重工业为主，同时兵工、机械、冶金、采矿等行业占较大比重，初步建立门类比较齐全、力量比较雄厚的工业基础。工业的内迁也促使银行、保险信托等金融机构纷纷迁渝，使重庆的金融业在全国占据主导地位，并发挥着领导作用，重庆由此成为战时的金融中心。重庆在特殊的历史条件下，依靠内迁的他力和由内迁产生的带动力，工商业盛极一时，城市的经济综合功能迅速扩大，在国家的经济生活中发挥了重要的影响，对国家的经济和社会进步产生了强大的推力。

再次，重庆文化教育在抗战时期空前繁荣，发挥了战时中国文化中心的功能。抗战时期，平、津、沪、宁等地的大批国立、省立和私立大中学校和研究所开始向重庆内迁。"中央大学、中央政治学校、复旦大学、交通大学等 35 所高校先后迁渝，加上重庆原有的重庆大学和四川省立教育学院，全国 34% 的高校汇集于重庆。与此同时，具有当时国家一流水准的科研学术单位如国民政府国史馆、中央广播电台、国立中央研究院、商务印书馆等 100 多个单位，也相率迁至重庆。"③ 重庆因此成为战时中国高等教育的中心，中国文化教育重心完成了由东向西的战略大转移。重庆文化发展在抗战时期呈现多元化的格局，陪都第三厅、文工会和中华全国文艺抗敌协会等机关团体的进步文化人士广泛开展抗日文化活动，增添了战时重庆的民主气氛，使得重庆的全国文化中心功能呈现出民族的、科学的、大众的新民主主义文化特征。

在抗战胜利以前，重庆的城市功能主要是在外力为主导的推动下转型

---

① 周勇：《重庆抗战史：1931~1945》，第 12 页。

② 《战时新都的重庆》，《永安月刊》第 12 期，1940。

③ 张弓、牟之先：《国民政府重庆陪都史》，西南师范大学出版社，1993，第 225 页。

的。抗战爆发这一时期，重庆在"东力"的作用下，[①] 开埠时期的区域性中心功能迅速突变，成为具有全国综合性功能的政治、经济和文化中心。

二 抗战胜利以后重庆的城市功能转型

抗战胜利后，重庆完成了世界反法西斯阵线东方统帅部、中国战时首都的特殊历史使命。随着国民政府的还都，内迁厂矿、学校的回迁，重庆丧失了大后方政治、经济、文化中心的功能而恢复为一个区域性功能的中心城市。

1945 年 8 月 15 日，日本宣布无条件投降，中国人民取得了抗日战争的胜利，还都南京也立即提上议程。"在日本投降后的第三天，中央社首先说出中国政府发言人对记者团透露国民政府预定于最短期内还都南京的消息。9 月中旬，当局命令各机关做还都之准备。"[②] 1945 年 12 月，"关于还都事宜，最高当局指示：行政院及所属各部会，可先遣一部分人员赴京办公"。[③] 行政院先行移京，正式掀起国民政府还都南京的序幕。1946 年 4 月 30 日，国民政府正式颁布还都令，内称："国民政府前为持久抗战，于二十六年十一月移驻重庆……政府为定于本年五月五日凯旋南京，以慰众望……回念在此八年中，敌寇深入，损失重大，若非依恃我西部广大之民众与凭借其丰沃之地力，何以能奠今日胜利之宏基？"[④] 1946 年 5 月 5 日，南京党政军民代表 5000 余人在中山陵隆重举行国府还都典礼，还都南京事宜结束。这标志着重庆的全国性政治中心功能的完全丧失。虽说国民政府保留了重庆作为永久陪都的名号，但这只是象征性的，重庆不再具有全国政治中心的功能。

伴随着全国政治中心向南京转移，重庆的全国经济中心和文化中心的功能也随即发生转型。

---

① 隗瀛涛在《近代重庆城市史研究》中提出外力作用中的"东力"和"西力"的概念。隗瀛涛认为重庆属于"外力的直接作用，使重庆城市功能发生变化"的发展模式。外力包括"东力"和"西力"两种，"东力"指的是国内四川以东各省的影响，"西力"指的是西方资本主义势力的作用。

② 《凯旋南京记：国府还都的新页》，《申报》1946 年 5 月 5 日。

③ 《国府还都先声：政院例会将移京》，《益世报》1945 年 12 月 4 日。

④ 《国民政府还都令》，《中央日报》1946 年 5 月 1 日。

在经济方面，在由战时体制向平时体制转变的过程中，重庆经济陷入"胜利危机"。[①] 1945 年，重庆市工业企业增至 1690 家，职工 10.65 万人，工厂数占当时国统区的 28.3%，占西南地区的 51.5%，资本额占国统区的 32.1%，职工人数占国统区的 26.9%。[②] 但随着战时经济向平时经济的转变，大批内迁厂矿开始复员东迁。1946 年 6 月，据全国工业协会重庆分会统计，重庆 380 家工厂中，有 122 家已领取经济部贷款遣散工人而停业，其余 258 家中也有不少家已停工。中小工厂的命运更悲惨，重庆全市 1110 家中小工厂中停工者竟达 80%。[③] 重庆依靠战争经济发展起来并为战争服务的结构，转向以轻工业为主。在这一时期，受上海市场高利率的吸引，重庆金融市场上的大笔资金流向了长江中下游地区。1946 年，重庆各银行存款大幅度下降。"以重庆市各行庄存入中央银行重庆分行的存款准备金为例，1946 年 4 月为 43.55 亿元，到 12 月，降到 34.35 亿元，下降了 21.13%。"[④] 重庆的全国性经济中心地位不复存在，并随着内战的爆发，经济陷入全面崩溃。

在文化方面，抗战时期的重庆所发挥的全国文化中心功能前所未有，主要体现为不同政治倾向和不同来源的文化在共同抗战前提下多元共生。这一时期，重庆"共有学校 134 所，计专科以上学校 19 所，中学 46 所，小学 69 所；报社共 18 家；通讯社共 14 家；书局共 50 余家；杂志约有 70 种；文化团体约有 30 家"。[⑤] 随着抗战的胜利，在渝高校和文化团体开始回迁，如复旦大学、国立中央大学等在渝师生由重庆分水陆两路返回东部，郭沫若、老舍等文化人士离开重庆，标志着重庆的全国性文化中心功能丧失。

国民政府还都南京之后，将重庆视为地位仅次于南京的城市。1946 年 4 月 23 日，国民政府发布命令，决定恢复重庆行营，并在内战爆发之后几次改名，1946 年 7 月改称国民政府主席行营，1948 年 6 月改称重庆绥靖公署，1949 年 5 月改称西南军政长官公署，赋予重庆领导川、康、滇、黔四

---

① 隗瀛涛：《近代重庆城市史》，第 320 页。
② 周勇：《重庆通史》，第 1334 页。
③ 《中小工业崩溃声中》，《中央日报》1946 年 6 月 20 日。
④ 隗瀛涛：《近代重庆城市史》，第 320 页。
⑤ 《陪都文化网》，《妇女新运》第 9 期，1942。

省军政、经济、文化及社会之建设的职能。同时，成立陪都建设计划委员会，规划重庆的城市建设。这些举措仅仅在于维持重庆在西南地区的中心城市功能。1949年11月30日，重庆解放以后，其区域性功能才得以真正根据自身的情况正常地展现。

三　结语

重庆的城市功能转型是研究近现代重庆城市史的重要环节。重庆的城市功能转型经过了开埠而兴、内迁而盛和回迁而衰三个时期，每个时期重庆的城市功能涵盖着政治、经济和文化等方面的变化，并且各个功能之间相互联系、相互影响。重庆的城市功能转型呈现出突变型、跃进型的特殊发展特征，尤其是在抗战爆发时，内迁的强刺激，外部力量和非经济因素的渗入，使得重庆一跃成为全国的政治、经济、文化中心，并与莫斯科、伦敦等城市齐名，成为进入世界视野的著名首都，这是近代其他城市所未有的历史契机。但是，随着抗战胜利后的回迁，重庆又在短时间内迅速丧失了全国政治、经济和文化中心的地位。因而，重庆的城市近代化进程不是内部自觉的，而是在外力的驱使下进行的。随着特殊外力的消失，重庆的城市近代化进程出现缓慢、停滞甚至倒退的态势。从这一角度来讲，重庆的城市近代化是一种畸形发展。

当前重庆城市的功能转型面临前所未有的机遇，尤其是建立重庆直辖市的外部契机，彻底解决了重庆城市发展的行政体制性障碍，这就要求重庆在合理利用这一优势的基础上，结合自身的特色，努力将重庆打造成长江上游甚至中国西部地区的城市体系中心。

作者：孙明理，西南大学历史文化学院

浅析南京国民政府时期城市
房屋租赁纠纷与应对
——以天津为例

尹学梅　王　静

内容提要：南京国民政府时期，中国面临着日益严峻的房荒以及棘手的房租管制问题，房屋租赁纠纷不断出现。为解决此问题，政府和社会组织采取了诸多措施。天津亦不例外。一方面中央和地方政府通过完善相关立法，逐渐形成了中央行政立法与地方立法相统一的法律体系；另一方面政府和民间社会组织采取了一些解决纠纷的措施和方法。虽然取得了一些积极作用，但由于内在成因复杂，房荒和房租纠纷问题并未得到妥善解决。

关键词：《房屋租赁条例》　社会组织　政府管理

南京国民政府时期，一些沿海沿江城市迅速发展，人口聚集，致使城市房屋供给日渐减少，居住问题日益严重，"于日暮途穷之际，找不到一枝之栖"[①] 的情形比比皆是，城市房荒问题日益严重进而引发了诸多租赁纠纷。本文拟通过对国民政府时期天津房屋租赁市场的具体考察，探讨围绕租赁纠纷所涉及的中央、地方政府和社会组织之间的利益纠葛和平衡问题，并揭示国民政府解决房荒面临的种种困境。

一　天津房产市场概况

民国以来特别是南京国民政府时期，天津出现了严重的房荒问题，所谓

---

① 彭学海：《从住的纠纷说到租赁关系》，《文心》第 3 期，1939 年。

房荒，就是指住房供不应求或人民无力承租住房。造成房荒的原因主要有以下几点。

其一，房屋建设与城市人口发展不成比例。日伪统治时期，华北地区受战争影响，农村经济凋敝，农民纷纷涌入城市，城市人口激增，如1938年天津城市人口为140万人，到1945年，仅市区居住人口就达到了172万人。[①]然而整个沦陷期间，除了租界一些房地产商及业主兴建简易平房出租牟利外，很少有大规模的房地产投资。抗战胜利后，国民党政府除机关、军队、团体等公用房屋为公产外，很少兴建民用公产住宅，绝大多数民众的住宅是租赁自房地产公司和房地产业主的私有房产。到1949年初，全市房产中私有房产达到了90%，公产房屋仅占10%。[②]例如西青区截至1949年前，共有房屋147685平方米，全区城镇人均居住面积却仅为3.12平方米，土地和房屋绝大部分为私人业主所有，仅有一小部分为公有，大多数的普通百姓只能以简易房屋、土草房、窝棚安身，贫富居住条件悬殊。[③]

其二，自然灾害和战乱进一步加剧了天津房屋的供不应求。早在1917年9月，天津因水灾淹没房屋6.6万余间，倒塌房屋2万余间，10余万灾民流离失所。1937年七七事变后，在日机的轰炸下，天津各类房屋被炸焚毁2545间。1939年8月，天津又遇大水，很多房屋被毁，大量简易房被水泡塌，65万灾民无家可归。1941年太平洋战争爆发后，房屋更是奇货可居。抗战胜利后，国民政府不仅建房数量少，如3年内政府在河东区仅建房187间；[④]而且为了抵御中国人民解放军的进攻，在河东、河北一带强行拆除大量的民房，修筑了包括炮楼、壕沟等坚固的城防工事，出现了"战祸连年，难民纷纷集中都市，天津房荒问题非常严重"[⑤]的情况。

房荒的出现产生了严重的社会问题，一是导致房主与房客、房客与房客之间的租赁关系混乱。就前者而言，矛盾主要集中在房主加租、租约是否合法、房客转租与强租、新房东与原租户的租赁关系等方面。比如，一

---

① 天津市房地产管理局编《天津房地产志》，天津社会科学院出版社，1999，第5~8页。
② 天津市房地产管理局编《天津房地产志》，第79页。
③ 西青区房地产管理局编《西青区房地产志》，天津社会科学院出版社，1997，第3页。
④ 河东区房地产管理局编《河东区房地产志》，天津社会科学院出版社，1996，第3~4页。
⑤ 《西北时报》1948年3月10日，第3版。

些房主对房屋以增加倒底费、进门费、搬家费和茶水费等名目提高房租，迫使租户搬家。20 世纪 30 年代韩杨氏租住张姓房屋两间，每月租金两元五角，后因房屋转卖于刘某，房租竟上涨至每月 10 元。[①] 租户则因"经济窘困、负担太重、难期圆滑"[②] 等原因或者不愿加租，或者不愿搬迁。房客之间的纠纷则主要集中在二房东与三房客之间的强租和强占，如有的三房客会利用权势强迫二房客立约转让等。

二是引发社会纠纷冲突。20 世纪 30 年代杨某一家承租本地人王某之房屋，因王某想转卖于他人，一再催杨某搬家，甚至率领无赖口称特务办案临检房屋殴打杨某一家。[③] "长安居，大不易"，杨某一家的遭遇在当时早已十分常见。山东旅津同乡会 1935 年有一条记载，刘某在天津市经营一家布庄，因与旧房户就市内西关街新建房舍发生租房纠纷，旧房户意欲强租，遭到刘某拒绝之后竟然持械寻衅；另，张某租赁杨姓门面房一所，并立有房札，没想到该房主邻居乃本地流氓，竟逼迫房主不让其租赁给张某，致使张某无法营业，损失严重；等等。

三是损害政府利益。各地房主出于保值目的，特别是在物资短缺时，要求承租人以金条、食米等实物来折抵房租。这对承租人固然是沉重负担，但对政府则影响更大，因为这严重影响了纸币的信誉，危害了政府利益，以致在 1948 年天津市第十一区区公所就对此下了明确禁令："房主出租房屋，索取金条大米杜绝法币计算租金，影响币信甚巨"，通令一律禁止。[④]

二 政府对房屋租赁的行政管理

综上所述，天津自清末就"素称人烟稠密之区，比户而居，已无隙地"。[⑤] 民国以来，不论是国民政府统治时期，还是日伪统治时期，抑或国

---

① 《刘长贵为韩杨氏侵占房事起诉天津地方法院检察处》，《天津地方法院全宗》，天津档案馆藏，档案号：J44-3-353。

② 天津档案馆编《天津商会档案汇编（1937~1945）》，天津人民出版社，1997，第 916 页。

③ 《山东同乡会董事会记录》，《天津市各会馆团体全宗》，天津档案馆藏，档案号：J134-1-249。

④ 天津市第十一区公所区长李鸿翔：《为严止房主出租房屋索取金条食米事致第三十八保保长训令》，《天津市社会局全宗》，天津档案馆藏，档案号：J25-3-59-60。

⑤ 《津商会为预防火患拟命各铺商改竹篙为实墙事致工程局函及工程局请各商家普设电灯函》，《天津商会档案》，天津档案馆藏，档案号：J128-3-85。

内战争期间，由于战乱、灾荒等因素，天津房荒现象日益严重，进而激化了出租人与承租人之间租与不租、加租与减租的矛盾，引发的社会问题日趋严重。为解决此社会问题，政府主要是从住宅建设、租金管制以及调解纠纷三方面入手。

首先是房屋建造问题。早在1919年，孙中山就在《实业计划》中明确指出，"居住为文明一因子，人类由是而获得之快乐，较之衣食为尤多"。1924年，孙中山更是在其手书《建国大纲》中进一步强调"要建筑各式屋舍，以乐民居"。① 南京国民政府成立不久，蒋介石就提出，"在民生主义社会政策实施进程中，目前对衣、食、住、行各项问题之解决，唯住的问题尚在起步阶段，故兴建国民住宅工作，必须积极展开，尤以兴建都市贫民住宅最关重要"。② 为此中央政府和地方政府出台了若干政策鼓励公共住宅和私营房屋建设。所谓公共住宅，也称市民住宅、平民住宅，指由市政府建筑，出租与民众居住，以非营利为目的，承租人不得转租的公有产权房屋。③ 抗战前南京国民政府颁布了《土地法》（1930年颁布，1946年修订）；1934年，天津地方政府则在国家法令的基础上，借鉴上海市《房屋租赁规则》和《暂行建筑规则》，制定了《天津市管理住宅单行法规》《私人住宅建筑之制裁》《天津市暂行建筑规则》等住宅管理规则。这些法律法规所涉及的房屋救济制度、政府修建公共住宅制度以及私营房屋制度和地方性制度对当时的房屋短缺起到了一定的缓解作用。30年代初期，一些房地产公司和房地产业主在租界和城区的河北、南市、南开和河东等地投资兴建住宅，此时期房地产交易比较正常，房地产业呈兴旺之势，其中以房屋租赁占多数。像敬业堂吴在1937年修建的香港大楼（今和平区睦南道2~4号）公寓住宅，建筑面积为4816平方米；1934年英商先农公司的花园大楼公寓，建筑面积达到了11308平方米；其他还有济安公司、陆安公司、茂根堂等房产公司也先后修建了大量公寓住宅和里弄。

沦陷期间，城市人口激增导致住房严重缺乏，再加上一些房地产商和业主在租界修建质量低劣的平房出租，人民居住安全受到严重威胁，1939年华北水灾之后，天津房荒问题雪上加霜，数十万灾民无处安身。日伪政

① 《孙中山选集》，人民出版社，1981，第356页。
② 杨与龄：《房屋之买卖委建合建或承揽》，台北：正中书局，1984，第76页。
③ 张群：《民国时期的住宅权保障制度》，《经理人内参》2010年第8期。

府为安抚民心先后于 1940 年 7 月 21 日通过了鼓楼西市营住宅方案,该住宅为砖瓦房,建筑面积约为 5914 平方米,其中住宅 221 间,每间平房房租为 6 元,店面 4 所,每所租金 150 元;① 1941 年推出平民住房建设,在六分局丁家花园建筑平房 184 间,七分局元善里东建筑平房 635 间,八分局黄家坟后建筑平房 182 间,共计建设住房 1001 间,占地 23783.73 平方米,每间平民住房房租为 6 元。② 另外,鉴于天津日本人数量不断增多,日伪政府于 1943 年兴建了日式住宅,总面积为 2773.6 平方米。

1947 年内战爆发后,国民党政府热衷接受敌伪产业,忽视民房建设,再加上城市人口不断增加,住房更为紧张。于是,国民党政府在 1948 年制定了《鼓励人民兴建房屋实施方案》及《奖助民营住宅建筑条例草案》等,进一步扩大奖助对象的范围和奖助标准。到天津解放初期,全市共有住宅房屋为 44.7 万间,其中公产民用房屋仅有 2719 所 18395 间,计租面积为 20358.61 平方米;而私产民用房屋虽然没有具体数据,但解放初期中外房地产公司和经租处共拥有房产 25 万多间,其所占有房产占全市房屋的 1/3 以上,该数据可从侧面反映当时的私有民用住房情况。

尽管中央和地方政府为缓解房荒制定政策,修建房屋,但真正的问题是,适合贫民居住且房租便宜的住宅和商铺数量远远不能满足所需之量,比如日伪时期 6 元一间的房租价格,不仅超出了普通人的消费水平(当时天津普通工人每月薪水不过 10 元),而且远远高于同时期北京每间 0.6 元的房租。再者由于战乱,大批民房遭到拆毁,所以房荒问题并未彻底解决,而由房荒导致的租赁纠纷也愈演愈烈。

其次,对租金进行管制。鉴于房荒的严重,政府又无力建筑足够房屋,因此进行房产地价鉴定和调整房租标准成为国民政府和日伪政府解决租赁纠纷的重点。

1931 年,南京国民政府公布施行《中华民国训政时期约法》,其第 45 条专门就租金问题做出了规定,即“借贷之重利及不动产使用之重租,应以法律禁止之”。战时南京国民政府相继颁布了《非常时期重庆市房屋租

---

① 《天津特别市公署财政局拟建市营住房方案》(1940 年 7 月),《天津特别市政府档案》,天津档案馆藏,档案号:J1 - 3 - 3312 - 009。
② 赵津、李娟:《近代天津保障性住房建设(1940~1942)》,《中国房地产》2014 年第 1 期。

赁暂行办法》（1938 年 12 月）、《战时房屋租赁条例》（1943 年 12 月 13 日），抗战结束后又颁布《房屋租赁条例》（1947 年 12 月 1 日）。地方上，日本统治下的天津特别市政府 1940 年也出台了《天津特别市房屋租赁规则》，规定房主出赁房屋时，除应收房租外，不得以茶钱、打扫及其他名义向房客额外需索，房主不得乘时居奇高涨租价，对于原租房客除事先约定外，非有正当名义不得借故增加租金。① 1947 年，天津地方政府制定了《房屋管理规则》，其中规定：本市房屋之租金不得超过土地及房屋所有权人向地政局申报之总额年息之 4%；（不定期之租赁）租金不得超过沦陷前最后期之租金额的 1500 倍。② 社会局社会福利科甚至还提议二房东转租租金不得超过其付租金的 20%。③ 这些法规和政策，主要是要限制个人住房数量、强制空屋出租等。

此外，在保障承租人权利的同时，政府也对出租人应有之权利做了相应规定。天津的《天津特别市房屋租赁规则》中规定：房客若未经房主同意私自转租、倒租或有其他违反租约情事时，房主得立向其退租收房；房主因房屋典售，应以书面通知房客，房客自通知之日起，得延住四个月，并免交各该月分支租金，期满后，房客若延不迁移，所有房主因此所受之现实损失，房客应负赔偿责任；房客欠租两个月，房主得向其退租收房并追缴欠租；等等。④

最后，成立房屋租赁纠纷评议会调解纠纷。就天津本地而言，鉴于人口突增，房东多借端终止合约而实现其加租目的，房屋租赁纠纷迅速增多，1940 年 2 月天津特别市市政会议第 61 次例会议次修正通过了《天津特别市公署房屋租赁纠纷评议会组织规则》，成立了房屋租赁纠纷评议会，制定了房屋租赁纠纷评议会组织规则。该评议会有市政府各部门主官 7 人，包括市公署参事 3 人以及社会局局长、警察局局长、财政局局长和外事室

---

① 《为修正市房屋租赁规则粘贴通街布告（附布告）》，《天津市社会局全宗》，天津档案馆藏，档案号：J25 - 3 - 326 - 3。
② 《为抄发天津市管理房屋租赁规则草案等事致社会局训令（附规则草案调处办法草案）》，《天津市社会局全宗》，天津档案馆藏，档案号：J25 - 2 - 3631 - 2。
③ 《为拟定调解房租纠纷处理原则的提案》，《天津市社会局全宗》，天津档案馆藏，档案号：J25 - 2 - 284725。
④ 《为修正市房屋租赁规则粘贴通街布告（附布告）》，《天津市社会局全宗》，天津档案馆藏，档案号：J25 - 3 - 326 - 3。

主任，市商会2人、地方士绅2人和新民会市指导部2人。会议必须有过半数以上委员出席，始得开会议决，并以出席委员过半数之意见定之可否，同数时取决于主席委员，主席委员由市长任命。评议会在处理纠纷时，本着保护承租人权利的目的，规定除定期租赁租期已满并某种情形下确证出租人须收回自用外，大多不准所请。

三　政府行为存在的问题

据上所述，表面上中央政府和地方政府通过加强相应法规建设、进行租金管制、鼓励房屋建设并成立纠纷评议处等措施，希望解决房荒引起的租赁纠纷等社会问题，但是在实际操作中，无论是就纠纷双方、纠纷处理能力而言，还是就处理过程本身而言都存在着一定的问题。

1. 对房东利益的一味压制影响纠纷公正解决

国民政府时期颁布的法规众多，此处囿于篇幅所限，无法详述。但就当时时论来看，对此的评价多集中于对房客一味加以保护而对房东利益一再束缚。比如法令规定房东负有"不得终止的原则"，但准许承租人转租房屋，只要转租房屋不超过所居住房屋的4/5即可，两者比较显然对后者更有利。再比如天津地方法院进行判决时，其中"觅房困难"也占有相当大的权重考虑。在房东姜某诉房客刘某案中，因双方就典权回赎立有契约，被告负有当然交房义务，但法院在判决时，考虑到"惟现时觅房困难，应由本院酌定相当交房期间，以资兼顾"，[①] 而原告则需缴纳担保金后，宣告假执行。另外需要注意的是，一些法规在对房东利益进行束缚的同时，却缺乏对二房东甚至是三房东的监管，于是转租房屋的二房东或者三房东可以任意加价，向后来的房客收取几根金条甚至几十根金条的转手费。

同时需要注意的是，当时房屋租赁纠纷中很大一部分是由于出租人为了增加房租，未达目的，遂向承租人下逐客令，所以在社会上形成了承租人是弱势群体，出租人为钱财不择手段、毫无怜悯之心的印象。因此房屋租赁纠纷评议会在调解纠纷的过程中，主要是对出租人进行限制。这不可

---

① 《刘文远为与姜少宸腾房一案》，《河北天津地方法院全宗》，天津档案馆藏，档案号：J44 -
　3 - 1144。

避免地影响了租赁纠纷公正客观地解决。因此到 1944 年，日伪政府以"兹因该会成立数载，久无实际，应即取消，以节靡费"为由，① 取消房屋租赁纠纷评议会，仍由伪社会局办理。②

2. 商业租赁中习惯法与成文法之间的矛盾

天津为北方通商口岸，市廛栉比，商号林立。因此，在普通房屋租赁纠纷之外，关于商铺租赁纠纷的案件颇多。1940 年，伪社会局因"本市近因房屋租赁纠纷案件甚多"，且多数案件中房客均援引"不定期租约如承租人不欠租即不能无故终止"为诉讼依据，提出"不欠租不搬家"。③ 为了解天津市是否有此习惯，伪社会局特意就此事咨询商会，双方争论的焦点主要集中在租赁市场上习惯法与成文法之间的矛盾上，即租价如何变动以及租赁关系如何中止等，特别是新房主与旧租户之间的租约关系。

3. 政府不作为导致纠纷无法解决

主要体现为两方面，一是"建设"无法得到真正贯彻。"建设"本是解决房荒问题的根本所在，但限于财力和物力，国民政府只能借助私人力量来解决房荒。像上海于 1947 年推行房屋义卖计划及房屋义卖券，天津鼓励私人和外商投资建设等。但依靠私人建设房屋困难重重，战乱环境下私人缺少兴建住宅的兴趣，且绝少建设适合一般平民购买和居住的成规模的住房。虽然 30 年代初期，天津房地产市场曾出现了一片繁荣景象，但七七事变后，因政局不稳，物价飞涨，货币贬值，大量资金从房地产行业撤离，再加上房屋修缮费、工资以及房捐地税的上涨，一般房产业主根本无力经营，房荒日益严重。二是司法不作为。日伪政府曾多次下令，指出"查民事诉讼以债务为多，而债务以商家为甚，近来各省商家往往因债务涉讼，迁延受累，商务前途大受影响，若不设法救济，殊非保商之道"。并要求各地法官能够"视民事如己事，所谓手续证据者何难随时督促，

① 《为房屋租赁纠纷评议委员会结束所有未议各案移送社会局办理改天津市商会训令》，《天津商会档案》，天津档案馆藏，档案号：J128 - 2 - 51 - 6。
② 《为取消房屋租赁纠纷评议会等事致地方士绅新民会的函》，《天津市各会馆团体全宗》，天津档案馆藏，档案号：J25 - 3 - 326 - 11。
③ 《伪社会局与商会关于理结房屋租赁纠纷来往函》，《天津商会档案》，天津档案馆藏，档案号：J110 - 3 - 9087。

设法勾稽。"实际的情况则是,大多数法官"无非借口于手续未完,证据未备,以为推诿地步。对于人民疾苦竟如秦人视越人之肥瘠,漠不关心"。①

四 民间社会组织对租赁纠纷的应对

从法理上看,房屋租赁纠纷属于民法调整的范畴,但在房荒时,该纠纷已超越了民法通常规范,因此单纯依靠民法或依靠政府协调不能解决所有的房屋租赁纠纷。解决政府处理租赁纠纷中出现的问题,民间社会组织发挥了重要的作用。

就商业铺房租赁纠纷而言,商民主要是通过商会与政府进行协商。商会作为商人利益的代表,针对解纷机制、习惯判例以及租金增减等问题阐述了自己的立场。首先,坚持商事公断的作用。鉴于政府的不作为,商会认为"商事公断,诉讼人易于就审,有便于当事人",再者,商会作为商民共同推举的会员组织,能够使纠纷双方"接近商请,衷无芥蒂,到场申诉能尽其真情,不因威而沉其意,案中底蕴自易披露"。② 其次,坚持"加以国家权力之界与,参以素来之商家习惯"③ 来解决纠纷。如房主将铺房产权转移至新房主后如何处理新房主与原租户的租赁关系,新房主认为,"只许租主不住,不许业主不租"是限制旧业主侵害租户利益,并非是对抗第三人的条件,④ 所以与原租户解约是其利益的正当主张。但商会认为,一旦租赁关系停止,"其营业势必停歇,岂能以一人关系害及多数人共同生活之团体";而且,铺房转移所引发之纠纷纯系置产者有意而为之。从习惯上解释,"该置产人置买房间,何不置买空闲铺房以自用?竟不知原业主租与商号营业乎?是该置产人因过失不能自由行使权利,何得谓破坏所有权原理?"因此,基于上述理由,如果判令房主胜诉,那么"铺房者

---

① 《伪社会局与商会关于理结房屋租赁纠纷来往函》,《天津商会档案》,天津档案馆藏,档案号:J110 - 3 - 9087。
② 《律师蓝兴周询问津地租房习惯函及商会复函》,《天津商会档案》,天津档案馆藏,档案号:J110 - 3 - 5165。
③ 《伪社会局与商会关于理结房屋租赁纠纷来往函》,《天津商会档案》,天津档案馆藏,档案号:J110 - 3 - 9087。
④ 文明书局辑校《中华民国民法》,文明书局,1931。

援以为例，继起效尤。不但妨害大多数人民之生活，地方公安甚为危险，影响及于国家经济将有不堪设想者"，所以，当然不能驱逐购买铺房附带的租户，商号营业不能以铺房转移而腾房。① 再次，租价以营业兴衰为标准。商会的一贯态度是，租价的多寡应该以铺房所在地址的繁华与否为判断标准。众所周知，如果商号设立在繁华之地，营业也势必日益发达，那么租价增多合情合理；相反，商号在稍不相宜之所开张，本来生意难做，盈余有限，如果再增加租额，营业势必遭受连累。总之，房主增加租价不应以买房价值若干为标准，而应以商号营业之隆替为标准。② 总之，商会从维护商业发展的角度，认为商号选择适宜位置营业已属不易，房主不能再随意增加租额而令其亏累，更不用说为了增租而肆意殴打商家的违法行为了。

此外，人们还可以通过行业公会和同乡会来维护和争取自身利益。1939年，天津药业因房租上涨而联合药业等14家公会向伪天津社会局申诉，称"不顾社会之经济状况，竟有加至一倍者。复有借口产权将让与，要挟住主多增租价"，"有产者，变本加厉，伏思有产权欲壑难填，将来不知出何策谋压榨租户，此风不戢，社会何宁？"③ 希望当局能够比照北京"不得超过原租价几成之规定"的房租政策，"将房租一项按普通概况妥帖规定，明令公布，以安社会而济民生"。④

同乡会则主要是凭借其广泛的人际网络进行协调，同时辅以律师提供法律指导。比如，20世纪30年代万成油庄被房东率流氓殴打后，同乡会一面函请警局捕捉凶手，一面通过律师向法院起诉，在其努力下，最后万成油庄胜诉，房东被判徒刑四个月。还有其他普通会员因为他人介绍租房被房东控告合谋侵占，后在同乡会的介入下，指示办法，房东撤诉。⑤

---

① 《律师蓝兴周询问津地租房习惯函及商会复函》，《天津商会档案》，天津档案馆藏，档案号：J110-3-5165。
② 《律师蓝兴周询问津地租房习惯函及商会复函》，《天津商会档案》，天津档案馆藏，档案号：J110-3-5165。
③ 《天津药业等十四公会诉陈本埠房租纠纷妨碍商务情形文并市公署批》，《天津商会档案》，天津档案馆藏，档案号：J110-3-9327。
④ 天津档案馆编《天津商会档案汇编（1937~1945）》，第917页。
⑤ 《山东同乡会董事会记录》，《天津市各会馆团体档案》，天津档案馆藏，档案号：J134-1-165。

五 小结

衣食住行是人类生存之必需，在城市化和战火的影响下，在都市人满为患的情况下，房屋显然已难以满足人们生活之需要，房荒成为当时严重的社会问题。房东通过增加房租来达到营利目的，房客为维护自身利益，利用一切方法来应对其加租，双方就房租增加及其导致的搬迁矛盾发生了一系列冲突。

冲突的形成固然是因为战乱灾害等原因，但更根本的原因还在于政府行政能力低下，监督无力，进而带来更多的社会问题。尽管各级政府和社会各界对此危机有一定的认识，并采取了诸多措施，如制定法规、鼓励私人兴建住宅等，起到了一定的效果。但总体而言，南京国民政府时期的房荒问题并没有从根本上得到解决，反而越发恶劣，"租金昂贵、租例繁苛、押金之巨、酿成讼案，危及生计，贻害社会"。[①] 而面对政府的不作为，民间社会组织诸如商会、行业公会、同乡会等发挥了重要作用。其中在商会的推动下，房屋租赁市场的习惯和惯例成为国家法律规则的有力补充，从而促使国家法律规则在施行过程中进一步增强了对民间社会规则的考虑。此外，行业公会与同乡会的调解仲裁作用，以及扶助会员的建会宗旨，亦都说明民间社会组织在解纷中的作用。但需要指出的是，无论是商会还是行业公会，其出发点都是维护会员利益，因此其主要是针对商铺的房屋租赁纠纷进行调解，而对解决其他性质的房屋租赁纠纷的作用则十分有限。

总之，由于国势衰弱、政局混乱、立法落后、法律政策不完善乃至战乱天灾等诸多破坏因素的存在，政府未能有效解决房屋租赁中的纠纷问题，反而令房荒问题益加严重。但也正是政府行为的缺失使得民间组织发挥了积极作用，并在一定程度上维护了承租人的权利。

作者：尹学梅，天津博物馆历史部

王静，天津社会科学院历史研究所

---

① 《渝市府定期实行取缔租房恶习》，《四川月报》1936 年第 3 期。

渐远渐失：近代保定和北京城市的关系

张慧芝　徐　蕊

内容提要：保定是近代化过程中呈衰落态势的内陆城市之一，本文鉴于中国传统城市政治性资源聚集的特征，主要从其与北京之间的关系变迁视角进行分析。其中，失去北京军事门户、次级交通中心地位，城市行政地位降级等引致的与京师政治、经贸关系的疏离，是保定自身难以克服的客观原因；同时，近代产业未能坚守服务北京的定位，转向以天津为中心的国际市场体系，失去了北京这一优势消费市场，也折射出保定自身近代化路径选择上的缺失。

关键词：保定　北京　城市关系　近代化　渐远渐失

保定位于海河支流清苑河流域，因地势低洼、河湖纵横，城市兴起较晚。约在5世纪初始设清苑县，后又撤并；隋初重设，至9世纪前期升泰州。宋辽之际，城市军事功能提升，"太平兴国六年，以县为祖宗三陵及家属所在，改析易州、满城南境入之，升为保州，附郭保塞县"；[①] 10世纪末"州、县治所迁至今保定城区"[②]，城市建设始此。"保定"之谓，始自元至元十二年（1275），意"永保安定"，彰显的便是保定和京师之系。在传统京畿时代，保定是京南第一巨镇，是北京的"战略门户""文化辅助城市"，保定地区则是北京"农副物资和手工业产品补给地"。[③] 得

---

① 纪弘谟、郭棻纂《保定府志》卷2《沿革·清苑县》，康熙十九年刻本，第9页。
② 金良骥等修，姚寿昌等纂《清苑县志》卷1《沿革》，台北：成文出版社，1968年影印本，第26~27页。
③ 王玲：《北京与周边城市关系史》，北京燕山出版社，1988，第122~151页。

益于地缘位置优势，在京师庞大需求的拉动下，保定得到了较快发展。

近代以来保定城市虽有发展，但区域中心城市地位逐步下降，保定与北京城市关系渐远的种种因素表现在军事、政治、经济等诸方面。

一　海洋门户趋重，保定渐失京师"南大门"军事职能

1840 年之前，保定对京师安全有举足轻重之战略地位，方志称其"北控三关，南通九省，重山西峙，群川东汇"，[①] 究其因则是由国际地缘政治结构和地理形势两方面决定的。

首先，1840 年之前中国一直拥有亚洲传统"陆权""海权"的话语权，来自国境之外的军事压力并不大。当时包括日本在内的海洋邻国仍被纳入"华夷秩序"之中，俄国主要精力则放在与欧洲诸国海权的争夺上，所以顺治四年（1647）的诏书中依然写道："东南海外琉球、安南、暹罗、日本诸国，附近浙、闽，有慕投诚、纳款来朝者，地方官即为奏达，与朝鲜等国一体优待，用普怀柔。"[②] 这一时期，大清帝国的外交体系依然是传统的藩属理念，其间来自国外的军事威胁确也微乎其微；就连宋明时期来自漠北游牧民族的军事威胁，也在帝国前期得到了较好的解决。但因清帝国是满族建立的政权，来自南方腹地汉民族的反抗一直存在，京师作为国家政治中心，其安全对于大清帝国举足轻重，这就决定了控制京师南下通道的保定城"京师南大门"的特殊地位。

其次，从以北京为核心的道路体系分析，保定的门户位置更是一目了然。保定位于北京南下中原地区再及南方地区的唯一通道上。北京北出东北、塞外有多条路线，南下华北平原却只有沿太行山东麓一条——由于华北平原地势低洼，东部平原地区依然在是悬河的黄河河道的围逼下，来自西部太行山的洪潦因宣泄不畅而聚集成淀泊沼泽，特别是易水、涞水等河流汇聚直隶省中部，形成所谓的"涞易巨浸"，根本不可能形成陆路通道。保定地理位置十分特殊，它位于太行山东北折的犄角之地与冀中白洋淀之间束腰地带，而且就微观地理形势分析，保定西部有一亩泉、鸡距泉等，

---

① 李培祜、张豫垲：《保定府志》卷 17《舆地》，光绪十二年刻本。
② 《清世祖实录》卷 3，顺治四年二月癸未条，中华书局，1985，第 251 页。

东部是"涞易巨浸"，只有保定城一带地势较高，这就使保定成为京师南下通道的咽喉。此外，西部穿越太行山的八陉中的飞狐陉、蒲阴陉皆在保定控制之下，而这两个陉口又是漠北力量或国内反对力量通过张家口或经由晋北进逼京师的主要关隘，所以国内腹地或漠北外族力量攻击京师时，保定是最后的防御线。清代直隶巡抚移驻，保定城升为一级行政区划治所，"拱卫神京，为天下第一要镇"，①"保定"更加名副其实。

1840年以后，英、法、美、俄等西方工业国家逐步通过不平等条约，将中国变为其产品倾销地、原材料输出地。而通过工业革命后日渐强盛的沙皇俄国逐渐成为侵略主力，日本也通过明治维新迅速资本主义化并加入了掠夺中国的行列。沦为半殖民地的中国，内政外交发生很大变化，不仅丧失了曾经的地缘权利，且开始丧失主权，在地缘结构中的地位日渐边缘化。危及帝国政权的除了国内的反对势力，更大的隐患来自国际力量，包括毗邻的日本、沙俄，于是在国家安全防御体系中，水陆口岸城市的作用陡然提升，具体到直隶地区，天津、张家口等口岸城市政治、军事、经济地位皆迅速提升。

与之相应，近代保定的衰落也就不可避免了。京师门户逐步由陆地南大门向东部海洋门户转移，如近代史上的三次重大战争中，1858年第二次鸦片战争、1895年甲午战争、1900年八国联军侵华战争，外国侵略者均在天津等沿海地区登陆，进逼北京，就是明证。对于近代天津的门户地位，西方国家早有认识，如雍正八年（1730），曾到过中国的俄国使臣向沙皇献策："看来有一条海道——不必怀疑——可以进入中国的著名海港天津。从天津到北京只有七十俄里，通过此路难免发生战争，因此需要一支坚强的船队。"②第二次鸦片战争中，俄使从海上首先涉足天津的事实，似乎就在实践这一建议。③再如道光十五年（1835），英国间谍向英国外交大臣建议："敌对行动开始时，单纯地只对沿海进行封锁，在广州、厦门、上海、天津四个主要港口附近各驻以小型舰队"；"天津商务不及福建的繁盛，但天津距北京不足五十英里，我们在天津所造成的惊恐大可逼迫满清政府早

---

① （明）章律修，张才纂，徐圭重编《重修保定郡志》卷24《记》，明弘治刻本，第50页。
② 〔法〕葛斯顿·加恩：《早期中俄关系史》，江载华译，商务印书馆，1961，第199页。译者原注："原著文中北京天津之间的距离里程有误"。
③ 来新夏主编《天津近代史》，南开大学出版社，1987，第11页。

日结束战争"。①

西方殖民者的海上入侵，使京师南大门保定军事地位渐失，京师东大门天津的军事价值不断提升。

二　城市行政地位降级，保定与北京政治联系趋弱

1840 年以前，保定作为直隶总督治所所在，一直担负着拱卫京师的政治角色，鸦片战争之后，这一切发生了变化。随着直隶省会"轮住制"的实施，保定城市行政地位地位逐步下降，与京师政治联系逐步趋弱。

1870 年 11 月，清廷决定裁撤三口通商大臣，"所有洋务海防事宜"归属直隶总督，同时谕令"将通商大臣衙署改为直隶行馆，每年海口春融开冻后，移驻天津，至冬令封河，再回省城，如天津遇有要件，亦不必拘定封河回省之制"。② 至此，朝廷明确规定了直隶总督由保定、天津轮住制，直隶双省会制是全国首例，也是唯一的特例；而且如果天津需要，直隶总督可以优先居住天津。实际上，其很快就以洋务日繁、海防渐重为由，"遂终岁驻此，不复回驻保定"。③ 第二次鸦片战争以后，"海防洋务，都成为重要的课题，最初设立通商大臣，不过是因为总督常驻保定，难于兼顾，才设了这个职位，但是随着时间的推移，天津成了直隶省的政治经济中心，大权集中在直隶总督手里，标志着天津不但是逐渐成为华北经济的中心，而且成为华北的政治中心。从三口通商大臣的设置到直隶总督移驻天津，说明了第二次鸦片战争后，天津城市在政治上已成为华北的中心了。保定逐渐退居次要地位"。④ 由于政治地位降低，官僚集团随衙门迁移京津，为官僚及家属服务的杂役、工匠、奴仆、军队等皆随之迁走，保定城内人数减少，到 1900 年只有 10 万人。⑤

中国封建社会的城市是封建统治机构的一个重要组成部分，作为"人

---

① 列岛：《鸦片战争史论文专集》，三联书店，1958，第40、41页。
② 《清穆宗毅皇帝实录》卷293，中华书局，1985，第1052页。
③ 民国《天津县新志》卷17《职官》，1931年刻本。
④ 林树惠：《第二次战争后天津地位的变化》，明清史国际学术讨论会秘书处论文组《明清史国际学术讨论会论文集》，天津人民出版社，1982，第748～749页。
⑤ 张利民等：《近代环渤海地区经济与社会研究》，天津社会科学院出版社，2003，第438页。

君之葆守"，是否修筑、空间规模大小等问题是皇帝的特权，不仅由朝廷决定，并且要符合封建礼制所规定的等级标准，要与封建政治专制体制相一致。所以，在整个封建时期，中国的城市与欧洲城市发展轨迹不同，不仅没有摆脱封建政权的控制，反而与封建政治日渐紧密地结合在一起，成为封建专制国家机器的一个重要组成部分，成为全国及各级地方统治机构治所所在、政治中心所在。而城市发展动力也就和欧洲城市不同，不是来自社会经济力量，而是来自政治资源力量，所以中国传统城市主要依据其行政级别，在城市空间、城市人口规模上得到政府许可，再依靠与行政级别相一致的政治地位、政治力量获得相应的社会资源聚集。

1870 年以后直隶施行"双省会制"，真实的情况是总督常驻天津，保定渐空；1913 年直隶省会由保定直接迁往天津，保定城内先是裁清苑县治留保定府治，后又裁府留县，"昔日大都会遂为寻常县治矣"。① 随着直隶总督由保定移驻天津，保定城市的行政级别就成为一个难题，因为城市的行政级别主要由政治治所的机构行政级别决定，直隶总督办公地点移走，那么决定保定城政治级别的因素就不存在了。随着官僚集团及其家属、扈从、服务人员的搬移，保定城内寄生性人口锐减，城市消费力陡降，依靠行政力量保证的各种供给由之锐减，于是城市人口规模、经济规模等下降就成为不可避免的了。

失去直隶总督政治身份的保定城，与京师之间的关系也随之变化，从原本是中央政权与一级行政建制之间的密切的上下级关系，变为中央政权与二级行政建制——保定府，与三级行政建制——清苑县之间的上下级关系，保定城与京师之间的政治关联日渐趋弱。城市政治地位降低，与京师差距拉大、联系疏远，就意味着依靠政治地位聚集物质资源推进城市发展的动力减弱，城市发展随之减速滞后，甚至衰败就成为不可避免的了。

三　铁路枢纽南移石家庄，保定渐失北京次一级交通中心职能

近代保定的衰落还有一个原因，就是随着传统驿站交通体系逐步被近代新型交通网络取代，区域交通枢纽作用逐步被天津、石家庄等取代。随

---

① 民国《清苑县志》卷1《建制》，民国 23 年铅印本。

着海洋运输对传统驿站交通的分解，京师所需物资很大一部分经由天津港口输入；而且，随着近代铁路运输体系的建立，在直隶省境内逐步形成的铁路体系中，除北京、天津因其政治、经济地位自然成为铁路枢纽之外，另一个地域性铁路枢纽南移至了131公里之外的石家庄。交通条件是一个城市发展的重要保证，失去区域交通中心地位至少意味着区域经济中心地位不再。对于拱卫京师的城市，只有分担了京师的军事防御、物资贸易、生产供给、次级交通枢纽等某一种或多种职能，才能成为与京师一体、以京师为中心、服务京师的卫星城，铁路枢纽南移石家庄，保定渐失北京次一级交通中心职能。

在传统的驿站交通体系中，保定不仅是连接北京和中原腹地的枢纽咽喉，且是穿过华北平原太行陉口连接山西高原中北部的咽喉要道，还是东向通往渤海湾、山东半岛的交通要地。此外，保定城南的大清河水道航运可以直达天津，在近代铁路体系被人们认可之前，保定地区运往天津销售的甘蔗、棉花等农产品，晋、豫、冀三省运往天津的农牧产品、加工品，一直由保定沿大清河水运而去；此外，由京、津、沪等地输入华北内地的物资及国外进口商品也多由保定转输。在传统驿站交通体系中，北京是全国交通总枢纽，驿站交通网络以北京为中心呈放射状向全国辐射，保定与北京之间距离约150公里，是北京南部距离最近的水陆交通枢纽，于是在军事职能之外，保定还成为分担北京物资分流职能的次级交通中心、经贸卫星城，这也是保定繁荣的一个重要因素。

所以，晚清直隶总督渐移天津，保定失去了区域政治中心地位之后，因其尚具备以北京为中心的次级交通中心、经贸卫星城的职能，城市依然具有发展动力，即使在京汉铁路初通时，煤炭、棉花等从石家庄用铁路运往天津的大宗货物，还是多按照习惯到保定后改为船运，"集于清苑的棉花，由铁路运津者约占十分之三，由水路运津者约占十分之七"。① 但是20世纪前期，随着华北地区铁路交通体系的逐步畅达，加之铁路运输速度快、成本低、运量大、运输周期有保证等优势条件，保定作为传统驿站交通体系下北京次级交通中心、物资转运贸易卫星城的职能逐步趋弱。

在近代铁路体系中，保定只有京汉铁路通过，石家庄则是京汉铁路、

---

① 曲直生：《河北棉花之出产及贩运》，上海商务印书馆，1931，第141页。

石太铁路、石德铁路等枢纽中心，便利、低成本的铁路运输网络，使石家庄逐步取代了保定的地位，成为北京南部距离最近的物资转运中心。1933年，由石家庄经铁路运出近62万吨煤，仅有约17万吨运至保定改船运，由铁路直运丰台23万吨。1934年，天津市场来自井陉、正丰、阳泉的煤，多由石家庄经正太、京汉、北宁铁路运输；1931年后，山西棉花运津时也多以铁路代替船运。①

近代保定在失去区域政治中心地位之后，又失去了冀中交通中心、华北贸易转运中心、京师商贸卫星城等职能，进一步加剧了城市的衰落。

四 近代产业发展，保定地区未能坚守服务北京的定位

近代以来保定城市发展相对滞后，原因诸多，具体到近代产业，其未能很好地利用保定和北京之间的空间距离、传统产业优势，未能继续向辅助北京、供给北京、服务北京的职能定位靠拢，也是值得反思的一个问题。

保定作为京畿南大门，军事拱卫职能是第一的，此外在经济、文化等领域也同样有辅助京师、服务京师的职责。王玲在《北京与周围城市关系史》一书中，就提出在传统社会，保定一直是"北京的战略门户"和"北京的文化辅助城市"，保定地区则是"北京农副物资和手工业产品补给地"。② 中国古代城市与西方城市不同，城市作为各级政治中心，发展动力主要来自凭依政治地位、政治权利进行的资源聚集，北京作为全国政治中心，政治地位最高，可以利用政治优势对全国各地资源进行优先聚集，因而也就成为中国古代人口规模、空间规模最大的城市。京杭大运河开通，北京所需物资可以通过漕运从南方源源不断输入，但是总有一些物资，或者因为体积庞大，或者因为重量过重，或者因为不能长时间储存等原因，不便从远方运至，只能就近供给，如做燃料的煤炭、木炭，如食用的蔬菜、蛋类、水果、鲜肉类、河鲜类等。此外，北京作为文化中心，书籍印刷量很大，也需要就近完成。总之，京师附近需要多个满足或曰分担其不

---

① 雨初：《国有铁路各站民国二十三年商煤运输之研究》，《铁道半月刊》第6期，1936；李洛之、聂汤谷：《天津的经济地位》，南开大学出版社，1994，第172、192页。

② 王玲：《北京与周边城市关系史》，第122～151页。

同功能的卫星城。

保定地区距离北京约 150 公里，交通便捷，更为重要的是，保定辖区内地形多样，农林牧渔皆有较好发展，产品种类丰富，加工质量上乘，由此成为北京最适宜的新鲜食品、农副产品、手工业品等供应补给基地。保定地处物产丰富的冀中平原，水利发达，农田肥饶，河湖众多，水产丰富，西部山地还有各种林产品，可以从农业、渔业、林牧业以及药材业、印刷业、石材业、服务业等多角度、多层面供给北京。在古代交通体系下，北京需求量大而漕运、海运不便运输的蔬菜、猪肉、家禽、油料、河鲜、蛋类和干鲜果品等农副产品，以及石雕、石刻等手工业品大部分靠保定地区供应。与之相应，在保定地区内逐步形成了不同的专业分工，如安肃县大白菜、易县烟叶、定县鸭梨等种植区，白洋淀淡水产品供应基地，易县的柿子、核桃、桃干、果脯及曲阳的大枣等干鲜果品加工区，保定城内槐茂酱菜、马家老铺的烧鸡等食品加工业，安国药材中心等带有专业分工性质的主要产区。可以说，保定地区的产业结构逐步与北京消费市场形成了唇齿相依的关系，后者巨大的消费能力、较高的消费要求，在很大程度上推动了保定地区专业技术的进步。

但是在近代化的过程中，保定地区在产业定位上却渐渐偏离着服务北京的主旨目标，在某种程度上开始以天津为模版，模仿天津的产业结构，逐步将市场目标转向整个北方和国外市场。1909 年，保定、京津等地的商人合伙在保定西关建立了保定庆兴蛋厂，生产蛋白片、蛋黄粉、蛋清，主要销往欧美各国，1927 年外汇额达 50 万美元。[①] 1919 年，湖北督军王占元等在保定南关建立乾义面粉厂，成为保定城内最大的企业，也是京汉铁路沿线第二大面粉厂，所产面粉行销京津、华北等地。[②] 随着保定城内产业结构的"国际化"，以保定城为经济中心的地区产业结构服务北京的模式也必然受到冲击。以曲阳石雕业为例，20 世纪初逐步开始在北京、上海、南京、天津等大城市设立分支机构，大批制作仿古石雕，通过洋人买办出口国外。[③] 如 1905 年保定设立艺习所及清苑实习工厂，主要生产近代

① 陈宪庚、吴金贵：《保定市北市区地名志》，河北科学技术出版社，1990，第 367 页。
② 保定地方志通讯编辑部：《保定新中国面粉厂简史》，《保定地方志通讯》1996 年第 2 期，第 14 页。
③ 曲阳县地方志办公室：《历史、现存曲阳石雕发展情况调查》（手稿）。

纺织品，后来不断扩大，民国初年发展为多家；① 到 1921 年，清苑县有玩具制造工厂 12 家，球拍制造工厂 5 家，铁球制造工厂 52 家，毛笔制造工厂 20 家，其中经营体育运动器材的步云工厂，羽毛球拍主要出口欧美等国。②

近代化的过程就是传统社会向现代社会的变迁过程，其含义广泛，具体到经济领域，主要是指传统经济向工业化、商品化的转变。这一转变过程，必然涉及产品市场定位问题，绝不是简单的"国际化"。北京城市的近代化本身也是一个巨大的市场，大到市政基础建设，小到食品、服饰、住宿等各个方面都需由传统向近代转变，如果保定地区能够凭依原有的对北京市场的熟悉，积极引进近代技术，改变传统产品结构，那么保定商人就可能成为近代京商的主力，在服务于北京消费市场向近代化转型的同时，保定地区的近代化也必然随之推进。但是，保定选择了以开埠城市天津为中心的近代市场导向，由于近代区域交通中心变迁、新型工业城市兴起等因素，在周围天津、石家庄、唐山等近代新兴城市压制下，它的衰落也就成为必然。

保定近代化滞缓原因诸多，本文主要从保定与北京之间关系的变迁进行了论述。其中一些变化，诸如海洋门户天津在京师安全中的作用日渐重要，逐步取代保定；直隶总督移治天津，保定渐失区域政治中心地位；铁路枢纽南移石家庄，保定作为北京商贸卫星城职能被分离等，是保定自身难以克服的客观原因。但是，从保定地区产业近代发展的方向定位上也可以看出保定自身近代化路径选择上的一些缺失——偏离服务北京的传统定位，盲目转向以天津为中心的市场体系，转向国际市场，逐步放弃了北京这一距离最近的超大型消费市场等，因此探究保定发展方向的定位，是分析其兴衰起伏的重要问题。

作者：张慧芝，河北工业大学马克思主义学院

徐蕊，河北工业大学马克思主义学院

---

① 保定市地方志编纂委员会编《保定市志》第 2 册，方志出版社，1999，第 339～340 页。
② 保定市地方志编纂委员会编《保定市志》第 2 册，第 423 页。

近代天津与京杭大运河山东段沿线城镇间商品流通初探（1860～1937）

——以德州、临清、聊城、济宁为例

熊亚平　安　宝

内容提要： 开埠以前，天津与同处京杭大运河沿线、同为漕运所经之地的德州、临清、聊城、济宁等城镇间的商品流通，以粮食等为大宗。1860 年以后，随着天津、青岛等地开埠通商、漕运废止、津浦等铁路通车和济南城市的发展、青岛城市的崛起，天津与这四个城镇间的商品流通分别以 1860 年、1911 年、1937 年为节点，呈现出较为明显的阶段性变化。由于商品流通是城镇间关系的重要体现，而城镇间关系又是城镇体系的重要内容，因此城镇间商品流通格局的变化不仅能够从一个方面展现近代华北城镇体系的变动，而且对当前相关城镇制定其发展战略也有一定的参考价值。

关键词： 运河城镇　近代天津　商品流通

在城镇体系中，城镇之间的关系不仅是一项重要的内容，而且对某个城镇明确其在城镇体系中的定位、制定切合自身实际的发展战略等，也有重要的借鉴意义。因此，我们在 2014 年 4 月对大运河山东段沿线的德州、临清、聊城等城镇进行考察时，将天津[①]与这些城镇间的经济关系作为重要内容，并发现了两点重要事实：一方面，天津开埠后，德州、临清和聊城在一个较长的时期内，与天津保持着十分密切的经济联系；另一方面，聊城等城镇在制定发展战略时，并未将与天津及以天津、北京为中心的京

---

① 本文所谓天津，是指 1937 年前的天津城区，不含今天津所辖的郊区及郊县。

津冀地区之间的经济关系作为重要内容。因此，进一步深入研究天津与这四个城镇间的经济关系显得十分必要。有鉴于此，本文将以德州、临清、聊城、济宁等城镇为例，对 1860～1937 年天津与京杭大运河山东段沿线城镇之间的商品流通进行初步考察，[①] 一方面展现近代华北城镇体系的变动，另一方面也希望能够对上述地区和城镇制定发展战略有所裨益。

一

在 1860 年开埠以前，天津与同处京杭大运河沿线、同为漕运所经之地的德州、临清、聊城、济宁等城镇间的商品流通以粮食等为大宗。这种情况可以从傅崇兰、许檀、王云等学者的研究中得到印证。据傅氏研究，天津在明代的经济职能之一为漕运，清代这一职能得到加强，而管理漕运的官吏、护漕的士兵以及舵工、水手、搬运工的吃住消费和购销货物等，成为促使天津城市手工业、商业、饮食业等发展的重要因素。乾隆年间及其以后，天津与辽东间的粮食流通，成为天津重要的粮食来源。同一时期，德州除有凉帽编织品运销天津外，江大米、红白糖、燕窝等杂货均由南方运来。临清商业以粮行、花行、南货为大宗，其中粮食"尤取资于商贩。从卫河汛舟东下者，豫省为多。秫、粱则自天津溯流而至。其有从汶河来者，济宁一带粮米也"。棉花开始沿运河向南方贩运，杂货主要来自南方。济宁除将周近各县粮食、布匹、煤炭和本城的竹制品、酒、油、酱菜等运销临清、德州、天津等地外，棉花以及核桃、枣、柿、梨、药材、皮张、皮毛等主要运往江南。[②] 许檀、王云两位学者关于天津与德州、临清、济宁三个城镇间商品流通的研究，与傅氏的结论较为接近，而在天津与聊城之间的商品流通方面，许氏指出："据记载，聊城商人'山陕为居多'，或称'东郡商贾云集，西商十居七八'。"[③] 王氏指出："当地所产的麦豆、乌枣、棉花、布匹等经运河转运四面八方；而南国的丝绸、竹器、茶叶、食糖，北方的松木、皮货、煤炭、杂品又经运河源源而至，再由聊城转运

---

① 庄维民等的研究对此已有涉及，但未对天津与这四个城镇间的关系进行专题讨论，参见庄维民《近代山东市场经济的变迁》，中华书局，2000，第 83～179 页。

② 傅崇兰：《中国运河城市发展史》，四川人民出版社，1985，第 240～261、284～307 页。

③ 许檀：《明清时期山东商品经济的发展》，中国社会科学出版社，1998，第 187 页。

周邻各县。""聊城的商业主要服务于东昌府各州县，输入的商品主要有百货、铁货、茶叶、海味、板材、食盐等，分销府城及周邻各县；输出商品主要有本地出产的棉花、土布、粮食、皮毛及乌枣，这些输出品主要被客商收购于外省，如聊城附近的馆陶、齐河等均有山西商人所设布店，收购山东土布销往口外。"[1]

综合以上三位学者研究，并结合地方志等相关资料可以推知，开埠前，天津与德州、临清、聊城、济宁四个城镇间的商品流通，以粮食为大宗。1860年天津开埠后，尽管面临着大运河衰败的局面，天津与这四个城镇间的商品流通的内容却更加丰富。"大运河虽窳败不堪，而天津之为如是重要之商埠，犹端赖于此。天津与内地间水路交通如此便利……其时众多大小民船比比皆是，满载洋货并南货溯流而上。卫河在临清交于南运河，且使之连于大名府以及河南。唯其如是，豫、晋、陕等大省，以及内地之济南府并东昌府，乃能有所取给。实缘于此，洋货之价格一旦贱至穷民者流亦堪购买，天津则有望成为中国外洋制品之最大销场。"[2] 由于留存至今的旧海关关册中缺乏关于天津与德州、临清、聊城、济宁间商品流通的系统统计，因此下文仅依据散见于海关关册以及地方志中的相关史料，对1860～1911年间天津与这四个城镇间的商品流通进行勾勒。

1860年开埠后，天津成为德州、临清、聊城等城镇"所仰给之大市场"。1868年前后，天津已是临清、聊城消费品的重要供给地。[3] 1907年前，德州、临清两地所产棉花运销天津，由天津输入的砂糖则销往临清、济宁等地。[4] 1908年前，德州、聊城两地与天津之间的商品流通进一步扩大。经德州运销天津的货物以农产品和手工业品为主，其中杂粮"水运至天津销行，岁计二万石"，"由高唐、平原、禹城、陵县陆运至州属栎镇转销，由水运输天津，岁计十二万石"；花生"销路与上（杂粮）同，岁计十三万斤"；山薯"销路与上同，岁计二十万斤"；西瓜"销路与上同，岁

① 王云：《明清山东运河区域社会变迁》，人民出版社，2006，第113～114页。
② 《1865年津海关贸易报告》，吴弘明编译《津海关贸易年报（1865～1946）》，天津社会科学院出版社，2006，第8页。
③ 《1865年津海关贸易报告》，吴弘明编译《津海关贸易年报（1865～1946）》，第49页。
④ 东亚同文会：《支那经济全书》第8辑，东亚同文会，1909，第624、456～457页。

计十八万斤"；帽胎"水运至天津，销行北京及东南各省，陆运至山西、陕西、河南各处销行，每岁共七千四百余顶"；帽缨"销路与上同，每岁共销二千七百余□"；草帽"水运至天津，销上海、广州、烟台、北京、保定等处，岁计二万一千顶，陆运销济南、河南、山西、陕西、冀州等处，岁计一万三千顶"；麻果油自清平等地陆运至州境"岁计七十万斤，皆水运转销天津"。由天津运往德州及临境销售的主要是工业品，其中煤"由天津水运至州境行销，岁计一千三百吨，内转销临封各境者五百吨"；洋线"由天津水运至州境行销，岁计一千二百件，内转销山东内地者九百件"；洋油"由天津水运至州境行销，岁计十六万箱，内转销山东内地各境者十五万箱"；洋布"自天津水运至州境行销，岁计九百疋，内转销邻封各地者五百疋"；洋纸"自天津水运至州境行销，岁计值银五百两"；杂色洋货"自天津水运至州境行销，岁计值银五千八百两"。① 由聊城运销天津的货物也以农产品为主，其中黑枣"自茌博而来，以城东关菜市为总栈，天津、济宁贩商皆集于此，每年销售不下数十万"；玫瑰花"自平阴、泰安而来，以城东菜市为总栈，天津济宁贩商皆集于此，每年销售不下数万金"。② 到1911年时，各地运往天津的374362担棉花中，有1708担来自德州，26935担来自临清。③

与德州、临清、聊城不同，这一时期济宁与镇江、上海等地保持着更为密切的商品流通。1892年由镇江输往济宁的棉纱就达31.7万担，经济宁转运兖州的棉纱达3600担。19世纪末，镇江由运河运往山东的洋货约占镇江全部洋货输出量的20%。④ 1905年前后，"济宁'土货如枣、柿、花生、饼油、冬菜、布、粮、皮革之属，岁出不下数百万；贩运如棉纱、绸缎、杂货各品，岁入亦约数百万'，市场洋货和南货基本来自镇江或经镇江自上海输入，每年由镇江水运济宁的大宗货物为棉纱100余万斤、洋布七八万匹、火柴1000余箱、煤油四五千箱、糖三四十万斤、纸三四千

① 光绪《德州乡土志》，收入《中国方志丛书》（华北地方038），台北：成文出版社，1968年影印本，第217~219页。
② 光绪《聊城乡土志》，不分卷，《商务》，第55页a。
③ 《1911年津海关贸易报告》，吴弘明编译《津海关贸易年报（1865~1946）》，第296页。
④ 《光绪十八年华洋贸易总册》下卷，1893，转引自庄维民《近代山东市场经济的变迁》，第108页。

捆、瓷器数十万斤、南酒二三千坛、铁货五六十万斤"。①

综上所述，由于青岛未开埠，胶济铁路和津浦铁路尚未全线通车，因此在 1860～1911 年的大部分时间里，天津成为德州、临清、聊城、济宁等城镇消费品的重要供给地。其中天津与德州、临清之间的商品流通已由粮食等扩大到煤油、洋线、洋布等进口工业品，而济宁则与镇江、上海等南方城镇保持着更为密切的经济关系。

二

1912 年津浦铁路的全线通车，是天津与德州、临清、聊城、济宁之间商品流通变化的一个极为重要的节点。走向与大运河一致的津浦铁路不仅使德州、济宁成为铁路沿线城镇，济南成为胶济、津浦两路的交点，从而极大地方便了天津、德州、济宁、济南、青岛等城镇之间的交通，而且使青岛能够通过胶济、津浦铁路将腹地扩大至山东西部地区，同时又对日趋衰落的运河航运形成巨大冲击。在这些因素的相互作用与影响下，天津与德州、临清、聊城、济宁等城镇间的商品流通在 1912～1937 年间出现了一些新变化。

德州在这一时期一方面借助津浦铁路和大运河与天津保持着密切的商品流通，另一方面又通过津浦、胶济铁路加强了与济南、青岛这两个城镇之间的商品流通。"德州是位于山东省北端、与直隶省相连接的重要城市，津浦铁路南北贯穿、大运河从西南方通向东北方，铁路划定了天津、济南的实力范围，运河将临清、天津联结在一起，使这里成为水陆交通的焦点。"② 1920 年前，由德州运往天津的大宗货物为棉花、牛羊皮、羊毛、杂谷、牛骨、油脂类等，由天津运至德州的大宗货物为煤炭、煤油、纸、砂糖、茶叶等。其中棉花经铁路运出 1 万包，由水路运出 3 万包；牛羊皮、羊毛等由铁路运出 100 万包；油脂等由铁路运出约 50 万斤；杂谷由水路运出 30 万包，牛骨由水路运出 30 万斤。煤炭由铁路运来约 25000 吨，煤油

---

① 光绪《济宁直隶州乡土志》，1905，转引自庄维民《近代山东市场经济的变迁》，第 165 页。
② 《1920 年 4 月（第 13 次）调查报告书》，冯天瑜、刘柏林、李少军选编《东亚同文书院中国调查资料选译》（下册），李少军等译，社会科学文献出版社，2012，第 1477 页。

43

由铁路运来约 10 万箱；砂糖由水路运来 1 万包，纸由水路运来 1 万件，茶叶由水路运来 100 万斤。与此同时，有 1 万包棉花由德州运至济南，有500 吨煤炭、1 万包盐、2 万件棉纱由济南运至德州。由此可见，当时德州与天津之间的商品流通占有明显的优势。"从以上情况来看，德州贸易的大部分为天津所垄断，而济南所占比重很小。"① 1927 年前，经德州运出的大宗货物有小麦、杂粮、棉花、花生、花生油、麻油、牛羊皮、羊毛、牛骨、鸡蛋等，运入的大宗货物为布匹、煤油、纸烟、木材、瓷器等。其中，小米产于德县、德平、临邑、商河、陵县等地，每年由德县运出约 1万石，销售地"北至天津，南至泰安"，"豆类专销上海广州等处，从前因胶济津浦联运之便，豆类多由青岛装船运出。军兴以来运输不便，暂改由天津出口"。棉花德县本地可产约 20 万斤，连同南宫、故城等县所产"概运销天津济南"。花生产于故城、恩县、武城、德县，每年由德县运出约200 万斤以上，"带壳者运往天津，去壳者由济南转青岛装船，但以黄河涯站运出者为最多"。花生油、芝麻油产于德县、德平、陵县、武城等地，"运销天津济南"。鸡蛋来自德平、陵县等地，"运往天津南京上海等处"。此时德州的对外商业关系，仍以与天津最为密切，"大约对天津之贸易，约占十分之七，对济南青岛等处之贸易，不过十分之三而已"。② 1934 年前，德州输出货物以油、粮、棉花等为大宗；输入货物以棉纱、面粉、大米、煤炭、煤油、卷烟、布匹、火柴等为大宗。其中经由德县车站出入情形如下。

1934 年前德州站输出入大宗货物概数

单位：吨

运出大宗货物	数　量	发往地点	运入大宗货物	数　量	由来地点
棉花	13150	天津　济南	面粉	3545	济南　天津
花生仁	115	天津　济南	大米	1500	浦口　济南
皮货	305	天津　济南	煤炭	3600	天津　峄县
花生油	848	天津　济南	火柴	540	天津　济南
杂粮	751	天津　济南	卷烟	855	天津　济南

① 《1920 年 4 月（第 13 次）调查报告书》，冯天瑜、刘柏林、李少军选编《东亚同文书院中国调查资料选译》（下册），第 1480~1481 页。

② 《德县之经济概况》，《中外经济周刊》第 221 期，1927 年。

续表

运出大宗货物	数　量	发往地点	运入大宗货物	数　量	由来地点
煤油	260	平原　禹城	洋布	451	天津　济南
煤炭	1620	平原　禹城	煤油	1540	天津
芝麻油及豆油	460	天津　济南	盐	2500	济南
西瓜	61	天津　济南　浦口			
共　计	17530		共　计	14531	

资料来源：胶济铁路管理局车务处编《胶济铁路经济调查报告》（分编六·德县），1934，第9页。

以上各种大宗货物，仍以运往天津或由天津运来者比例最大，具体情形为"天津占百分之四十，济南占百分之二十，浦口占百分之十，其他占百分之三十"。[1]

临清在这一时期与天津间的商品流通仍主要通过运河进行。1916年前，大运河天津至临清段"1000华里一年四季有船行驶"，"御河……作为中国北部的商业通道，现在仍起着重要作用"。每年有大量运河流域所产的棉花、牛骨、花生、小麦等土产经运河运至天津，河北南部、山东、河南等地所需的进口商品也有很多由运河从天津运来。当时，临清每年产棉花约10万担，其中"十分之七运到天津，十分之二运到济南，十分之一运到济宁州、莱芜县、泰安府各地"。而临清的进出口商品则"十之八九经由天津，其余的靠青岛"。"进出口商品中一般容量较小而且价格比较高的从青岛经由济南，与此相反的东西基本上经由天津运送。"[2] 到1920年时，临清每年集散本地和其他地方所产棉花约30万担，其中"约三分之二销往天津地方，约三分之一销往济南地方。销往天津的全部通过水道，但销往济南的却是通过陆运"。作为棉花副产品的棉籽每年集散量约在5万担以上，"主要是运往天津"。牛皮交易量约50票（1万斤为1票），牛油每年交易量约50万斤，牛骨每年集散量约100万斤，"全部销往天津"。花生每年集散量约500万斤，"主要通过水运销往天津"。其余小麦、高粱、粟、绿豆等的外销地，也以天津为主。由天津运至临清的货物，以

---

[1]　胶济铁路管理局车务处编《胶济铁路经济调查报告》（分编六·德县），1934，第9页。

[2]　分见《1916年度（第10次）调查报告书》，冯天瑜、刘柏林、李少军选编《东亚同文书院中国调查资料选译》（下册），第1280、1286、1282页。

煤油数量较多，每年运入约 10 万箱，"都从天津水运而来"。① 到 1928 年时，临清等地所产棉花仍以运销天津为主，"产棉最著之地为临清、夏津、博平、馆陶、冠县、曹县、高唐，偏于省之西部。所产多数运销天津，青岛出口尚属少数也。"② 到 1934 年前，临清输出货物中，棉花每年产量约在 4 万包以上（每包 160 斤），"由卫河运销天津者十之七，由陆路运济南及青岛者十之三，近因货品糅杂，销路不畅矣"；小麦除本地居民食用外，"其余均由卫河运销于天津"；西瓜及桃梨"多运销于天津"；废骨羊毛"由行商收买运津销售"；酱瓜"多运销于津济青岛各大埠"；香油除销本地外，多运天津；皮货中，"皮厂出品多销于天津北平，运汉口及济南者区区无多"。输入货物中，绸缎"大宗由天津船运入境，间有赴江浙采购者"；洋布、洋纱"由天津来者多船运，由济南来者皆车运"；杂货"大部由津运至，在济南贩运者十不及一"；煤油"美孚、亚细亚等牌均运自天津，所销之数，历年递增"；纸烟中，英公司设栈于临清，"其货运自济南，行销最广"，"其余各种纸烟，或由津，或由济南或由青岛，来源非一"；洋货来自津济各埠；瓷器中，"洋瓷及江西瓷均来自天津，博山陶器由济南运至"。③ 临清与天津在商品流通上的密切关系，一直维持到 1937 年，其中又以布业较为突出。土布业中，平民、张工、华丰三家工厂织布所用原料"概为机制棉纱，其大部分来自天津，一部分为由济南输入者"；洋布业中，"洋布之输入，因本县经济关系，与天津甚为密切，故大部分货物皆来源于天津，亦有一部分由济南输入者。关于运输机关：由天津输入者则利用运河，由济南输入者则用大车"。④

聊城与天津之间的商品流通，也主要通过运河进行。1920 年前，聊城"在卫河上的码头不用说就是临清，从道口方面有焦炭和竹器等，从天津方面有杂货等运到这里。临清与东昌（聊城）之间陆路相距 110 华里，往来频繁"。当时的聊城"在水路方面处于黄河与运河的交点，从贸易关系

---

① 分见《1920 年 4 月（第 13 次）调查报告书》，冯天瑜、刘柏林、李少军选编《东亚同文书院中国调查资料选译》（下册），李少军等译，第 1421～1424 页。

② 民国《胶澳志》，收入《中国方志丛书》（华北地方 062），台北：成文出版社，1968 年影印本，第 798 页。

③ 民国《临清县志》，收入《中国地方志集成》（山东府县志辑 95），凤凰出版社，2004，第 140～141 页。

④ 〔日〕桦山幸雄：《山东临清县布业之概况》，傅振钰译，《东亚经济月刊》第 12 期，1943。

来说，又处于浦口、天津、青岛三种势力的交汇之处，在陆运方面则处于济南、彰德的交汇点，因而是山东省西部屈指可数的大城镇，物产也不少"。① 输出货物以花生、牛皮、草帽辫为大宗，其中花生 4 万担、草帽辫26000 担，"都是通过陆路运到济南"。输入货物以棉纱、砂糖、火柴、煤油、煤炭等为大宗，其中棉纱 15000 担、砂糖 2000 担、火柴 1000 担"都来自济南"；煤油从天津经临清运来，煤炭来自河南。② 到 1934 年前，聊城输入的大宗货物为砂糖 800 包、纸 200 件、煤油 1000 担、火柴 400 箱、大米 90 包、洋烟 300 箱、布 200 件，均来自济南；输出的大宗货物有牛油10000 斤、金针 400 包、黑枣 10000 包、纸包 400 箱、大头菜 300 篓。其中仅大头菜"销往天津"，其余销往济南、南京、上海、营口等地。③

　　济宁在这一时期与天津间的商品流通主要经由运河和铁路进行。在津浦铁路通车以前，由于运河河道不畅，济宁的输入货物大多数来自上海，经镇江运来。津浦铁路通车初期，输入货物多改由天津运来。④ 1920 年前，济宁输出的大宗货物中，牛皮约 200 万斤，山羊皮约 30 万斤，绵羊皮等约10 万斤，其中约五成运往上海方面，约三四成运销济南、青岛方面，约一二成运往天津方面；小麦约 800 万石，高粱约 200 万石，黄豆约 200 万石，绿豆约 50 万石，"其销路南方（上海）占 3 成、北方（天津）占 7 成，都是通过铁路运去"；羊毛约 100 货车（每车 15 吨），"一半运往天津和周村，一半运往上海"。输入的大宗货物中，煤油年约 5 万箱，"都是来自济南或天津"；火柴约 3000 箱，"大部分来自上海，一部分来自济南"；砂糖和纸各约 60 车（每车 15 吨），来自上海或南京；棉纱布约 200 车，"来自上海的占 9 成"；绸缎布匹约 40 车（每车 15 吨），"利用铁道从北方运来，从济南、天津两地发货，数额各半"。⑤ 1927 年前，济宁输出输入大宗货

---

① 《1920 年 4 月（第 13 次）调查报告书》，冯天瑜、刘柏林、李少军选编《东亚同文书院中国调查资料选译》（下册），第 1417～1418 页。

② 《1920 年 4 月（第 13 次）调查报告书》，冯天瑜、刘柏林、李少军选编《东亚同文书院中国调查资料选译》（下册），第 1471～1472 页。此调查中有些说法存在一定矛盾之处，但并不影响聊城与天津间在商品流通上的关系并不十分密切的判断。

③ 实业部国际贸易局：《中国实业志》（山东省），乙，1934，第 173 页。

④ 东亚同文会：《支那省别全志》（山东省），大正六年（1917），第 312～313 页。

⑤ 《1920 年 4 月（第 13 次）调查报告书》，冯天瑜、刘柏林、李少军选编《东亚同文书院中国调查资料选译》（下册），第 1456～1460 页。

物中，有明确地点者中仅黄狼尾"四五万个，由邹滕各县运来，再贩往天津、北京各处"。① 1934 年前，济宁输出大宗货物中，有杂粮 60000 吨，来自邻县；煤铁 20000 吨，来自峄县、曲阜；布匹、棉纱 2000 吨，来自济南、青岛；杂货糖纸 3000 吨，来自青岛、上海；输出大宗货物中，有杂粮 40000 吨，由津浦路运出。②

综上所述，1912～1937 年，天津与德州、临清、聊城、济宁之间的商品流通有两点值得注意。一方面，天津是德州、临清最重要的商品输出地和来源地，表明它们在商品流通方面关系依然十分密切；而天津与聊城、济宁之间虽然仍有煤炭、大头菜、羊毛等大宗货物进行流通，但总体上已不如与济南、青岛、上海等地的商品流通。另一方面，随着济南、青岛逐渐成为这四个城镇重要的商品输出地和来源地，天津的地位呈现出逐渐弱化的趋势。

三

纵观 1860～1937 年间天津与德州、临清、聊城、济宁四个城镇间的商品流通，可以看到四个方面的重要变化。其一，与明清时期相比，天津与这四个城镇之间流通的大宗商品的种类由粮食扩大到棉花、花生、棉纱、洋布、煤油等，尤其是进出口商品成为一个重要组成部分。其二，这一时期，天津与德州、临清之间的商品流通中，棉花等在数量上有较大增长，如 1911 年临清有 26935 担棉花运至天津，到 1916 年前增至约 7 万担，1934 年仍有约 44800 担；1911 年德州有 1708 担棉花运至天津，1920 年已增至数万担，1934 年前增至约 10 万担。③ 但天津在这两个城镇输入输出中所占比例似乎有所下降。1927 年前天津约占德州进出口货物的 70%，到 1934 年时，仅占经由铁路出入德州货物的 40%。尽管 1934 年数字不含运河运输，但综合《中国实业志》（山东省）等资料看，天津所占比例应是下降的。临清 1937 年前洋布等虽然主要由天津输入，但纸烟、布匹、煤

---

① 民国《济宁县志》，收入《中国方志丛书》（华北地方 015），台北：成文出版社，1968 年影印本，第 147 页。
② 实业部国际贸易局：《中国实业志》（山东省），乙，第 167 页。
③ 据前文数字参照相应度量衡制估算。

油、棉纱等已有不少由济南输入，牛皮等亦主要运销济南。其三，这一时期，天津与聊城、济宁两个城镇之间，虽然在牛羊皮、小麦、高粱、煤油、绸缎等大宗货物方面有一定的商品流通，天津所占比例虽然一度有所波动，但在总体上不如济南、青岛和上海。其四，1937年抗战爆发后，德州和临清与天津之间的商品流通呈现出加速弱化的趋势，尤其是临清，"至事变后，大运河之水异常低浅，复因治安关系，航路不通，以致本县经济与天津经济关系完全断绝，至是不得不由陆路投向济南经济圈中"。①

这一时期天津与德州、临清、聊城、济宁之间的商品流通之所以发生以上变化，其主要原因应有以下几个方面。

首先，1860年天津开埠后，成为德州、临清、聊城、济宁等城镇商品的重要输出地和来源地。不仅德州、临清每年有大量的棉花、花生、牛羊皮等运往天津，并由天津输入煤油、棉纱、洋布、杂货等，而且聊城、济宁与天津之间也维持着一定数量的商品流通。如聊城1908年前后有黑枣和玫瑰花运至天津，1934年前有大头菜运销天津。济宁在津浦铁路通车初期输入货物多改由天津运来，1920年时小麦、高粱等运销天津者甚至占到70%。这一局面的形成，显然与天津作为华北地区最大通商口岸的地位有着直接的关系。

其次，黄河决口，大运河中断，漕粮海运，漕运废止，胶济和津浦铁路相继通车等，极大地改变了天津与这四个城镇之间的交通状况。晚清时期，尽管大运河曾一度中断，但仍是天津与德州、临清、聊城、济宁等城镇间最重要的交通线，天津与这几个城镇之间的商品流通，主要仍然通过大运河来进行。1904年胶济铁路通车，尤其是1912年津浦铁路通车后，铁路成为天津、德州、济宁、济南、青岛等城镇之间的重要交通方式。由于大批货物开始改由铁路运销，这几个城镇之间的经济格局发生巨大变化，并对天津与上述四个城镇之间的商品流通产生了明显的影响。

再次，济南、青岛借助便利的铁路运输和通商口岸之利，工商业得以迅速发展，成为德州、临清、聊城、济宁等城镇货物的输出地和来源地，

---

① 〔日〕桦山幸雄：《山东临清县布业之概况》，傅振钰译，《东亚经济月刊》第12期，1943。

与天津形成竞争之势。其中，济南"在宣统元年，新式工业，仅有榨油一厂。民国以来，因津浦胶济两路，相交于其地。由是相交，大规模之工场，骤增至四五十家，已翕然为我国一大工业都市"。[1] 到1934年前，德州、临清、聊城、济宁均有不少货物经由济南输出或输入。青岛在1912年津浦铁路通车并会胶济铁路于济南后，乘火车可经济南北往北京、张家口、东三省，南趋徐州、蚌埠、浦口、南京，西至山西、河南甚至陕西、甘肃、新疆等地。青岛的商业腹地逐渐扩大到华北大部地区、西北部分地区和中部部分地区。[2] 山东内地棉花、花生、鸡蛋、大豆等农产品开始由青岛输出，青岛生产和进口的火柴、棉纱、煤油等工业品也开始向山东内地运销。[3] 于是，德州、临清、聊城、济宁等地部分货物改由济南、青岛输出，所需部分工业品亦改由济南、青岛输入，从而影响了天津与这四个城镇间的商品流通。

最后，战乱对天津与德州、临清、聊城、济宁之间的商品流通也有重要影响。前述临清对外经济关系在1937年后由天津转向济南的一个重要原因，便是日本侵华战争使天津与临清间的商品流通被迫中断。

在上述诸因素的相互作用和影响下，天津与德州、临清、聊城、济宁等城镇间的商品流通在1860～1937年间均有所变化。尽管其变化因城镇而异，但总的趋势是1860～1911年间有所强化，1912～1937年间呈现出弱化趋势，1937年后加速弱化，最终天津与这四个城镇间的商品流通大部分被济南和青岛取代。这一变化过程不仅从一个方面展现了近代华北城镇体系的变动，而且对相关城镇制定发展战略有一定的参考价值。

所谓城镇体系，是指一个国家或一个地区范围内由一系列规模不等、职能各异的城镇所组成，并具有一定的时空地域结构、相互联系的城镇网络的有机整体。[4] 开埠以前，天津的发展颇受北京制约，1860年开埠后，迅速成长为华北地区最大的工商业城市，并与北京一起构成华北城镇体系

---

① 龚骏：《中国新工业发展史大纲》，商务印书馆，1933，第96页。
② 《全国商埠考察记》，世界书局，1926，第187页。
③ 参见《胶济路上工农业产品的流向1928～1935》，严中平等编《中国近代经济史统计资料选辑》，科学出版社，1955，第214～215页。
④ 顾朝林：《中国城镇体系——历史·现状·展望》，商务印书馆，1992，第1页。

中的两大中心城市。与此同时，青岛和济南也借助开埠通商和铁路交通发展而成为次一级的中心城市。这些中心城市的形成和发展必然带来本地区城镇职能、时空地域结构、城镇网络及其相互关系的变动和调整。由此，作为城镇间相互关系变动和调整的重要体现，天津与德州、临清、聊城、济宁间商品流通格局的变化，便从一个侧面展现了近代华北城镇体系的变动。

城镇发展战略的制定不仅要着眼于现实，同时也要从历史中汲取有益的经验。就此意义而言，探讨近代天津与德州、临清、聊城、济宁等城镇间的商品流通，对当前相关城镇制定发展战略具有一定的参考价值。在2014年的考察中，我们获知聊城将"东融西借"作为城市发展的一个重要战略。据当地人解释，所谓"东融"就是向东融入济南、青岛经济圈，所谓"西借"就是向西借助中原经济区以谋求发展。应该说，仅就聊城自身而言，这一战略似乎并无不妥，但对其下辖的临清以及更北方的德州而言，除"东融西借"战略之外，似乎还应对北方以北京和天津为中心城市的京津冀地区给予更多的关注。一方面，就历史而言，自天津开埠至1937年，德州、临清与天津间的经济关系十分密切；另一方面，就现实而言，天津滨海新区作为国家级经济新区，与德州、临清在地缘上也比较接近，交通亦相对便利，因此亦应能够为德州、临清等地的发展提供一些发展机遇。

作者：熊亚平，天津社会科学院历史研究所
安宝，南开大学滨海学院

清末天津卫生事业的发展
与市民卫生观的初步确立

——以《大公报》为中心的考察

张海荣

内容提要：清末天津卫生事业的发展与市民卫生观的初步确立，既由当时天津独特的政治、经济、文化和地理环境所决定，又与西学东渐的刺激密切相连。都统衙门时期建立的卫生机构及其推行的卫生举措，将天津的卫生事业初步导入正轨；袁世凯当政时期，又使之得到进一步的完善与发展。此外，各种社会力量的参与，尤其是士绅阶层的积极干预，是推动天津卫生事业发展与卫生观普及的重要因素。而清末发生在天津的两次大瘟疫，则是促使市民卫生观确立与强化的直接诱因。与此同时，"讲求卫生"作为当时地方自治的重要子课题，也契合了开民智、新民德、强国保种的时代要求，对于塑造新式市民形象、推动天津城市的近代化有不可忽视之功。

关键词：清末　天津　卫生　《大公报》

在现代人的观念中，卫生总是和清洁干净、防范疾病联系在一起。不过在中国传统观念里，卫生通常指的是养生、护生。如《庄子·庚桑楚》："老子曰'卫生之经，能抱一乎?'"[1] 晋人陶潜《影答形》诗云："存生不可言，卫生每苦拙。"[2]《南齐书·竟陵文宣王子良传》称："夫卫生保命，人兽不殊。"[3] 至清代唐甄作《潜书·五形》时仍言："贵人之处，卫生常

---

① 王世舜注译《庄子注译》，齐鲁书社，1998，第313页。
② 袁行霈撰《陶渊明集笺注》，中华书局，2011，第45页。
③ （梁）萧子显：《南齐书》卷40，列传第21，中华书局，1972，第474页。

谨。古谚曰'家累千金者，坐不垂堂。'恐其伤肢体也。"① 又，曹炳章《喉痧证治要略》云："……或饵金石以为卫生，藉参茸以资服食者，再吸腐败之空气，复饮秽浊之茶水，内外合邪，毒火交蒸，每多酿成喉痧。"② 也都还是在养护身体这一意义上使用"卫生"一词的。

直到晚清，随着西学东渐，合乎现代意义的卫生观念才开始出现。1898年，康有为《请禁妇女裹足折》称："劳苦即不足道，而卫生实有所伤，血气不流，气息污秽，足疾易作。"③ 1903年，丁福保《卫生学讲义》谓："卫生学者，研究保卫人体之生理而增进其康健之学问也。"④ 这都是在防范疾病、增进健康的范畴内论述卫生的。而就实践层面来看，也是直到20世纪初，随着清末新政的展开，中国的卫生事业才算真正起步。1905年，清政府设巡警部，下辖卫生司，"掌检医防疫，建置病院"，⑤ 是为中央卫生事业的初创。与此同时，随着地方自治运动在全国范围内逐步展开，卫生也被列为其中的重要一项，具体内容为"清洁道路、蠲除污秽、施医药局、医院、医学堂、公园、戒烟会，其他关于本城镇乡卫生之事"等。⑥

一个传统城市的近代化过程，不仅表现为商品经济的发达和工业生产的进步，也包含着从城区建设、市政管理、社会生活和思想文化上对于这一新型经济秩序的调适，卫生正是其中一个十分微妙却又关键的组成类项。鉴于清末天津在近代中国卫生史上的独特性和典型性，本文试图通过考察该市卫生事业发生发展的曲折过程，及其对于市民生产生活和精神世界的多重影响，揭橥卫生事业的发展完善对于一个城市长远发展的必要性和迫切性。⑦ 在中国的整体卫生建设与西方世界依然存在巨大差距的今天，

① （清）唐甄：《潜书》，中华书局，1963，第180页。
② 陆拯主编《近代中医珍本集·五官科分册》，浙江科学技术出版社，2003，第602页。
③ 汤志钧主编《康有为政论集》上册，中华书局，1981，第336页。
④ 丁福保：《卫生学讲义》，《大公报》1903年11月8日。
⑤ 《清史稿》卷119，《职官志六·新官制·民政部》，中华书局，1977，第3452页。
⑥ 《城镇乡地方自治章程》，光绪三十四年十二月二十七日，故宫博物院明清档案部编《清末筹备立宪档案史料》下册，中华书局，1979，第728页。
⑦ 相关研究参见罗芙芸《卫生与城市现代性：1900-1928年的天津》，作舟译，《城市史研究》第15~16辑，1998；任云兰《都统衙门时期天津公共环境卫生管理初探》，《天津社会科学》2009年第6期；万鲁建《天津日租界的公共卫生治理》，《消费导刊》2009年第15期；路彩霞《清末京津公共卫生机制演进研究（1900-1911）》，湖北人民出版社，2010；刘祺《清末天津卫生防疫制度探析》，《中国卫生法制》2011年第6期等。

如何选择更加科学合理和适应国情的发展模式，既需要我们不断地学习、借鉴，也需要对于既往路径不断总结和反思。

一　近代天津的崛起与卫生问题的严峻化

天津是中国近代史上一个十分特殊的城市，一度被外国人称为"中国最肮脏、最令人厌恶也是最繁忙的商业城市之一"。①

自 1860 年代开埠以来，在政治、经济和外交因素的多重作用下，短短数十年间，天津由一个总面积约 9.4 平方公里、总人数不过 20 万的首都附庸城市，骎骎然跃升为中国北方首屈一指的特大都市。它不仅是直隶总督兼北洋大臣的驻地，清王朝重要的对外交涉中心，近代军工民用企业的摇篮，及北洋精英的荟萃之所，同时也是近代中国看世界的重要窗口，拥有全国数目最多的外国租界和高度发达的港口贸易。而与之相伴的，是城区面积的不断扩张、就业机会的迅速增加和居住人口的急遽增长。截至 1910 年，天津市区总面积已达到 16.5 平方公里，共有 102147 户 601432 人，其中老城区 90337 户 549549 人，租界区 11810 户 51883 人。② 但在整个城市高速发展的同时，城市生活供应与基础建设的负担也不断加重，并且滋生了严重的卫生问题，直接影响到天津的长远发展和人们对于市民素质的整体评价。

传统中国对于卫生之道是不甚讲求的。普通民众勿论，即便官绅阶层，于卫生之道，也是"毫不究心"。③ 正如《时报》所言，中国人"居处服食一切之不洁"的生活习惯由来已久，很少有人注意到它，认为是"至危极险之事"。④ 就个人卫生而言，"吾国人之恶习惯为长指甲、挖鼻孔、弹鼻垢、咬指甲，以及痰涕、便溺无定所。或手指揩拭涕吐，复抹榻□台凳□隅，或吐痰之后，以足磨踏"。⑤ 即或生病，也往往诉诸非医学手

① 〔英〕雷穆森：《天津租界史插图本》，许逸凡、赵地译，天津人民出版社，2009，第 34 页。
② 参见罗澍伟《近代天津城市史》，中国社会科学出版社，1993，第 455 页；陈卫民编《天津的人口变迁》，天津古籍出版社，2004，第 51、59 页。
③ 《广步卫生书籍以强种类说》（录自《汉口日报》），《东方杂志》第 8 期，1904 年，第 177 页。
④ 《正俗篇》，《时报》1905 年 2 月 12 日。
⑤ 俞庆恩：《肺痨病之原因及预防法》，《大公报》1911 年 11 月 3 日。

段，"没病的时候不知道防备，有病的时候求神弄鬼，弄些个不合理的方子瞎治"。① 而裹足、长辫、抽大烟等，更是显而易见的陋俗。至于公共卫生，更是无从谈起，当时一些旅华的外国人甚至称："不讲究卫生，几乎所有的中国人都有此特点。他们甚至不把已经了解的卫生规则当回事。"②

这一问题在清末的天津尤其突出。美国人阿林敦回忆："在1879年冬季的最后阶段里，我到达了中国北方的城市天津。那时的天津，甚至直到1900年（义和团运动的那一年）都被说成是除了厦门之外中国最肮脏的城市。我对于这个城市的第一眼印象也肯定了这一说法，并且这一印象一直保留了下来。"③ 王锡彤1898年路经天津时也称："天津为北方诸河入海总汇处。海通而后，各国轮船往来如织，土产运出，洋货输入，大交易场肆宇殷阗，冠绝一时，惟房屋之低矮，道路之污秽，街巷之狭隘，殊出情理外。沿河两面居民便溺，所萃不能张目。"④《大公报》上更是经常披露市民种种不讲卫生之事："西头小伙巷德合当后门及清真大寺后地方住户栉比，为往来通衢。乃昨见该二处污秽狼藉，来往行人任便当街撒尿，并无人禁止，未免太不文明"；"近查僻巷墙隅仍多污秽，甚至夜间便溺，狼藉异常，殊堪痛恨"云云。⑤

国人的观感尚且如此，日本人的评价更加辛辣。在他们看来，"天津地方的居民，对医疗卫生的观念与设施，处在极其幼稚的境地，几乎是没有任何卫生思想"。他们并分析了导致市民卫生观缺乏的两层因素："一方面是由于风土气候的关系以及缺乏清水等各种天然的障碍，使他们的生活状况不能不陷入不干净、不卫生的状态；另一方面则是由于古来的恶风陋俗顽固地不能拔除，特别是对一般国民的教育还未普及，居民缺乏科学知识的结果，导致了徒然固执于迷信思想却不懂得保重自身生命的道理。"⑥

在这众多的卫生问题中，与水相关的问题显得尤其突出。清末的天津，环城皆水，又当南北往来之冲，舳舻扬帆，往来交错。这固然有力地

---

① 《讲卫生学须知》，《大公报》1902年7月12日。
② 〔美〕明恩溥：《中国人的素质》，秦悦译，学林出版社，2001，第127页。
③ 〔美〕阿林敦：《青龙过眼》，叶凤美译，中华书局，2011，第40页。
④ 王锡彤：《抑斋自述》，郑永福点注，河南人民出版社，2001，第56页。
⑤ 《卫生局示》，《大公报》1904年3月7日；《卫生总局示谕》，《大公报》1907年7月27日。
⑥ 日本中国驻屯兵司令部编《二十世纪初的天津概况》，侯振彤译，天津市地方史志编修委员会总编辑室，1986，第316页。

拉动了当地城市经济的发展，但同时也潜藏着爆发大规模传染病的风险。尤其天津城内及周边地区还存在着大量的非定期流动人口，进一步增加了防疫的难度。另外，天津居民饮水不甚讲究，多饮河水。不少人还习惯于将垃圾倾至河边甚至河内，加之沿河的染店及工厂的排污，导致水中污秽甚多，极不卫生。目击者甚至称，"平常住在海河沿岸的居民，是把夜间的污水、尿水等随意倒入海河的"。① 粪厂也是重要的污染源。特别是夏日炎炎之际，各秽坑粪厂一经蒸晒，气味熏灼，令人作呕。《大公报》1905年披露，"闻有河北梁家嘴杨某等粪厂尚在洼中晒粪，现竟将粪厂移于放生院庙地，当此天气渐热，臭气熏蒸"。② 至于当地的葬俗，同样于环境有碍。"在天津郊外，特别是在其西方及北方，到处都散在着多数的坟墓。全都是土葬，即使是传染病人的尸体，也不实行火葬。并且，由于埋葬的很浅，受到雨雪的浸蚀，到处可以看到露出地面的棺木。"③ 报纸上经常出现此类报道："新浮桥以北局懈林立，而道傍空旷之地，多有浮厝坟茔及暴露棺木，殊于清洁道路大有妨碍，且足致酿成疠疾"；④ "西头三庆营门内一带大路左右之丛塚多居洼下，近有积水数处，淹没尸骸，臭气熏蒸，莫不掩鼻而过，是与卫生大有关碍"⑤ 云云。

由上可知，清末天津的卫生形势是十分严峻的。但它的底子建立在传统封建城市的根基之上，短短数十年间，由一个近畿府属县城晋升为规模仅次于上海的全国第二大商贸港口城市，一时之间，很难进行迅速有效的调适，更不知该如何去调适。然而历史为天津提供了特殊的机遇，尽管这种机遇是如此的难堪，如此的残酷，如此的让人不愿去面对却又不得不去面对。

二　官方卫生机构的创设与新式卫生举措的出台

租界是近代中国特殊历史条件下的产物，也是半殖民地社会独有的畸

---

① 日本中国驻屯兵司令部编《二十世纪初的天津概况》，第330页。
② 《有碍卫生》，《大公报》1905年5月23日。
③ 日本中国驻屯兵司令部编《二十世纪初的天津概况》，第330页。
④ 《府县告示》，《大公报》1902年9月22日。
⑤ 《有碍卫生》，《大公报》1904年4月9日。

形社会体制。它的出现本身就是对于中国人民族感情的粗暴践踏。不过从另一个角度来看，它又是近代中国看世界的前沿窗口，为国人带来了最直观的、较先进的西方文明。正是在与外国租界的鲜明对比中，国人自然而然地意识到与对方的巨大差距。清末的天津也是如此。当地居民张焘赞曰："街道宽平，洋房齐整，路旁树木，葱郁成林……电线联成蛛网，路灯列若繁星，制甚得法，清雅可观，亦俨如一小沪渎焉。"① 王锡彤也称："紫竹林者，英法人租界也，洁净整洁，比中人所居，有天渊之别。"②

　　不过，真正意义上的天津卫生事业的起步，还是要从都统衙门时期算起。1900 年 7 月都统衙门的出现，是天津历史上抹不去的耻辱，但同时也导引该市的城市管理初步驶入近代化的轨道。鉴于庚子事变之后天津城厢内外的卫生状况空前恶化，都统衙门成立后不久，就公布了天津城市管理的五大事项，其中之一就是要"在临时政府所管辖区域及其周围地区采取卫生防疫措施，预防发生流行性疾病和其他病患"。③ 为此，它下令组建了卫生局，聘有专门医师和药剂师多名，专门负责天津的卫生管理和检疫防疫，下设 8 个工段，督促夫役定日打扫道路、桥梁及沟渠。又于天津城内外添设多处公厕，严禁在马路上随地大小便及乱倒污物，违者罚款或施以体罚。④ 此外，它还制定了《洁净地方章程五条》，规定：选择数处地方置设木牌为垃圾站，各街民每日应将秽物挑往该处倾倒，不得随意倒弃院内暨路旁、河边等处，"每日民人须将门首地段洒扫、清洁"，相近居民之处，不准开设晒粪厂等，是为天津最早的卫生法。⑤ 同年，该局还获准建造两座焚化炉，专门处理居民的生活垃圾。1901 年夏，因当地霍乱流行，卫生局又出台了卫生章程五条，要求居民凡饮水、饮茶须用开水；蔬菜、水果等项，必须煮熟才可食用；手指、身体要保持洁净；遇有霍乱症状，

---

① （清）张焘撰，丁绵孙、王黎雅点校《津门杂记》，天津古籍出版社，1986，第 121 ~ 122 页。

② 王锡彤：《抑斋自述》，第 56 页。

③ 《天津城行政条例》，1900 年 11 月 13 日，《八国联军占领实录——天津临时政府会议纪要》上册，倪瑞英等译，天津社会科学院出版社，2004，第 1 页。

④ 参见天津市地方志编修委员会《天津通志·城乡建设志》，天津社会科学院出版社，1996，第 1135 页。

⑤ 《天津都统衙门告谕》（1901 年 3 月 26 日），《八国联军占领实录：天津临时政府会议纪要》下册，第 813 页。

必须从速报知本段武员，以便派医诊视，匿报者，一经查出，严究不贷；居民厕所及堆积秽物地方，均须倾洒石灰。① 与此同时，也从饮食卫生、丧葬管理、防疫检疫、卫生统计等方面，加强了对于居民卫生的监督管理。至于都统衙门下辖的巡捕局，也负有维护卫生之责。此为天津卫生事业的奠基期。

尽管都统衙门存在的时间不过短短两年，并且由于当时天津独特的政治外交背景，及东西方文化观念的歧异，该衙门采取的某些卫生管理举措带有一定程度的强权色彩和殖民意味，有意无意地践踏了当地居民的民族感情。② 不过就其实施的效果而言，还是卓有成效地改善了天津的市容市貌，并且在机构设置和制度管理方面树立了良好的样板。诚如罗芙芸所评价，在都统衙门引进的所有新制度中，"没有哪一个像有关公共卫生的新规定那样深刻地改变了天津人的日常生活"。③

1902 年 8 月 15 日，直隶总督袁世凯正式接收天津。当日依照与都统衙门的约定，在其原有卫生局的基础上，宣告成立天津卫生总局，任命屈永秋为首任总办，专门负责"城厢内外医疗卫生、船舶、大车的检疫和妇婴医院、育黎堂的管理"，④ 是为我国地方卫生行政组织创设的开端。该局初设于津海关道署，后移天津大王庙。经费来源初来自妓女捐，嗣经袁世凯奏请，以津海关用于直隶军政支出的八分经费移归该局。卫生总局之下，设第一、第二、第三卫生分局。"嗣因各地迭生疫症，遂于沿海口岸及铁路要冲，如大沽、北塘、营口、唐山、秦皇岛等各设防疫医院，派员

---

① 《天津都统衙门告谕》（1902 年 6 月 9 日），《八国联军占领实录：天津临时政府会议纪要》下册，第 835 页。

② 据李然犀回忆，"如街道卫生，由各住户负责打扫，洋兵每天沿街巡逻，挨户端大门，喝令出来扫街，出来晚了就拳打脚踢，有时还要罚款"。又，1901 年夏发生霍乱时，"防疫工作由日本人负责，他们得到疫情报告后，带着'黄袖头儿'迅速奔向病患者，既不问病状，也不予治疗，却把大量的石灰洒在病人身上及周围，不少垂危的病人因而呛死，然后便抬走焚化。这样一来，弄得人心惶惶，得了病也不敢声张，唯恐被糊里糊涂地当作霍乱患者而屈死"。《庚子沦陷后的天津》，北京市政协文史资料研究委员会等编《京津蒙难记——八国联军侵华纪实》，中国文史出版社，1990，第 11 ~ 12 页。

③ 罗芙芸：《卫生与城市现代性：1900 - 1928 年的天津》，作舟译，《城市史研究》1998 年第 15 ~ 16 辑，第 150 页。

④ 天津市地方志编修委员会《天津通志·大事记》，天津社会科学院出版社，1994，第 137 页。

检疫；总局虽设天津，而办事范围实赅北洋全局。"① 天津卫生总局不仅继承了都统衙门时期制定的各项规章制度和管理办法，还使之得到进一步的完善与发展。此外，袁世凯又仿效西方，在天津率先开办巡警，同样赋予其整治卫生之责。所谓"街衢污秽、食品馁败、防疫救急等事，皆非一人之力所能及，必警察从而干涉始能有济。"② 1908 年，天津南段巡警总局还专门组建了"卫生警察"，于治安功能之外，添加了查察卫生一项。

天津卫生总局开办之初就颁布了清洁章程，内容包括：每日居民须将门首地段扫除洁净，在各段设立木牌为专倒垃圾之所；冬令倾倒污秽物，宜在早八点之前、晚四点之后，夏令则在早七点以前、晚四点以后；左右邻居互相监督；居民人等须在官厕便溺；等等，③ 较之都统衙门时期制定的相应规章，更为细化。此外，卫生局还多次出动吏役车辆在各处清理污秽。《大公报》对此颇有报道："河北下关一带积秽之处……昨经卫生局饬派苦力多名，随带马车四辆，开往各处粪除，以免臭气熏蒸"；"时届春令，天气渐暖，各段积秽之处一经融化，难免臭气蒸熏。昨经卫生局员饬派巡捕率同苦工等，各带车辆，分路粪除清理，俾免传染生疫"。④

此外，针对当时天津存在的饮食卫生管理、粪便处理、丧葬管理等各项与居民生产生活息息相关的事项，卫生局还分别进行了专项治理。一、在水卫生和食品卫生管理方面，卫生局曾多次严令居民，禁止向河中随意倾倒秽水污物，并晓谕居民，应将水消毒煮沸之后再饮，抑或饮用自来水。又饬令水铺及做荷兰水者，"务将河水用矾澄一昼夜，烧至滚开，方可饮用"。⑤ 在食品卫生方面，卫生局着力整顿了屠宰业，严禁宰卖病死的牲畜，并劝说居民勿食病死猪牛羊，勿食腥陈鱼虾菜蔬，勿饮生水，水果等须去皮食之，等等。⑥ 二、在粪厂整顿方面，卫生局下令储粪、晒粪之所，必须远离居民区，又曾"用避秽气之药粉，和入白灰内，装车运往各处布洒，以避疫气"。⑦ 另外，在原有旧官厕的基础上，卫生局还着手扩

---

① 家立整理《1931 年天津市卫生概况》，《天津卫生史料》1987 年第 5 期，第 85 页。
② 《论警察之功用》，《大公报》1906 年 8 月 19 日。
③ 《卫生局示》，《大公报》1902 年 8 月 22 日。
④ 《清理秽处》《大公报》1902 年 10 月 31 日；《清理积秽》，《大公报》1903 年 2 月 25 日。
⑤ 《饮水宜慎》，《大公报》1906 年 6 月 15 日。
⑥ 《食物宜慎》，《大公报》1903 年 3 月 14 日；《防疫出示》，《大公报》1903 年 9 月 22 日。
⑦ 《严防疫气》，《大公报》1906 年 5 月 19 日。

建了许多新的公共厕所，"该厕所四壁用新砖砌成，高五尺余，其上以铁片为顶，而四围有高二尺之空隙，以通空气"。在时人看来，"颇为文明"。① 公共厕所内还铺上石灰以除臭，并禁止随地大小便。三、在丧葬管理方面，1903 年春，鉴于天津城厢内外浮厝棺木众多，日晒雨淋，尸气蒸熏，于卫生大有妨碍。卫生局总办屈永秋特意知照天津知府，设法掩埋，并通告居民："凡有棺木，限半月迁埋入地，掘坑培土。一时无处掩埋者，务即报明义阡局，寄埋义地。"② 翌年 3 月底，天津卫生总局又与南北段巡警局联合发布公示，称："天津一邑民口繁殷，人民既属众多，气味难免蒸熏……况当春融水泮之时，尤为瘟疫发萌之候……自二月十五日起，有病故之人，该亲属务于一日内将姓名、年籍、病原及患病书明，前往该管警局清领执照，仍俟择定出殡或抬理日期，携带原照再报该局，填注照内"，不取分文，不准匿报。③

至于劝种牛痘、防范瘟疫、劝戒鸦片、整顿医疗卫生等项，也被列入卫生局的职责范围。其曾多次晓谕居民，无论婴孩，还是少壮，皆应种植牛痘："当春令暖气上蒸，人之毒热无从清洩，灾疫堪虞，惟有引种牛痘，为祛毒清热良法。只以此邦人民囿以旧俗，仅知婴儿种痘。乃为常理，殊不知人当少壮，孰无热毒，大小男女均应引种。"④ 又着意宣传鸦片之害，劝告居民戒烟，并特配戒烟药料，在卫生局及妇婴医院、育黎堂等处分设戒烟公所，向戒烟贫民免费赠药。⑤

与此同时，天津巡警局也被赋予了维持卫生之责。该局明令：通衢大道、小街僻巷、各处路口及贮水池等处，不许大小便，及倾弃灰渣秽物，违者重罚；又下令早、午、晚三时洒水泼街，严禁行人饮食店铺门前积水，严厉查禁私售死畜肉，及出售极不洁净的豆腐；等等。⑥ 此外，医疗卫生也在警局管辖的范围之内。

卫生局、巡警局等政府机构对于卫生事务的重视，一方面固然是深化

① 《厕所文明》，《大公报》1904 年 12 月 5 日。
② 《以卫民生》，《大公报》1903 年 3 月 28 日。
③ 《南北段巡警局、卫生总局示》，《大公报》1904 年 3 月 31 日。
④ 《天津卫生局示》，《大公报》1907 年 3 月 15 日。
⑤ 《设戒烟所》，《大公报》1907 年 3 月 21 日。
⑥ 参见《大公报》1902 年 8 月 23 日、1908 年 4 月 4 日、1908 年 7 月 31 日、1905 年 12 月 18 日、1908 年 10 月 30 日。

政府职能和行政机构近代化的重要标志，同时也肩负着时代所赋予他们的"鼓民力"、"新民德"、改造国民形象、革新国民精神的使命感。为了使卫生观念更普遍地为社会大众所接受，卫生局、巡警局曾各自或联手张贴过大量的白话告示。其中，有宣传用水卫生的，有劝告居民种浆避疫的，有劝诫鸦片的，有保护树木的，还有禁卖春药的……内容五花八门，深入浅出。而且这类告示不同于一般的衙门告示，往往带有很强的人情味儿，不少文章还合辙押韵、朗朗上口，更容易为市民所接受。

近代卫生机构的创建与新式卫生举措的出台，使天津市民的生产生活有了更科学、更细致的卫生规范，在相当程度上改善了天津的市容市貌。日本人就此评论称："在天津的一般卫生上，近来特别改变了面貌的是与街道的修建工程相结合，厉行了扫除垃圾。同数年前相比，外观变得显著地清洁起来"；"目前的天津，不论是在中国街或在外国租界，使成为各种罪恶渊薮的中国特有的烟馆不见了"；"以往是不问路旁、墙壁，随地滥撒大小便，今天几乎达到了绝迹，这不能不说是其显著的成绩"。不过他们也同时指出，"这只不过是一部分的外观的改善，用这件事还不足以作为测量居民卫生思想进步的尺度"。① 事实上，任何一种新式文化观念的确立都是一个十分复杂的过程，近代卫生观的确立也不例外。官方卫生机构的创建与相关卫生法令的出台，的确是促使天津卫生事业兴起与发展的重要因素。但其本质上都是依靠政治力运转，侧重于对公共卫生的整顿，而讲求卫生真正直接关系到的是市民的切身利益，只有当他们从主观上真正意识到卫生的裨益和遵守卫生规范的必要性时，卫生观才能真正深入人心。正如严复所言，"中国号四万万人……其不知卫生者，虽由于积习，而亦坐其人之无所知，故自贱危途，自戕其生而不觉。智育既深，凡为人父母者，莫不明保赤卫生之理，其根基自厚"。② 因而卫生观的确立又与开民智的问题紧密相连，呼唤一场文化观念上的"革命"。

三 开民智与市民卫生观的逐步确立

清末的中国，积贫积弱，各方面的改革屡屡受挫。不少有识之士将问

---

① 日本中国驻屯兵司令部编《二十世纪初的天津概况》，第317、323页。

② 严复：《论教育与国家之关系》，王栻主编《严复集》第1册，中华书局，1986，第167页。

题的症结归结到"民智未开"。讲求卫生，作为清末"开民智"的一个重要组成部分，也被提升到关乎强国强种、民族进步的重要位置。有人称："欲自强，先强兵，欲强兵，先强种，欲强种，必兴医学、设医院，卫生之思想，普及于圆颅方趾之众，冀得强壮国民。"① 还有人谓："快枪巨炮不足恐，强敌利兵不足忧，所足恐忧者，独吾人之病弱耳。一人之身体，一人之精神寄焉；一国人民之身体，一国之元气存焉"，"故卫生者，人间万机之要素，一国之休戚、一家之盛衰所由系也。观卫生之程度，则兴替之兆、文野之判，奚待筮卜哉！"② 在这种社会思潮的影响下，天津人对于卫生的重视程度，也与此前不可同日而语。

学校是清末开民智最为重要的场所，所谓教育不立，则民智难开。相比而言，清末天津的教育事业是一直走在全国前列的。直隶总督袁世凯曾骄傲地宣称："天津县学堂林立，成效昭然，洵为通商各属之冠。中外士庶，靡不称赞。"③《大公报》也报道称："天津现在学务之盛，实为别处所不及，开头儿不过是从半日学堂引起，这才几年的光景，居然就得了三四千开通的学生。"④ 相对发达的教育，为提高天津当地居民的文化素养，改进市民落后的卫生观念，创造了较为良好的平台。

当时一些有识之士认为，"幼稚园及学校中须讲解洁净为卫生之要旨，痰涕乱吐为有伤公德之谬举，养成其卫生之思想。所谓少成若无性，习惯如自然"。⑤ 天津许多学堂都颇为注重卫生。北洋大学堂、政法专门学堂、北洋师范学堂、直隶省高等工艺学堂等，均聘有外籍校医，专门从事校园诊疗和检疫防疫；北洋医学堂、北洋军医学堂，则致力于专业医学人才的培养。连小学堂也开始着意培养学生的卫生观念。如城隍庙内官立小学堂曾谕各斋学生云："卫生之学，首要洁净，一或不慎，疾病潜滋。若有掩鼻过者，自污污人，尤伤公德。小学堂曾有面手污垢扣分之例，诸生当已遵守，并于每厕所各设水盒一具、手巾一条，诸生大小便毕，务要净手以

---

① 《论奉省宜整顿医学，讲究卫生》（续），《盛京时报》1908 年 11 月 13 日。
② 《中国国民卫生会叙文》，《女报》第 1 卷第 2 期，1909 年。
③ 《天津绅士襄办学务出力请奖折》，光绪三十年十二月十四日，《袁世凯奏折专辑》第 6 册，台北"故宫博物院"，1970，第 1676 页。
④ 《天津也当设阅报处》，《大公报》1905 年 5 月 30 日。
⑤ 俞庆恩：《肺痨病之原因及预防法》，《大公报》1911 年 11 月 3 日。

祛不洁。"①

除了相对发达的学校教育外，天津的社会教育也同样走在全国前列。清末的天津城，人才济济，一批批有新知识、新视野、新理想、新追求的知识分子脱颖而出。他们紧紧把握时代的脉搏，顺应社会的需要，参与重塑了天津城的社会新貌。宣讲所、阅报社及各种各样的社会团体如公益天足会、顺直戒烟会等大大小小的民间组织的出现，在开民智、摒陋俗、牖新知、开通社会风气等方面，发挥了颇为积极的作用。其中尤以宣讲所最为时人称道："如今最于开通风气大有力量的，就是演说，因为这演说一道，对着众人发明真理，听的入在耳朵里，印在脑子上，可以永久不忘，日子长了，可以把人的心思见解转化过来。"② 到辛亥革命前夕，天津城共有四处宣讲所，分别位于东马路、西马路、河东地藏庵、河北甘露寺。③而宣讲所演说的内容除了爱国保种、政治改革外，就是劝戒陋俗、反对迷信，在市民中有很大影响。如东门外天齐庙宣讲所，"自开办以来，每晚往听者约千余人"，④ 成为开民智的重要基地。

此外，报纸杂志等近代文化媒体的作用也不容忽视。正如时人所述："鄙人生平，于卫生上很爱留意的。无奈限于学问，而且自幼也没受过卫生的教育，我们中国又没有卫生的专书，虽然有心讲求，终是无处问津。自从报纸盛行以来，凡是报上载着那有害卫生的事，及有益卫生的事，我无不用心研究理会。"⑤ 据《天津报海钩沉》统计，⑥ 清末天津出版的报纸杂志有 56 种（实际数量甚或更多），其中《大公报》颇具代表性。该报在宣传新式卫生观念、移风易俗、改造国民智识等方面不遗余力，可谓是天津的卫生监测器、卫生宣传站和卫生监察所。《大公报》上经常报道某某地方乱倒垃圾、随处便溺，需要整顿；某某地区厕所不净，亟须清理；某某商人贩卖死畜，应当重罚；某某地区私售鸦片，必须严惩；天气干燥，河水浅涸，慎重饮水；等等，往往能够产生巨大的社会反响。有一个例

---

① 《慎重卫生》，《大公报》1904 年 9 月 15 日。

② 《防疫停讲》，《大公报》1911 年 2 月 25 日。

③ 《敬告宣讲所主讲的诸公》，《大公报》1905 年 8 月 16 日。

④ 《纪宣讲所》，《大公报》1905 年 7 月 26 日。

⑤ 《素食确能增长年龄》，《大公报》1911 年 2 月 8 日。

⑥ 徐景星等：《天津报海钩沉》，中国人民政治协商会议天津市委员会文史资料委员会编《天津文史资料选辑》第 96 期，天津人民出版社，2001，第 5 页。

子，颇能说明问题。1905年1月15日《大公报》曾报道"有碍卫生"一则，指责某处极脏，卫生局失责。该月19日该报又刊出"清除污秽"一条，称："初十日（即公历15日）报中所记街内各地方污秽之处甚多，有碍卫生一则，兹经卫生局总办认真整顿，当即严饬巡捕总头印人名窦士妈妈者，督同各捕，随时清理。该印捕头即连日向各处清查，催令各家打扫，并随时携带初十日《大公报》一张，昨早在清真寺大街前令人清理积秽，将该报宣示众人云：'《大公报》说我们不认真，与我有碍，我不能不办'云云。"

此外，《大公报》上还经常刊登卫生局的各种卫生指示，并以论说、附件、来稿等形式向人们介绍卫生之法与护生之道，如《讲卫生学当知》《续讲卫生学》《防疫新法报告书》《卫生新法撮要》等。此外，该报还就剪发易服、妇女缠足等问题，举行过征文比赛，在号召保种强国的同时，也宣传了卫生新知。如号召剪发者认为，留辫的弊病之一就是有碍卫生："近据生理学家考求，毛发原为血垢之发表，不剪除以净，即于皮肤有碍"；①"卫生之学，本尚清洁，洗涤秽臭，惟恐不及，独留此汗气熏人之具，足生胃病而昏神智"。②号召放足者，也是每每将妇女缠足与妨碍卫生联系在一起："普通教育，先讲卫生。妇女裹足，气聚心里，日久日长，血不能通，十五六岁，血瘀多成，此症每出，千不一生。出阁之后，娇弱多成，生育子女，多患抽风，婴儿不强，气血不盈，淤结之气，皆由上行"；③"呜呼裹足，大害六层，一亏传种，二妨卫生，三伤德育，四近非刑，五违智育，六难谋生……讲保种者，此必不容"。④

在天津当地士绅与社会舆论的积极引导下，天津市民对于近代卫生观开始有了初步认知，这从当时的广告可以清楚反映出来。因为广告本身最能体现其迎合大众心理的一面，也恰好能够反映市民们的价值取向。"卫生"二字，正是当时许多广告着意凸显的名词。如狮子牌牙粉广告称："此牙粉曾于各国博览会得多次奖牌，复经内务省卫生试验所考验，奖以有功卫生之凭证……芳洁清爽，卫生保寿，诚修身者不可一日无之佳品也。"

---

① 于天泽：《剪发易服议》，《大公报》1906年8月22日。
② 湘乡季子：《剪发易服议》，《大公报》1906年8月27日。
③ 《劝放足略》，《大公报》1906年8月30日。
④ 《劝放足略》，《大公报》1906年9月1日。

广仁堂广告也称："尝闻世人，志在卫生，卫生之法，在守医药之良……"又，青岛卫生啤酒广告："制法精良，气香味美，兹为卫生起见，不贪重利，大为减价。"又，仁丹广告："敬告留神卫生的人，诸位若愿长寿保命，一刻也离不开圣手仁丹。"① 此外，还有"卫生烟卷""卫生铁床""卫生衬衣"等名谓。讲究卫生，俨然已经成为一种时髦。

当时天津市民对于个人卫生已经开始讲求。剪发易服，虽然尚未全面实施，但是作为一种文明的生活方式，已经开始被部分市民接受。《大公报》上就经常出现某某剪去发辫的记载，天津的行政人员也较早地就改装易服。以天津巡警为例，到1905年时，"警察已剪去发辫三分之一"。② 而新式警服也让市民们耳目一新。另外，天津还"有一种文明之事为全国所未有者"，即男女分治之澡堂，在时人看来，"颇有益于卫生"。③ 饮食自来水也逐渐为市民所接受。1903年天津自来水出现之初，当地人对它是相当抵触的，"称之为'机器水'，甚至传说喝了会断子绝孙，因此饮用的人不多"。④《大公报》也披露，"无知顽民视自来水为毒物，到水铺买水，先问有自来水否，如有自来水则不买也"。⑤ 然而到后来，凡有条件者，多改饮自来水矣。

将卫生与体育紧密挂钩，是这一时期天津市民卫生观的一大特色，而在二者背后，则蕴涵着人们对于"自强"的诉求："卫生为体育之起点，亦自强之首位也。"⑥ 当时天津的新式学堂，"全有体育一门"。⑦ 早在1902年，天津的各个学堂就举办过联合运动会。新办的女学，也每每以放足卫生、讲求体操相勉励："女学初设，操亦讲明，如再裹足，胡能有成，不习体操，何以卫生？"此外，天津市民还自行组建了普通体育社，参加者众多。据报道："天津普通体育社自创办以来，每日报名愿充操员者非常

---

① 见《大公报》1907年4月23日、1907年7月19日、1907年11月14日、1911年2月19日。
② 《剪发易服先声》，《大公报》1905年6月24日。
③ 《闲评》，《大公报》1909年4月2日。
④ 李绍沁、倪晋均：《天津自来水事业简史》，中国人民政治协商会议天津市委员会文史资料研究委员会编《天津文史资料选辑》第21辑，天津人民出版社，1982，第46页。
⑤ 《纪自来水》，《大公报》1903年7月12日。
⑥ 于天泽：《剪发易服议》，《大公报》1906年8月22日。
⑦ 《劝放足略》，《大公报》1906年9月1日。

踊跃，至承认义务教员之人居多数。据此以观，足见国民程度进步之速矣。"①

至于种浆避疫、种植牛痘的方法，也渐渐为不少市民所接受。诚如天津卫生局所刊布的告示："种过之后，亦不用忌口，不用吃发腥，准能保险，不会传染瘟疫。这个法子，就同小孩种痘一样。从前中国不明白这个法子，小孩出天花死的多少人，自从得了西法种痘，保全了小孩性命，真是很多。"②

在政府的行政管理及学校教育、社会舆论的共同影响下，清末天津居民的卫生观有了很大改善，这不仅有利于其个人的身心健康，同时也促进了当地公共卫生事业的进步。尽管天津的卫生问题依然相当严峻，但在潜移默化之中，讲求卫生的生活习惯已经逐渐深入人心，并被不断地完善与强化。

四　清末的两场大瘟疫

论及清末天津的卫生问题，无论如何不能忽略瘟疫的存在。虽然以上种种，均与市民卫生观的形成密切相关，但更直接、更迫切地敦促天津市民树立起科学卫生观的，却是瘟疫的威胁。清末天津，疫病频发。其中影响最大的是1902年肆虐京津的霍乱，及1910～1911年之交源于东北、蔓延至津的肺鼠疫，其流行之酷烈、死亡率之高，远远超过一般的自然灾害。在极端恐惧的心态影响下，在残酷的生死抉择中，卫生观念显得比任何时候都更为重要。正如时人所感慨，"饥寒之苦而后知衣食之可珍，必遭强敌之攻击而后知枪炮之宜精，天下事愈挫折而愈奋兴，愈激动而愈发达，此中一定不易之理由。"③

1902年的霍乱发生于春夏之交，"致疫之故，以饮食不洁之物为最要端"。④此外，居住人口的迅速膨胀，居民生活环境的日益恶化，及天时不顺，均是促发这场瘟疫的重要原因。具体究竟有多少人在这场瘟疫中丧

---

① 《报名踊跃》，《大公报》1911年1月24日。
② 《天津卫生局劝种避瘟浆告示》，《北洋官报》第2694期，1911。
③ 《论鼠疫关系医学之进步》，《大公报》1911年2月23日。
④ 《译件》，《大公报》1902年6月22日。

生，很难给出一个准确的统计数字，不过通过当时报纸上的报道，还是可窥一斑。该年 6 月 26 日《大公报》曾转载《益新西报》的报道称："近日疫症渐见减轻，染患者亦易获愈。计起疫至今，本埠患疫者共七百零三人，死者五百七十人，获愈者五十四人，现在医院调治者七十七人。"

面对这场杀人于无形的大灾难，天津市民普遍表现得惶遽失措。不少人依旧信奉传统的迷信手段，"抬着个姜太公像满街游。在他们想，这是个很大的聪明人出的主意，因为有一句俗话说'姜太公在此，诸神退位'"。并且他们还非常排斥都统衙门的西式防疫手段，如消毒、隔离、注射防疫等，认为这是对于中国传统伦理的严重践踏。相较之下，他们更热衷于各式各样的偏方，如嚼铜钱治疫。至于都统衙门推行的港口查疫措施，更是遭到当地人的敌视。甚至有谣言称，"无论命妇弱女，均须赤体呈验。有谓某宦妇不服查验，被洋人鞭责垂毙，今尚拘禁者；有谓锡中丞良女公子，因查验羞愤投海，其夫某亦相从赴海者；有谓某知府本无病，洋人灌以毒水，登时殒命，即抛尸入海者"。① 中西文化的隔膜和对殖民者的强烈仇恨，导致天津市民对于科学卫生观和卫生手段一并排斥。

尽管如此，在这场瘟疫期间，都统衙门颁布的卫生法令和实施的卫生措施，不能不在市民当中产生一定影响。瘟疫的无情，也最终敦促人们对于防疫信息和防疫手段，转为一种相对开放的态度。尤其当地的一些开明绅商，很快认同了西方先进的卫生理念，并且主动投身到这场无声的战斗中。如绅商孙仲英，"首先邀集同志宁君馨甫等创设保卫医院十一所，现在开办者五所……经费尚无的款，暂由孙君垫用巨款数万金"。② 其余商董、善士闻讯，也纷纷开口解囊，集资至十万两。③ 另有一些饱学之士还在报纸上撰文，向人们解释瘟疫的起因及防疫免疫、卫生保健等方面的知识，如《霍乱症预防法》《时疫缘起治法说》《续讲卫生学》、《霍乱考》等。④ 西方的病菌学说和防疫理论，前所未有地深入人心。

1902 年的霍乱，在天津居民心头留下深深的阴影。然而也正由于这一阴影的存在，时刻提醒人们防疫免疫、讲求卫生的重要性。天津卫生总局

---

① 《来函》，《大公报》1902 年 8 月 10 日。
② 《见义勇为》，《大公报》1902 年 6 月 21 日。
③ 《医院纪闻》，《大公报》1902 年 6 月 22 日。
④ 参见《大公报》1902 年 7 月 12、13、19、29～30 日。

成立后，每每以"防疫气而重卫生"相标榜，并于 1904 年出台专门的《天津防疫章程》，规定："地方四围路口均派巡丁把守，海口一并派令巡丁查防，所有车船均不准载有病人，私往他处"；"居民如有患病者，立即报明医院，由医官前往验视，即抬到医院诊治"；"有患瘟病故者，除将病故人住房，用硫磺薰过外，仍封闭十日后方准住用"；"病故人棺木于抬埋时报知医院，派令巡捕，随去当面看明，掘坑至七尺深，铺用白灰，再行掩埋"；"凡装过病人之车辆船只，均须用硫磺薰过，以消疫气"；等等。①以《大公报》为代表的社会传媒，也常常劝导人们种浆避疫、注重卫生。旧有的迷信观念与生活陋俗，由于防疫的需要，得到一定程度的纠正。新式的卫生观念渐渐渗入市民的衣食住行。其积极功效在 1911 年的天津防疫战中得到了突出体现。

1910~1911 年冬春之交，在中国东北爆发了一场规模巨大的流行性肺鼠疫，殃及直隶、热河、山东、河南等地，卷走数万人的生命。然而在天津，由于有了 1902 年的沉痛教训，当地官绅的互相配合，防疫免疫手段的迅速改进，及市民卫生观念的相对改善，这场瘟疫竟在一定程度上得到预防和遏制。天津卫生事业的进步由此可窥一斑。

当 1911 年初东北疫情扩散的消息刚刚传出，天津政府立即做出反应。首先是严格控制天津与东北各地的铁路交通，制定了《火车防疫章程》，规定奉天至山海关仅开头等上行客车，停开二等、三等客车，其乘头等车到山海关者，无论中西客人，一律留验五日；山海关车站附近添设临时病院，设法堵截病患；在关内火车上查验病人；在火车严格消毒及检验来往货物。②又于天津河东老火车站添设防疫医院一所，严禁在周边摆摊。同时加强港口查疫，凡由本埠开往上海的轮船搭客，"必须在津经卫生局留验五日，给予执照，再赴海关"。③所有自东三省及其他瘟疫地送来的病人，必须马上送到医院治疗，不得延误。④另外，下令取消元宵灯会、游览会、宣讲所在内的各类集会，连赴东北进香者也被札饬停止。

天津卫生总局也发布紧急告示，向市民们通告具体的防疫办法，如住

---

① 《东方杂志》第 4 期，1904 年。
② 《火车防疫章程》，《大公报》1911 年 1 月 16 日。
③ 《防疫事汇记》，《大公报》1911 年 3 月 27 日。
④ 《出示防疫》，《大公报》1911 年 2 月 3 日。

户所有什物务宜洁净，房院宜勤加打扫，潮湿处以石灰铺洒，所有陈腐纸物、破烂皮张均应烧毁；凡饮水，应先用白矾将水澄清，过一昼夜，煮沸后方可取饮，最好吃自来水，如水铺者水不开，查出重办；吃鲜果务宜削皮去蒂，禁止买卖食用腐烂者；严禁宰卖倒毙病畜，违者重办；住户内老鼠务必捕净，见有死鼠，急用开水、石灰水、炉灰、煤油浇洒，切勿随处抛弃；有疑似患疫者，亟报本局派医往验，或直接送至西门外防疫医院；病人吐痰、出恭，应用盆桶盛起，万不可随处倾弄；服侍病人者越少越好，病人所用碗碟各物，外人切不可用，更须时时净手，以免传染。^① 该局还积极劝告市民注浆防疫，无论贫富，不取分文；^② 又经常于各处洒放防疫药料，并严命整饬街道与厕所卫生。

就卫生局对于疫尸的管理和疫后的处理来看，手段也日臻成熟。1911年2月5日《大公报》载，"昨初二日下午河北大胡同商务印书馆内，有司事某患病身亡，经卫生局查验，疑似瘟疫。已于昨日将该尸所遗皮棉衣服三十余件，均行用火焚烧。又闻西头铃铛阁街永济会所西居民某姓于昨日前两日疫毙，大小五口，现在卫生局已将该家查封，以防传染"。2月11日该报又载，"卫生局因西大沈姓家疫死数人，已将其眷属及同院邻居统送留验院，以免传染"。此外，为防有人私埋疫尸，卫生局还饬令城厢内外各棺材厂铺："嗣后凡有死亡人口之家，须先报经巡警总署，即派医官验明给照，并由该管区官发给殡照，再持医官执照及医官殡照赴各材厂购买棺材，方准售卖。"^③

与此同时，当地的绅商也联合行动起来，成立了天津临时防疫会，参加者达二百余众，几乎囊括了各界精英。^④ 其第一次开会决议之事，包括调查各澡堂、旅店、栈房、娼寮；宣讲防疫方法；广布防疫白话传单；设立防疫医院及留养院；施种防疫浆；购买石灰酸、硫黄；取缔茶园戏馆；在东北、直隶间的要道验疫；天津境出入要路之人，概种防疫浆；等等。^⑤从其主导精神来看，俨然成为与卫生局并行的社会防疫机构。天津商务总

---

① 《天津卫生局紧急告示》，《大公报》1911年1月19日。
② 《天津卫生局劝种避瘟浆告示》，《北洋官报》第2694期，1911年。
③ 《防疫事汇记》，《大公报》1911年2月18日。
④ 《绅商防疫热》，《大公报》1911年2月3日。
⑤ 《防疫事汇记》，《大公报》1911年2月10日。

会也为防疫活动做出过重要贡献。《大公报》1911年2月25日载："十二日下午二钟，天津商务总会因防疫事特邀天津绅商各界开大会，议到者一百七十余人……李定甫君将自有西营门外税局后之房屋一百数十间暂时捐作医院，又叶星海君代表浙江旅津绅商将浙江医院地址暂时捐作医院。"①此外，北洋商学公会也曾有筹款办医院的动议。②

学界在此次防疫活动中同样有所表现，一方面是加强其自身的防疫工作，另一方面也主动参与社会防疫活动。1911年春，直隶提学使傅增湘下令在津成立第一学界验疫所和第二学界验疫所，聘定医官，按日到所验视所有教职员工，学生到津后即应前往该所验视，发给凭照，方准入校。③ 直隶学务公所（驻天津）也发布传单，号召灭鼠防疫，保持教室和个人清洁。④ 尤为值得一提的是天津南开私立第一中学，其学董严修、张伯苓不仅是天津临时防疫会的发起者与主要负责人，而且还以该校作为防疫会的开会处所。⑤

当时天津的各类报刊也都密切关注这场大瘟疫，并通过各种形式宣传防疫免疫办法及其重要性，对于卫生知识的普及乃至民众心理的改造都起到积极的推动作用。以《大公报》为例，它全程报道了天津卫生局、天津临时防疫会及工商学界的各种防疫活动，并通过论说、来稿、附件等方式，普及防疫知识和卫生理念。其中不少文章是以白话文写成，通俗易懂，刻意迎合了大众心理。以《说预防鼠疫的方法》一文为例，详细介绍了一套简便易行的防疫方法，包括：灭鼠；勤洗手足；衣服要清洁，住房要干净；注意饮食；勿入人多场所；感冒要速治；少接近外地来津之人；东省物件要消毒；得病要报告；等等。⑥

另外，相较于1902年，下层民众对于防疫的认识也有所提高。不少人选择了注射防疫。如1911年2月赴鼓楼东戒烟局施种防疫的，"计十三日种有一百五十人，十四日种二百五十余人，十五日种有三百余人"，呈不断上升趋势。⑦ 在日常生活中，许多人也讲求卫生，主动防疫。正如《大

---

① 《防疫事汇记》，《大公报》1911年2月11日。
② 《防疫事汇记》，《大公报》1911年2月25日。
③ 《学界验疫》，《大公报》1911年2月18日。
④ 《学务工所传单》，《大公报》1911年2月20日。
⑤ 《会议验疫》，《大公报》1911年1月24日。
⑥ 《说预防鼠疫的方法》，《大公报》1911年1月25日。
⑦ 《种浆避疫》，《大公报》1911年2月15日。

公报》所评论："当今鼠疫流行之日，人咸惴惴。有设法以捕鼠者，有种浆以防疫者。凡由疫地输来之物，必用熏笼消毒，以防传染。种种之设备，无非为护持生命、保卫安宁起见。"① 为了满足市民日常消毒的需要，市场上还出现了专门的杀菌消毒胰皂。出售各类消毒用具的广告，也在报纸上频频出现。俗话说，无知则无惧，天津市民对于防疫的普遍重视，本身就显示了其卫生智识的提高。不过，由于人们的认识并不均衡，以及传统观念的牢不可破，迷信驱疫者依然有之，不理解者也依然有之。"我国旧俗向以养生送死为王道之大经……今见卫生局如此办理（按：指焚烧疫衣、管理疫尸之事）遂引为痛心之事。故虽明知患疫多，有宁死在家而不愿送医院治者，有宁被沾染而不愿入所留验者。"②

由上可见，正是在应对瘟疫残酷无情的挑战的过程中，天津的防疫制度与防疫手段日益成熟，卫生建设与市容市貌也有了相当程度的改善。与此同时，居民的心态也发生了明显变异，原先对于西方医疗手段和卫生观念的抵触心理大为改观，在防疫时期推出的卫生行为规范，逐渐内化为人们的自觉行为，演变为其生活习惯的一部分。尤其值得肯定的是，天津绅商在防疫过程中表现异常活跃，流露出强烈的社会责任感和城市自治意识，有力地推动了天津城市管理体制的发展完善。

五　小结

清末天津卫生事业的发展与市民卫生观的确立，是该市政治、经济、文化等多种因素共同作用的结果。正如《汉口日报》所言，"欲卫生学之普及，必有官府实行于上，绅商协力互相开导，使人人皆知此身为国家之一分子，有万万不容薄待者，始可收强种之效于无形"。③ 其中，都统衙门时期对于西方卫生行政的引进，为该市卫生事业的发展打下了良好根基。天津卫生总局成立之后，继续朝着专业化、制度化和合理化的方向迈进，有研究者甚至称："在宣统之前，天津卫生局无论机构建制还是行政效能，

---

① 《闲评》二，《大公报》1911 年 2 月 14 日。
② 梦幻：《辨惑篇》，《大公报》1911 年 2 月 15 日。
③ 《广步卫生书籍以强种类说》（录自汉口日报），《东方杂志》第 8 期，1904 年，第 177 页。

在北方甚至整个中国都首屈一指。"① 与此同时，天津巡警也在卫生管理上与前者保持着协同合作，同样发挥了不可或缺的作用。此外，随着地方自治力量的抬头，天津当地的绅商阶层也为推动该市卫生事业的进步和居民卫生观念的改善做出相当贡献，弥补了官府实际行政能力的不足。以新式学堂为核心的教育团体，及以《大公报》为代表的新式传媒，也竞相传播卫生健康的生活模式和文明理念。清末频发的瘟疫，尤其是1902年的霍乱和1910～1911年之交的肺鼠疫，则是从反方面促成了天津卫生事业进步的机缘。凡此种种，既让我们看到了时人的探索和努力，也让我们感受到抹不去的辛酸和无奈。

尽管如此，由于经费不足，手段操切，"组织之法不善，难免官场积习"，② 天津卫生总局也招致了不少负面批评。而普及教育的欠缺，民众素质的低下，也时时困扰着天津卫生发展的步伐。所以尽管清末天津的卫生事业取得引人瞩目的成绩，并且成为京城在内的许多城市效仿的对象，但这种成绩的取得，依然是相当有限的。"堕胎的恶习，公然地到处进行。法律对此还未承认有罪。对市内的数千名卖淫妇女的检查梅毒的规则只不过存下一纸章程，丝毫也未加实行"，"如果到公共厕所里一看，其杂乱不卫生的程度，几乎不能靠近。再加上在小胡同或狭窄道路里，那些不惹人注目的地方，仍然可以看到屎尿、尖〔尘〕埃散乱的景象，只是不象〔像〕从前那样严重罢了"。③ 更为重要的是，在中国的传统文化与西方先进的卫生理念之间，始终存在一种内在的紧张关系，仍需要从物质到文化乃至深层的民众心理层面，进行长时间的反复调适。而这一问题迄今也尚未得到完全的解决。

作者：张海荣，中国社会科学院近代史研究所

---

① 路彩霞：《清末京津公共卫生机制演进研究（1900～1911）》，第91页。
② 纪事：《外省纪事：议参两会请裁卫生工程两局归并警务公所案（天津）》，《警务丛报》第1卷第19期，1912年。
③ 日本中国驻屯军司令部编《二十世纪初的天津概况》，第317、323页。

"回到现场"：日常生活视野下的空间秩序与城市社会变迁

——评杰拉姆《街头生活：沉默的 20 世纪欧洲史》*

王　静

内容提要：英国曼彻斯特大学列夫·杰拉姆的《街头生活：沉默的 20 世纪欧洲史》利用"回到历史现场"的叙事方法，并结合史学"分析"方法，通过对五个场景的描述，进而对空间即街头在欧洲城市变迁中的作用做出了阐释，凸显了城市的重要性。

关键词：城市　历史现场　空间　日常生活

近些年来，"回到历史现场"的写作方法成为历史叙事的新宠。这种写法因为能提供更生动、更丰富的细节，并能够还原出历史事件"爆发时"所存在的多种发展可能性，而受到历史学家和读者的青睐。在众多的"历史现场"中，街头生活因其丰富的内涵成为其中重要的组成部分。这对于中国城市史研究亦有裨益，特别是对于城市史研究所出现的碎片化倾向，利用日常生活重现历史现场无疑是碎片中发现历史的通幽曲径。

在有关街头生活的"历史现场"研究中，英国曼彻斯特大学的列夫·杰拉姆（Leif Jerram）的《街头生活：沉默的 20 世纪欧洲史》一书值得关注。杰拉姆运用文化理论和历史地理学等跨学科方法，重点考察了 19 世纪90 年代至 20 世纪 70 年代，欧洲城市的日常生活、街道生活对欧洲现代历史的影响和塑造，并特别强调了街头生活在街头政治革命、女性解放、城

---

* 〔英〕列夫·杰拉姆（Leif Jerram）：《街头生活：沉默的 20 世纪欧洲史》（*Streetlife：The Untold History of Europe's Twentieth Century*），哈佛大学出版社，2011。

市生活与城市人的身份认同、性解放和城市规划等方面发挥的作用和影响。正如作者所言，应大力提倡"历史现场"的写法，"是时候该在'现场'中探究历史'为何'发生了"。下面，笔者结合作者的研究思路、方法以及核心观点，对此书做一简要介绍。

一 "街头"——20世纪欧洲城市变迁的现场

街头是城市最重要的公共空间，它既是交通性的道路，同时也是人们日常生活和行为的载体。欧洲市民除集市外，主要的公共生活集中在以市政厅为标志建筑的市政广场、教堂、剧场、咖啡馆、酒吧和沙龙（以法国最为典型）等。而这一切，都与街头生活有关。因此，街头生活成为反映欧洲城市变迁最重要的历史现场之一。亦因此，杰拉姆选择的叙事角度非常之巧妙，正如作者所言，观察大人物和小人物之间冲突的最佳位置就是由众多角落缝隙、大街小巷的隐蔽处、俱乐部和酒吧、客厅和工厂组成的城市街道。

作者对街头生活的描述，在方法上，力图"从包围着人的环境回归到环境中的人"，[①] 按照现代史学的看法，这是一种从"分析"向"叙事"的转化。但与一般的并不回避"主观"的叙事史不同，作者在这本著作中试图以"客观""中立""调查员"的身份，回到历史的"犯罪现场"（back to the crime scene），并通过生动的叙事来描述这种"现场"，阐述街头生活在城市化进程中的作用。这既表明了作者对重视环境的史学"分析"方法和重视"人"、重视"故事"的史学叙事方法的结合，也体现了20世纪以来西方史学的总体发展趋势。

对街头空间的争夺是作者着墨较多的内容。作者的"新意"在于通过一种"自下而上"的写法，反映家庭、酒吧、街头抗议和工厂在20世纪一些重要政治事件中的作用，从而捕捉到一些政治和社会变化对城市的影响以及城市对政治和社会变迁存在反作用的珍贵场景。而这些在以往的研究中是被忽视的。例如，作者指出，一战前德国的城市政治网络是社会民主党成功的关键，政党和城市完全交织在一起。政党的主张若要付诸实

---

① 〔英〕劳伦斯·斯通：《叙述史的复兴》，《史学理论》1989年第1期。

践，必须通过控制城市街区和占领街道来实现。所以，20世纪的新政治是街头政治。同样，作者在分析女性解放时，认为战时女性从事的最具挑战性的工作方式，不是她们走进工厂，而是她们穿着"男性化"的制服进入最具"男性化"的空间，即街头。同时，妇女通过在城市街头不断地暴动和抗议，改变了她们在男性政权中的地位。在诸如对同性恋、城市规划等内容的分析中，作者亦从此角度做了精彩分析。

二 "回到现场"——20世纪欧洲历史变迁的空间特征

人们通常所理解的空间有自然空间和社会空间两种，自然空间，就是人们"惯于观看以米和千米表示的路标，或者查阅地图寻找地址或计算我们的路程有多远"的"测量的空间"。[①] 与自然空间对应的是社会空间，社会空间强调的是一种社会生活方式，[②] 强调个人、种族、社群对空间的不同看法，[③] 以及由此形成的不同社会关系。与大多数城市史研究侧重于政治、社会变迁影响城市生活不同，作者选择从经历变革的人们的生活空间和场所的角度，讲述了20世纪欧洲的历史变迁。

为说明该问题，作者从五个"历史现场"回答了是哪些空间和场所影响和塑造了欧洲的历史变迁，又是在哪里使政治精英的"宏大"历史与普罗大众的"微观"历史汇流在一起。

第一个"现场"是"街头革命"。作者通过对莫斯科、巴黎、维也纳、柏林的工厂、船厂、街道、公寓、车间和社区中心等所发生的日常生活事件等偶然性的考察，探索20世纪的日常生活与重要政治改革之间的关系。比如，1968年法国"五月风暴"中学生的示威游行活动与其大学生活节奏以及巴黎的大学的地理位置密切相关。此外，1980年波兰格但斯克船厂工人因所处工作条件恶劣而举行的罢工成为苏联政权崩溃的一个原因。

第二个现场是"女性解放运动"。作者着重阐述了妇女并非仅靠立法，

---

① 〔英〕萨拉等编《当代地理学要义——概念、思维与方法》，黄润华、孙颖译，商务印书馆，2008，第78~82页。

② 〔英〕安东尼·吉登斯：《批判的社会学导论》，郭忠华译，上海译文出版社，2007，第78页。

③ 〔美〕戴维·哈维：《后现代的状况》，阎嘉译，商务印书馆，2004，第290页。

而是通过工厂、家庭、夜总会和商店等空间实现了自身的解放。城市化从根本上改变了妇女传统的生活模式，但解放和压迫仍然处处如影随形。家庭以外的工作并不会理所当然地将妇女从繁重的家务劳动中解放出来。事实是，19世纪时，女性尚有很多途径利用城市的空间和场所来解放自身，但20世纪时，城市的空间和场所却在多方面对妇女们进行了限制。总之，女性身处何地以及所做何事对理解妇女解放至关重要。

第三个现场是"城市文化活动中心"。作者通过对沙龙、美术馆、博物馆、歌剧院以及20世纪出现的舞厅、球场等的考察，指出文化活动并非是简单的"休闲娱乐"，球赛、跳舞、电视以及爵士舞代表的是一种世界观和对自我的表达。作者认为，20世纪的文化本质上是一种城市文化，它的形成与发展受到了音乐厅、咖啡馆、酒吧、酒馆、足球场、电影院、舞厅、客厅、迪斯科和夜总会等10个具体空间、位置以及场所的形塑。所以，20世纪文化的原动力和推动力是一揽子全新的空间和场所，它们塑造了消费文化以及人们相互之间的关系，并改变了人们的世界观。

第四个现场是"城市中的性"。作者着重阐述了城市化是如何改变欧洲人的性别认同，又是如何改变了人们思考自我和身体的方式，以及政府或社会是如何对人们私生活进行干涉的。作者对巴黎、科隆、伦敦以及曼彻斯特的夜总会和迪斯科舞厅里的同性恋做了大篇幅的描述与分析，认为这些同性恋第一次通过一种稳定的地理学途径在人群中建立了彼此联系——通过酒吧、酒馆以及俱乐部的网络，男女同性恋开始意识到，他们是世界上一个非常重要的群体，并且他们在城市中有自己的位置。他们越来越多地将性生活视作"是"他们自身越来越重要的一部分。因此，从20世纪60年代起，大多数欧洲城市中开始出现了一种多样化的视野，即将同性恋归于一种"生活方式"（其他分类方法中，则把异性恋作为"生活方式"），这为男女同性恋"恢复"20世纪30年代到50年代间失去的街头提供了空间上的可能。

第五个现场是"构建乌托邦"。作者阐释了城市的景观、材质和组织是如何改变我们的生活和我们思考世界的基本方式的。比如城市住宅的规划，使欧洲人远离了疾病、污染、噪音和孤独；住宅布局的规划，使隐私的概念成为可能，并对青少年的身份认同产生重要影响。同时，作者也强调了政府对公民工作、娱乐、性活动、睡觉、饮食、婚姻、成长、创造、烹饪、闲谈以及打架等日常生活环境的控制，并指出城市规划反映了人们的共识，即"一定要对疾病、乱伦、寒冷、潮湿、异化、孤僻、拥挤、污染、煤尘、噪音以及过度开发耕地等问题有所作为"。但同时它也是失败、个性丧失、自主权剥夺、阴郁、险恶、冷漠无情的代名词。

作者通过对五个"现场"的描述，表明城市并不是一个学术研究中可以漠视的抽象物，恰恰相反，它是现实时间和现实场所的集合体；它赋予了政治变迁所需要的人员、意识形态和组织；它是全世界女性为改变地位而努力斗争的舞台，也是女性实现该目标的手段。城市的空间和位置改变了人们自身以及彼此之间认识世界的方式，并界定了人们审视自身的方式；它也为人们改变审视自己身体和性行为的方式提供了基础。城市通过指导思想和知识框架进而影响并植根于人们生活的方方面面。

作者通过将视角由精英转移到街头上的普通民众，通过对街头日常生活的细致入微的观察和描写，使得长期受到忽视的大众得以发声，并展示了自己的"现实的存在"。酒吧、舞厅、体育馆、客厅、公园和公寓中所发生的事件，不再是微不足道的"历史下脚料"，也不再是一种可以被遗忘的历史现象，而是能够潜在影响20世纪欧洲政治、文化发展的历史洪流，尽管它常常隐藏于人们普通的日常生活中。通过如椽巨笔，杰拉姆确实实现了宏大叙事与微观叙事、分析史与叙事史的有机结合，也确实实现了作者回到"历史现场"的目的。

尽管诚如作者所言，该书并非是无所不包的，如缺少对经济问题的分析，但总体而言，作者通过街头生活这个独特视角折射出欧洲在20世纪的巨大变迁，充分达到了利用历史现场、书写历史现场的主要目的。

作者：王静，天津社会科学院历史研究所

清代天津的士绅慈善家述论

任云兰

内容提要：清代，尤其是清末，天津城市慈善事业非常发达，出现了一批士绅慈善家，他们从早期的个人或家族的修城筑池、修桥补路、开设粥厂、散米散钱、掩埋无主尸体、立义地和建义学发展到后来的结社恤嫠、育婴、施药、冬赈、备荒、济贫等。天津产生慈善家群体的原因，一是扶危济困的城市精神影响了士绅民众的慈善行为，二是城市经济的发展造就了一批家业富足的富商大户，这些人成为潜在的慈善家，三是官方对慈善行为的褒奖和正面宣传带动了一大批人从事慈善事业。

关键词：天津　清代　士绅慈善家　慈善行为

近年来，关于明清时期中国慈善组织与慈善事业的研究引起了国内外学者的关注，最著名的当属日本学者夫马进的《中国善会善堂史研究》①与台湾学者梁其姿的《施善与教化：明清的慈善组织》。② 前者堪称研究中国明清慈善组织的力作，作者立足于社会福利事业和市民社会形成两大互相关联的层面，详尽地揭示了善会善堂产生的历史背景和现实情形，善会善堂的形式结构、内涵，善会善堂行善的范围和运作实态，善会善堂与国家、行会、城市行政乃至地方社会的关系，善会善堂在近代化过程中的作用和影响等，具有重要的学术价值和现实意义。后者主要探讨了明清时期江南地区地方绅衿筹资管理的慈善机构。作者认为，这一时期的慈善济贫

① 〔日〕夫马进：《中国善会善堂史研究》，伍跃、杨文信、张学锋译，商务印书馆，2005。
② 梁其姿：《施善与教化：明清的慈善组织》，河北教育出版社，2001。

只是为了维护儒生阶层的社会文化价值，而不是基于经济理性的社会政策。此外，王卫平、黄鸿山的《中国古代传统社会保障与慈善事业——以明清时期为重点的考察》①重点考察了明清时期的社会保障政策、民间社会主持的以社区为中心的慈善事业和宗族社会救济。作者认为，国家政权、民间社会和宗族在实行社会保障、救助社会弱势人群方面进行互动，形成合力，织就了笼罩城乡的社会保障网络，促进了传统社会保障体系的发展。陈桦、刘宗志的《救灾与济贫——中国封建时代的社会救助活动（1750～1911）》②分析了清代中后期的社会救助活动及其基本特征，探讨了以"荒政"为主要形式的国家救灾体制、预防荒歉的粮食储备制度以及防灾减灾的工程与措施，说明在社会救助中封建国家的作用在下降，而民间的社会救助活动却呈现出勃勃生机。周秋光、曾桂林的《中国慈善简史》③探讨了慈善、慈善事业与慈善史研究的基本问题和基本研究方法，并考察了中国传统文化中慈善思想和社会变迁的关系，论述了先秦以来慈善、慈善事业的兴起与发展、衰落与再次崛起。这些著述大都从宏观层面对中国的慈善事业与慈善组织进行探讨。王娟的《近代北京慈善事业研究》深入分析了近代社会变迁对北京地区慈善事业的重要影响，全面考察了慈善事业的主体力量与救助对象、救济的手段与内容、慈善组织及其管理方面等的演变。笔者的《近代天津的慈善与社会救济》勾勒了晚清到民国时期天津城市的官方救济事业与民间的慈善事业，但对清代慈善家群体的探索还不够。本文将以天津为个案，从微观层面梳理明清时期以地方名流士绅和名门望族为主体的慈善家的慈善事业，探讨他们的所作所为及其动因。

清代是天津城市慈善事业发端的重要时期，出现了一大批热心慈善事业的慈善家。在这一慈善家群体中，有享有才望资地的名门望族，有热心公益的地方名流士绅，有掌控财富的商人，有受儒家文化熏陶的地方官员，有一心向善的宗教人士和慈悲善良的妇女等。明代和清前中期的天

---

① 王卫平、黄鸿山：《中国古代传统社会保障与慈善事业——以明清时期为重点的考察》，群言出版社，2005。

② 陈桦、刘宗志：《救灾与济贫——中国封建时代的社会救助活动（1750～1911）》，中国人民大学出版社，2005。

③ 周秋光、曾桂林：《中国慈善简史》，人民出版社，2006。

津，以地方士绅个人或家族为主的慈善家构成了城市慈善事业的主体，他们的慈善行为虽然有时候也是多人集资，但大多没有结成善堂善社，大多只是慈善家的个人或家族行为，经费基本上由家族或个人独力支撑。到清后期，慈善家的慈善行为大多演变为慈善组织的集体行为，他们或以志同道合为原则，或以业缘为纽带，结成善社，共同经营慈善事业。

一 以地方士绅个人为主体的慈善家

（一）经营各项善举的慈善家

早年的地方士绅最主要的慈善义举是修城筑池、修桥补路、开设粥厂、散米散钱、掩埋无主尸体、立义地和建义学等。天津地方最早的志书《天津卫志》中记载的母绅和王珠均好施予，乡党有急难者求助，一定倾囊相助，因此深得乡邻称赞；张鹏翼既捐资修建炮台，还捐砖灰修城；而冯宗雍则不仅捐地筑炮台，而且还捐输粮米赈济灾民。到了清代，这种个人的慈善行为仍然很盛行。顺治初年饥荒年份，刘得宁四次赈济饥民，并掩埋无主尸首；一向喜欢行善的朱天成则开设粥厂三个月赈济灾民，救活了不少饥民。士绅张士聪在康熙中期的饥荒中也纠集志同道合者施舍粥饭，救活不少灾民。①

慈善家陈应夏虽然家庭财力不是特别富裕，仍然乐善不倦。他出资在赵家场修建渡口，冬天施粥，夏天施茶，并在渡口设置长木板以防行人滑落水中。士绅王显命、缪启乾、李化鲲、冯廷柱、张锦文、侯肇安、华光炜和姚海章也因好施予而被地方志记载。王显命对于缓急求告者一概慷慨解囊；缪启乾则施材、舍药、施衣、赈济诸义举当仁不让；李化鲲不仅捐建河北浮桥，修葺西沽大道，而且还经理育婴堂事务；冯廷柱不仅与李化鲲一起经营育婴堂，而且在雍正三年（1725）大水灾中，带头捐赈，赈济灾民；张锦文在道光二十六年（1846）、咸丰三年（1853）、咸丰八年（1858）和同治八年（1869）分别独力捐修进京通道西沽桥道，并于咸丰七年（1857）捐资重修了东门石桥和北门石桥；侯肇安和华光炜在道光年

---

① 参见（清）薛柱斗修《天津卫志》，易社，1934年铅印本。

间还捐资重修了北门石道；姚海章也在道光年间捐资重修了南门石道，这些人的义举不仅限于施材、舍药、施衣、赈济，而且涉及城市建设这些花费较大的项目。①

（二）经营施棺掩骼、捐建义地义冢的慈善家

对于无依无靠的穷人来说，死后有一具像样的棺木、能找一块葬身的地方也是一个大问题。在传统儒士看来，人死后讲究入土为安。因此，施棺掩骼、捐建义地义冢成为早期许多士绅善举的重要内容之一，甚至延续到民国时期。康熙年间，士绅李廷秀、李同仁、高鉴、孙起龙、李同和之先人曾捐资设立施棺局，几十年倡行不辍。乾隆年间，李廷秀等人再次倡行此事，由运库每年助银 24 两，成为定例，后来渐废。士绅李锦倡捐设立施棺局，先在西门内白衣寺，后移至大佛寺后，百余人响应，凡路毙或因贫穷无力埋葬者，施给棺材一口，钱 750 文，作为埋葬费。后来一位史姓的士绅又在白衣寺设立施棺局，请运使增银 240 两，作为补助。嘉庆六年（1801）天津发大水，死亡者甚多，士绅陈万胜、徐通复等劝捐，在鼓楼西板桥胡同火神庙内设立会所，办理施棺事宜，出资者有崔嘉宾暨谢、王、杨、华、章等大户。此外，从咸丰初到光绪中期 50 年间，举人李秉璋一直捐资办理施棺局。

掩骼社始自乾隆年间，乾隆三十六年（1771）和四十年（1775），华龙藻和阎致德设立掩骼社。嘉庆六年大水后，死者累累，阎致德倡众捐资雇人掩埋死者，徐高行也捐资掩骼。道光七年（1827）李明远在城西设立泽尸社，道光二十四年（1844）阎盛德、甄沛霖等 60 余人每日各捐钱 4文以助社费。咸丰十年（1860）僧格林沁在天津挑筑濠墙，尸骨暴露，经费支绌，杨成锦独力出资，约社中同人悉心经理，使该社得以维持。此后，先后由芦商王莲品、严克宽经理，每到清明节前后，派人到四乡修理瘗埋，在咸丰十年挑筑濠墙和同治八年（1869）修理河堤时共掩埋 2000具尸体归葬义地。此外，还有捞埋浮尸局和瘗埋社的出现。

义冢最早出现在明代，天津有两处，到清代以后，由于人烟日益稠

---

① 以上散见（清）薛柱斗修《天津卫志》卷 3；（清）沈家本等修《重修天津府志》卷 43；《天津县志》卷 18。

密，义冢设立渐多。康熙三十一年（1692），士绅梅开杰将在河北关上白衣寺北的30亩地捐建为义冢。乾隆三十五年（1770）大水，水中浮尸甚多，士绅孙明、周自邠组织人员捞水中浮尸葬于城东南马家口的四九坟。在城西南二里许的地方，有士绅陈凤翔捐施江西义地。在挂甲寺东北，有士绅任衔蕙捐施捞尸义地一处。在西门外太平庄西南里许，嘉庆十四年（1809）有江南阳湖人恽之焕捐施义地一处，面积1顷零15亩。在河北梁家嘴，同治五年（1866）有士绅赵濬捐施义地一处，计60亩。光绪三年（1877），候选县丞王为桢将坐落在城西南徐胡圈庄迤西北自置荒地21亩，捐输作为义地。此外，运署银匠陈宝光也将城南佟家楼西南的自置种养地1顷捐作义地。对于死者的安葬，在这些士绅慈善家眼中，是在践行儒家的仁政。

（三）设立粥厂的慈善家

天津周围水旱灾害频发，灾荒年份大批灾民都以天津为避难之所。在此情况下，每遇灾荒年份，天津赈灾任务异常艰巨。除官方粥厂外，个人或慈善组织设立粥厂成为慈善家在灾荒年份或每年冬季冬赈的主要善举。天津最早的粥厂是由明代的卫学生梅应卜设立的，在草厂庵。[①] 清代以后，随着水旱灾害的频发，灾民与贫民生活日窘，每届冬季，官方和民间均设厂煮粥，以救民活命。乾隆年间，有大批灾民由天津转道到东北乞食谋生，士绅张宏镇、周自邠、朱光觐、王锡朋、柴溶、王璋、阎致德、湖北监生熊观等人设厂煮粥以待饿者，甚至僧人也以香资资助粥厂。嘉庆六年（1801）津邑大水，周围灾民纷纷逃至天津，生员李嘉善，举人徐通复、徐通久，监生徐高行捐米助赈。徐氏并在东门外建吕祖阁，内设义仓，储备捐米以备急用。[②] 清末除了官方粥厂外，也有民间慈善团体设立粥厂，承担了一部分贫民和难民的冬赈，如广济补遗社粥馍厂设立于光绪二十二年（1896），由绅商訾永太等20余人发起募捐，在河北大王庙前李氏故宅内施粥馍并恤嫠；1918年由于开浚运河，迁址到三官庙大街，占地一亩

---

① 高凌雯纂（民国）《天津县新志》卷21之一，《人物（一）》。
② （清）沈家本、荣铨等修，徐宗亮、蔡启盛纂（光绪）《重修天津府志》卷7，《官绅义举附》。

余，筑盖平房 80 间，直到 1928 年仍然为天津主要粥厂之一。①

（四）士绅慈善家的结社行为

随着结社行为的公开，越来越多的士绅的慈善活动从个人或家族行为演变为集体组织的行为。他们将志同道合者组织起来，组建慈善组织，经办慈善事业。地方士绅如周自邠、朱光甄、徐通泰、徐通复、徐通久、于秉均、王勖、崔存诚、王锡朋等人组织了恤孤会，收养贫民遗弃的子女。济急会由士绅周自邠、朱光甄等创立，旨在救济临时有难的人士。会中预储钱，遇到事情即照付，如孤寡无依者、残疾人、全家生病者、失足落水者、异乡过客流落天津资斧无措者均在其救济范围。典妻卖子者，可设法代其赎回，遗弃婴儿可设法安置。此外，尚有专门收养弃婴的育婴堂，因该堂主要由盐商经管，另文探讨，此不赘述。馎馎会是专门向乞丐施舍的慈善组织，士绅周自邠、朱光甄等多人相继踵行。每逢隆冬季节，该会用高粱面蒸制成馎馎，一早到乞丐聚集的西门外小店中向乞丐分发，每人二枚，病人、产妇加发钱文。②

天津城厢位于海河岸边，海河两岸商业经济活动繁忙，每到粮船急速行驶时，常有行人失足落水，于是有士绅在北浮桥、东浮桥和西沽浮桥等处设立"救生会"，捐设小船，雇佣夫役，随时救治落水者。

恤嫠会成立较早，由地方士绅朱维翰等设立，主要救济立志守节的嫠妇，每月向她们发放月费 1500 文，有公婆年老而又别无子女奉养者，加发750 文，有子女小口者加钱 500 文，其子可送义学读书。经费由盐商每包盐捐钱一文。③ 由于经费有限，仅能收养百人，后来者必须排队等候，有病故者递补，常常多年才能轮到。

西延生社和东延生社的主要职能是到冬季时向贫民施馍，西延生社由廪生寇兰皋倡设，后因经费不敷使用，由长芦盐商呈请运使从商捐款内每年拨银数千缗，以后又有士绅杨成锦捐资承办，每年捐银千余两到二千余两不等。东延生社则是由通商大臣崇厚在河东设立的，经费出自厘捐局的

---

① 《天津市粥厂概况》，《社会月刊》第 1 卷第 5、6 号合刊，1929 年。
② （清）吴惠元总修，蒋玉虹、俞樾编辑（同治）《续天津县志》卷 8，《风俗附义举》。
③ （清）吴惠元总修，蒋玉虹、俞樾编辑（同治）《续天津县志》卷 8，《风俗附义举》。

耗羡一项，每年拨银二三千两。①

近代天津最重要的慈善医疗机构之一非保赤堂莫属。1855年华义堂（光炜）在天津试种牛痘成功。此后，由王莲品捐宅一所，在天津创建保赤堂牛痘公局接种牛痘，后来又分别在土城和河东沈王庄开设分局。保赤堂的活动一直延续到1937年以后才终止。保赤堂的慈善医疗，使无数人免于天花的侵害。

到清末，更多的慈善组织如备济社、济生社、引善社、体仁广生社、广济补遗社、公善施材总社等成立起来。其中引善社和体仁广生社是由众商筹办的。备济社是比较著名的综合性的善社，由著名地方士绅李筱楼（世珍）于光绪五年（1879）创办，最初宗旨是为了积谷备荒，也就是为了解决灾荒年份粮食缺乏问题。原计划买谷存储，后改为将银发商生息。由李筱楼、严克宽、杨俊元、黄世熙、杨云章、李西铭等绅商捐银，并从贩运粮食的海船中抽捐。由李筱楼（世珍）、严克宽等管理，最初绅捐、船捐等共16000两。以后每年将利息的三成提出办理冬赈，其余七成留做荒年之用。一般情况下，只准动利，不准动本，如果遇到大急必须动本，也不能超过三四成。并且规定，不准挪用做地方其他公事和善举，只准济贫备荒。②备济社经营的主要慈善事业包括冬赈施放米粮及衣服，每月施放嫠妇，春秋二季种痘等。③

济生社于光绪十二年（1886）由地方士绅顾文翰、李长清、何德润、金汝琪等在东门内石板胡同后创设，经费由创办人分担筹措，存款发商生息或购买不动产，主要善举有恤嫠、冬赈、义塾、义地、义赈、施药、施棺、施水和惜字等。④

广济补遗社由王肇泰、訾永泰及其子訾乃康、王大元、李芳等于光绪二十二年（1896）创设，最初经办惜字、施药、放生、义学和冬赈等善举，后来扩大到赈灾、恤嫠和设立粥厂。⑤

---

① 从经费来看，东延生社似乎应该属于官办，但为了行文方便，放在这里一并论述。
② （清）沈家本、荣铨等修，徐宗亮、蔡启盛纂（光绪）《重修天津府志》卷7，《官绅义举附》。
③ 宋蕴璞：《天津志略》第13编，第17章，北平蕴兴商行，1931。
④ （民国）王守恂：《天津政俗沿革记》卷12，1938；《天津市社会局统计汇刊》，《慈善机关调查总表》，1931。
⑤ （民国）王守恂：《天津政俗沿革记》卷12；宋蕴璞：《天津志略》第13编，第13章，北平蕴兴商行，1931。

公善施材总社成立于光绪二十八年（1902）。当时，津埠疫病流行，亡者枕藉，绅商张月丹、唐聘九、刘培云、王雨洲、萧少棠鉴于贫者无力安葬，在永丰屯西老公所成立公善施材社，由各董事捐棺。后来捐棺数目增加，施材范围也扩大，不仅限于贫民，甚至包括监狱伏法的罪犯和战场上交战阵亡的士兵，不过仅限于天津。到1930年代初，分社达到23处。除施材外，该社还举办恤嫠、种痘、施药、惜字、抬埋等善举。

光绪二十九年（1902）成立的公善抬埋社位于西鱼市街德寿杠房内，承袭了传统慈善机构的功能，专门办理永丰屯内无力埋葬者的抬埋事宜，到1920年因经费困难暂停，1927年由绅商公议恢复办理，办公经费由各董事捐助，不敷由社长资助，棺木由施材总社办理。①

义学是在地方当局的倡导下开办的带有慈善性质的学校，主要招收家境贫寒的子弟入学，到光绪年间城厢内外共有30余处，主要由官方办理。士绅举办的义学有河北赵姓绅士和河东李姓绅士设立的义学数处。② 李善人家族设有义塾5处。还有一些慈善组织附设义学，如引善社设有义振小学，广济补遗社设有义务小学。

清末在天津成立的最著名的善堂广仁堂是由江浙皖三省士绅兴办的。光绪初年大旱灾发生后，人口交易市场异常鼎盛。为了杜绝妇女被贩卖，前署陕西藩司王承基、候补道郑观应、主事经元善等会商，在南籍绅民商旅中筹集洋10000元，交由在直隶办赈的吴大澂、李金镛，在天津仿照上海果育、辅元、仁济等善堂成立收养节妇恤女的慈善机构，最初定名为直隶天津河间广仁堂，意寓"推广皇仁"，③ 后有津河广仁堂、天河广仁堂等名称。广仁堂成立后，先在东门外南斜街原全节堂旧址暂设堂所，收养天津、河间两府被遗弃的子女和贫苦节妇，也接收来自直隶地区如青县、静海、沧州、南皮、盐山、庆云、献县、阜城、景州、肃宁、任丘、宁津、交河、吴桥、故城、东光等州县的节妇恤女及天津、河间一带皖鄂江浙籍

---

① 《天津市社会局统计汇刊》，《慈善机关调查总表》，1931年；宋蕴璞：《天津志略》第13编，第15章。

② 张焘：《津门杂记》，天津古籍出版社，1986，第45～46页；羊城旧客：《津门纪略》卷4，《学校门·义学》，光绪二十四年石刻本。

③ 《广仁堂章程》，大纲，第1页，天津社会科学院图书馆藏。

官幕商贾之孤寡遗属。^① 经李鸿章奏请朝廷每年拨漕米 300 石。经费充裕以后，又在西门外太平庄建屋 280 余间，堂中分为慈幼所、蒙养所、力田所、工艺所、敬节所、戒烟所。平时妇女在堂纺纱织布和做零星女工，男子资质上等者到蒙养所读书，中等者到工艺所习艺，学习理发、刻字、印刷、织帘、编藤，^② 下等者到力田所务农。广仁堂收养人数计划为 700 多人，实际上从未达到过此定额，一般维持在 300 人左右。

士绅慈善家的结社行为使得天津地方的慈善事业力量更加壮大，几乎动员了全部地方社会的资源；举办的慈善义举内容更加丰富，既包括综合性的义举，也包括专项义举；救助的人群更加扩大，既包括本地的穷人，也包括外地的落难者；救助效果也很显著，有的慈善团体存在了 100 多年，救助了不少弱势人群。

二 以家族为主体的慈善家

（一）清前中期的慈善家族

早年的慈善事业，许多是以家族为单位经营的，或是兄弟相助，或是父子相继。不管是土著，还是流寓，都带有这一特点。

顺治年间，世居北仓的赵连璧、赵完璧兄弟，在当地尽行各种善事，如设义学，赵连璧亲自教授乡里子弟，使许多学生成才；还置办义田，以田租在灾荒年份周济族人婚丧嫁娶。在学宫房屋坍塌之后，又是赵连璧倡众修葺一新。其弟赵完璧则在灾荒年份代替乡邻缴纳拖欠的税粮、赎子女，在水灾时自费购船救助溺水者。兄弟二人的善举在地方颇为人称道。

康熙年间的几次饥荒正是天津士绅大显身手的时候，最突出者如沈鹏鸣等。沈鹏鸣一生乐善好施，平时就施材舍药，在静海捐地十余亩，建义冢，亲族间有贫穷不能婚娶者一定资助。在康熙四十二年（1703）到康熙四十八年（1709）的饥荒年份，沈鹏鸣不仅捐助粮食赈济灾民，而且还暗中资助灾民，当时天津周围的灾民在天津城根下搭盖窝棚栖息，沈氏每天

---

① 《广仁堂章程》，《余事》，第 36 页。
② 广仁堂所刻印的书籍甚多，详细情况参见刘尚恒《津河广仁堂的刻书述略》，《图书馆工作与研究》1994 年第 1 期，第 56～57 页。

早晨天不亮就起床来到城根下，悄悄地给灾民散钱，不愿让外人知道。其子沈起麟慈善义举颇有父风，深得乡邻赞许。

赵承业父子、牛钟瑞父子也因好施予而被记载于地方志中。赵承业经常在族里施予，惠及族人，其子赵嗣普也以好善之名享誉乡里。牛钟瑞父亲牛奭好义乐施，牛钟瑞子承父业，灾荒年份捐谷 400 石赈济灾民，救活许多灾民。

（二）著名的"李善人"家族

"李善人"家族是天津最著名的慈善家族。"李善人"家族几代行善，以致现在许多年长的天津人提起"李善人"家族尚能说上一二。"李善人"家族的善举可追溯至其始祖李文照。李文照和其子李春城（筑香）于咸丰五年（1855）在贡院西设立寄生所，主要在冬季收养男性贫人和异乡人，每年可收容贫民六七百人。该家族开设的保贞社主要是恤嫠，御寒社则主要是在冬季施放棉衣，同治十年（1871）开设的保生所则是为了收养孤贫妇人。李家还设立了五处义塾，每塾有学生二三十人。李春城年末还派人携带钱物到僻巷中给穷困者散发。李春城一生见义必为，有时家资不足时，即使借贷万金也毫不退缩，因此为李家赢得了"善人"的美誉。到"李善人"家族第二代李士铭（子香）时，他除了继承并经管其家族的慈善机构以外，还参与清末赈灾事务。到第三代李宝诚（颂臣）时，参与组织了更多的慈善机构。如他曾发起组织中国慈善会，是红十字会的襄理、备济社、积善社、直隶临时兵灾救济会、天津急赈会的董事，天津市救济事业联合委员会的常委，顺直助赈局坐办，明德慈济会的名誉会长，华洋华北义赈会的干事等，[①] 此外，他还曾担任过官办的天津教养院的常川董事。

（三）客籍士绅中的慈善家族

除了本地土著士绅外，客居天津的外籍士绅也在其居住的城市屡行善事，义举颇多。

武廷豫祖上世居山西大同，其父武中岳曾在天津做官，其间天津三卫

---

① 《李颂臣都护六十寿言录》，《征寿文》，第 12～13 页，天津市图书馆藏。

遭水灾，其父以家财设水门，并在城东南角设置水闸，经常启闭，以便泄洪。后其父到辽阳做官，晚年居住在天津。武廷豫子承父业，慷慨施惠，每年腊月常以百钱为一提，率众仆从按坊散发给贫苦无依的穷人，散完才回家，而被施者竟然不知道是何人所为。武廷豫还自己出资购备救火器具，设立水会，名曰同善会，以救火为职志。① 是天津较早的消防组织，在天津留存很广，到清末仍有许多，为商户和普通居民的公共安全提供了一定的保证。

寄居天津的山西大同人张文元在顺治十年（1653）的水灾中，捐资赈灾，救活灾民数以万计，被官方授予八品顶戴。其子张琦在康熙七年（1668）也捐谷数百石，救济灾民。

安尚义父子的善行也是有口皆碑。在康熙五十年（1711）饥民载道的情况下，安家在南门外设立粥厂，此后十多年一直奉行不辍。在天津城池因年久失修面临坍塌的情况下，安尚义父子又捐资修筑，得到了官方的嘉奖。

侨居天津的浙江会稽人郦世澍虽然家贫，但励学不辍，并对儿子郦廷本谆谆教导。郦廷本成人后，节衣省食，置买田地二顷余，慷慨捐输，兴办义学。②

以地方士绅为主体的慈善家是明清时期天津慈善事业的主导，此外，以官员、商人、宗教人士以及外国人组成的慈善家，也成为天津慈善事业的重要参与者，正是这个庞大的慈善家群体的共同努力，成就了一个大都市的民间慈善事业，并形成了城市深厚悠久的慈善文化和历史。

三　天津产生慈善家群体的原因

（一）扶危济困的城市精神是培育众多慈善家的土壤

天津向被称为"五方杂处"的城市，外来移民较多，各地移民到此以后，人生地不熟，对互助有更多的需求，这种生存环境形成了天津人热情好客、乐善好施、豪爽仗义、爱打抱不平的性格，所以在别人遇到困难时

---

① （清）李梅宾、程凤文修，吴廷华、汪沆纂（乾隆）《天津府志》卷28。
② （清）沈家本、荣铨等修，徐宗亮、蔡启盛纂（光绪）《重修天津府志》卷43。

能解囊相助。在 20 世纪二三十年代有人评论："近论河北，远论全国，对社会公益之热，对慈善事业之诚，慷慨解囊，乐善好施，不得不让天津为首屈一指。"① 虽然这句话更多指的是 20 世纪，但城市传统的延续、城市精神的形塑不是一朝一夕的事情，是多年历史积淀的产物。另外，天津虽然是北方重要的工商业都市，但市民文化中乡村味道浓厚，乡村文化中的邻里相望、互助友爱的精神对城市文化的影响巨大。著名诗人柳亚子先生曾赋诗夸赞天津的乡土风情："颇爱天津风物美，乡村都市一炉熔。"② 一句"一炉熔"道出了天津人"五方杂处"的城市性格和城市性格中的乡村味道。正是天津城市这种独特的扶危济困的城市精神和乡村元素，为慈善家群体的培育提供了深厚的土壤。

（二）城市经济的发展造就了一批家业富足的富商大户——潜在的慈善家

明代设卫筑城以后，作为首都门户的天津不仅仍然充当着漕粮北运枢纽之责，而且还承担了守卫京城的重任。一方面，大批粮食等通过运河运到天津，再由此转运北京，促进了天津商业贸易以及相关行业如运输、客栈等业的繁荣；另一方面，大批外来人口与本地人口"兵民杂居"，对生活资料的需求促进了城市商业性运输的发达，天津成为农副产品集散中心。到清代，天津城市经济有了更大的发展。随着康熙年间海禁的开放，天津的贸易范围迅速扩大到闽、粤、台湾。天津市场也更加丰盈，城市经济出现了前所未有的繁荣。此外，盐业的生产、运销也促进了天津经济的繁荣。由于贩盐获利丰厚，天津民间财富急速膨胀，造就了一批富商大户。开埠以后，天津成为外国商品的倾销市场和华北、西北土产品的出口基地，对外贸易功能增强。

天津商业的兴旺、交易的活跃和市场的扩展，不仅带动了商业经营者及相关领域经营者人数的增加，而且带动了这部分人群财富的增加，不少商人资财丰厚，家业富足，成为社会上财势显赫的豪富。其中，传统商人中尤以经营盐业、海运业和粮食业的富商巨贾为最。天津历史上声名显赫

① 宋蕴璞：《天津志略》第 13 编，第 17 章，北平蕴兴商行，1931。
② 中国革命博物馆编《磨剑石诗词集》，上海人民出版社，1985，第 741 页。

的八大家就是其中的代表。这些富商大户为了树立良好的社会公众形象，以免在遭遇社会动荡时成为攻击的目标，往往愿意通过施善来巩固他们在地方社会中的地位和威望。此外，一些中小商人中也不乏乐善好施的慈善家。

（三）对慈善行为的褒奖和正面宣传带动了一大批人从事慈善事业

扶危济困是中华民族的传统美德，历来为官方所褒奖和倡导。譬如对在荒年捐输或在地方公益事业中的积极倡行者，官方往往会采取一定的方式予以嘉奖，或授予一定的虚衔，加官晋爵，或给以牌匾奖章等精神奖励，即使死后也可以追封这种荣誉，荫及后人。清代《钦定礼部则例》规定："凡士民人等，或养恤孤贫，或捐资赡族，助赈荒歉，或捐修公所及桥梁道路，或收瘗尸骨，实与地方有裨益者，八旗由该都统具奏，直省由该督抚具题，均造事实清册送部。其捐银至千两以上，或田粟准值银千两以上者，均请旨建坊，遵照钦定乐善好施字样，由地方官给银三十两，听本家自行建坊。若所捐不及千两者，请旨交地方官给匾旌赏，仍照钦定乐善好施字样给予。如有应行旌表而情愿议叙者，由吏部给予顶戴。礼部毋庸题请。"清代朝廷的这种奖励政策，促进了民间慈善事业的发展，对构建官民相得的社会救济，起到了助推的作用。天津县原浙江处州府同知牛光敏曾在天津捐施贫民衣粮钱文，设立义冢，共用银 6021 两，在静海县赈粥用银 3960 两。其子候选通判牛兆泰，于乾隆八、九两年（1743 年、1744 年）捐施穷民衣食，用银 3445 两。为此，已故同知牛光敏被加增顶戴二级。官方的嘉奖无疑在商人和士绅中形成了一种潜在的精神动力，通过灾荒年份的捐输，商人和士绅也获得了一定的功名的回报。对于民间慈善义举的奖叙，促进了慈善事业的发展。

传统志书以及报纸也积极提倡善举，鼓励人们参与慈善事业。翻阅历史上的志书，康熙《天津卫志》、乾隆《天津府志》、乾隆《天津县志》、同治《续天津县志》和光绪《重修天津府志》中，都以不同的篇幅，在不同的栏目中，对地方士绅的慈善义举给予记录。这些重要志书对慈善机构和人物的记录，提倡了一种慈善文化，无疑是对慈善事业的有力促进。此外，清末新出现的报纸在倡导慈善文化方面也功不可没。如清末天津比较著名的报纸《直报》对贫民、乞丐、流浪者、人力车夫非常关注，对每年的冬赈和粥厂的开设均有较多篇幅报道。

此外，民间流传的各类善书以不同形式传播，在一定程度上影响了慈善家的慈善行为，据有学者研究，善书不仅对各类职业提出了职业道德规范，还对乡绅的社会角色提出了要求，如要求乡绅与官长共同负责民众的教化，并承担地方上的慈善救济活动。"善书对近世国人的道德规范、善恶报应观念及生活习惯，都起了潜移默化的作用。"[1] 在天津市图书馆就收藏有道光三十年（1850）由著名的"李善人"家族始祖李文照重刻的《太上感应篇图说》，可见这一善书对"李善人"家族的慈善义举有很大的影响。

这些方方面面的褒奖和倡导，在一定程度上传播了慈善文化，促成了慈善家群体的形成，也进而促进了天津慈善事业的发展。

作者：任云兰，天津社会科学院历史研究所

---

[1] 游子安：《劝化金箴——清代善书研究》，天津人民出版社，1999，第 192～197、165 页。

唾骂声中的改革

——试析港督麦当奴的治赌实践[*]

毛立坤

内容提要：麦当奴出任香港总督期间（1866～1872），为了应对由贸易萧条引发的复杂局面，推出了赌博庄制度，以图达到"一石击四鸟"的目的：首先要解决地下赌场的危害，其次要扭转警察队伍的腐败趋势，再次要筹集到足够的资金应对财政匮乏局面，最后还要满足底层华人借（小额）赌博娱乐的需求。赌博庄制度实施后基本收到了预期的成效，同时也遭到社会各界的非议。尽管港府对各类反对意见逐一进行了驳斥，但赌博庄制度最终仍在宗主国大臣的掣肘下以"失败"收场。赌博庄制度只运行了短短四年时间，但其间充满波折，也留给后人诸多启迪。

关键词：香港　麦当奴　赌博庄　赌照税

一　引言

香港作为近代中国华南地区重要的贸易转口港，在多数年份里的客货吞吐量仅次于上海，是中国沿海第二大港口。然而香港是英国人统治下的自由港，没有关税收入来支撑其政府财政开支。港府的财政收入除了少量来自宗主国政府的拨款外，剩余大部分须自行设法筹措，当中便包含不少来自"灰色产业"的收入。其中来自鸦片专卖制度［俗称"鸦片庄"（O-

---

* 本文系教育部人文社会科学研究青年基金项目"晚清时期香港转口贸易研究（1842－1911）"（07JC770008）及教育部人文社会科学重点研究基地重大项目"港口—腹地与中国近代经济地理格局的变迁"（11JJD770020）的阶段性成果。

pium Farm）］的收入由于历时长久，故早已为世人所熟知，相关的研究成果层出不穷；① 相比之下，来自赌场专营制度［俗称"赌博庄"（Gambling Houses）］的收入，由于只存续了短短四年时间（1867～1871）便告终止，故不为人所重视，专门探讨该问题的著述并不多见。代表性的香港通史著作对近代香港的赌博问题虽有所论述，② 也有相关的专史著作问世，③ 但这些著作在提及赌博庄制度时往往轻描淡写、语焉不详。赌博庄制度是由香港第六任总督麦当奴主政后推出的，目前有关著述对麦当奴生平的介绍以《香港二十八总督》最为详细，但该书也只是粗线条地勾勒了其在香港推行赌博庄制度的简单经过，未能对赌博庄制度的具体酝酿过程、实际运作成效和内幕决策信息等诸多关键情节进行深入透彻的分析，且史实叙述存在少量讹误。④ 香港的华商大佬是赌博庄制度的重要参与者和合法（持照）赌场的实际经营者，但目前与这些华商群体有关的代表性研究成果也并未论及其与赌博庄制度的联系；⑤ 涌入香港谋生的华人（特别是底层民众）是赌博庄制度下的合法（持照）赌场里的常客，然而相关的代表性研究成果也未能对该群体在这一特定时期里的赌博活动进行深入探讨。⑥

其实赌博庄制度一度承载了非常复杂的使命，被港府寄予厚望，也曾在特定时期里发挥过诸多积极功效；那么在很多方面与鸦片庄制度颇为相似的这套赌博庄制度为何只运行了短短四年时间便告终止？其间到底遇到了哪些无法克服的障碍导致该制度难以为继？本文将从赌博庄制度的酝酿

① 参见石楠《略论港英政府的鸦片专卖政策（1844～1941）》，《近代史研究》1992 年第 6 期；文基贤《1845～1885 年香港的鸦片收入》，卜正民等主编《鸦片政权：中国、英国和日本（1839～1952）》，黄山书社，2009；Cheung Tsui Ping, *The Opium Monopoly in Hong Kong* (1844–1887), Papers for the Degree of Master of Philosophy, Hong Kong University, 1986。

② 可参见余绳武、刘存宽主编《十九世纪的香港》（中华书局，1994）；〔英〕弗兰克·韦尔什：《香港史》，王皖强、黄亚红译，中央编译出版社，2007 等著作相关章节的论述。

③ 鲁言：《香港赌博史》，香港广角镜出版社，1978。

④ 张连兴：《香港二十八总督》，朝华出版社，2007。

⑤ 冯邦彦：《香港华资财团（1841～1997）》，东方出版中心，2008；张晓辉：《从香港华商的兴起看海内外华人经济的交融（1840～1949）》，《近代史研究》1992 年第 6 期；John Mark Carroll, *Empires' Edge: The Making of Hong Kong Chinese Bourgeoisie*, Papers for the Degree of Doctor of Philosophy, Harvard University, 1998。

⑥ 兰静：《近代香港外来移民与香港城市社会的发展（1841～1941）》，暨南大学博士学位论文，2011 年；丁新豹：《香港早期之华人社会（1841～1870）》，香港大学博士学位论文，1988 年。

入手，详细剖析其制度设计初衷和实际运作成效、社会各界对该制度的看法以及宗主国大臣对该制度具体操作方式的掣肘，为读者还原出曾在香港早期历史上喧嚣一时的赌博庄制度的真面目。

二 麦当奴主政初期香港的社会现实与赌博庄制度的酝酿

麦当奴主政香港之初面临着非常艰难的形势：政府财政濒临破产，各类刑事案件发案率居高不下导致社会治安状况明显恶化，警察队伍非但无力镇压犯罪活动反而日趋腐败、工作低效，以众多地下赌场为据点的赌博活动极为猖獗。这种紧迫的形势迫使港府改变传统的思维方式，开始酝酿推行赌博庄制度，试图一揽子解决上述众多难题。

1. 财政窘境

1866 年麦当奴抵港上任伊始，面对的是前任总督罗便臣（Hercules Robinson）留给他的一个烂摊子。罗便臣理政无方，更不善经营，① 这里仅以其耗费巨资筹建的香港铸钱局为例略加展示。该局一度曾被寄予厚望，可却在麦当奴到任后接连出现巨额亏损，非但不能使港府前期的投资得到回报，反而还须追加拨款以补贴其日常经营。该局所铸造的大量面值为 1 元以下的铜辅币因在市场上不受认可，最终只得由港府以港元全数兑换，成为积存在银库里的一大笔无法使用的"财政收入"。港府在这一过程中蒙受了巨额损失，从而加剧了财政窘境。② 1866 年香港的公共财政支出达 97 万元，而财政收入只有 85.2 万元，尚有近 12 万元的缺口无法填补，而

---

① 张连兴：《香港二十八总督》，第 73～80 页。

② 《哈斯汀斯致伯金汉姆·桑都斯专函附件》（Enclosure in Copy of a LETTER from G. W. HASTINGS, Esq., to his Grace the Duke of BUCKINGHAM AND CHANDOS, Government House, National Association for the Promotion of Social Science, Adam Street, August 1, 1868），*British Parliamentary Papers*：*China*，Vol. 25，*Correspondence*，*Dispatches*，*Reports*，*Returns*，*Memorials and Other Papers Respecting the Affairs of Hong Kong 1862–1881*（《英国议会文书·中国问题第 25 卷：与 1862～1881 年间香港事件有关的各类函件》，以下简称 BPP：China，Vol. 25），Irish University Press，1971，p. 267。《麦当奴致格兰维尔专函附件之二》（Enclosure 2 in Copy of a DESPATCH from Governor Sir R. G. MacDONNELL, C. B., to the Earl GRANVILLE, K. G., Government House, Hong Kong, September 15, 1869），BPP：China，Vol. 25，p. 284。林准祥：《香港铸钱局（1866–1868）个案研究》，杜恂诚等编《汪敬虞教授九十华诞纪念文集》，人民出版社，2007。

此时拟议中的《印花税法案》（*Stamp Act*）已广受香港各界的非议，一时难以付诸实施，政府财政已处于破产的边缘。① 而屋漏偏逢连阴雨，麦当奴主政香港之际，由于受外界经济环境持续萧条的影响，香港殖民地的贸易活动很不活跃，② 不仅导致与贸易活动相关的财政收入随之大幅减少，而且因失业者日增引发了治安状况明显恶化的危急形势。因此主政者非常有必要寻找到新的税源来填补财政收支的缺口，特别是要优先保障开展警务工作的各项经费不会出现短绌，以便有力地打击日渐增多的各类犯罪活动。③

2. 治安混乱

由于香港所处的地理环境较特殊，邻近盗匪充斥的广东省以及海盗云集的伶仃洋水域，成为英国殖民地伊始就是各色底层非主流人群的聚集地。④ 这种情形到 19 世纪 60 年代以后也未发生实质性改变，广州当局当时就曾报告，每天都会有成群结队的不务正业之徒从广州出发准备到香港从事劫掠活动。另据不完全统计，仅 1867 年上半年就有 20 万人往返于香港和广东省之间。由于涌入香港的人口很多并无稳定的职业，因此赌博、盗窃、抢劫、谋杀便成了这些游手好闲者在困顿之际可能做出的选择。在麦当奴主政香港的第四年（1869 年）曾发生过一件轰动一时的大案，有约 40 名持械歹徒登陆香港，实施抢劫，后与一小队巡逻的警察相遇，这些歹徒在打死一名巡佐、重伤两名巡警之后悉数逃之夭夭，无一落网。另一桩小案件的作案人为三名在赌场里相识的专靠盗窃、抢劫维生的赌徒，三人合伙在香港一处山腰地段杀害了外籍人士何沃西（W. Holworthy），起因仅是看到何沃西佩戴着一块值钱的手表。后来三人因分赃不均而发生激烈争执，最终

① 《格兰维尔致麦当奴专函附件之一》（Enclosure 1 in Copy of a DESPATCH from the Earl GRAN-VILLE, K. G., to Governor Sir R. G. MacDonnell, C. B., Downing Street, December 31, 1868），*BPP*：*China*，Vol. 25, p. 251；《麦当奴致格兰维尔专函附件之二》（Enclosure 2 in Copy of a DESPATCH from Governor Sir R. G. MacDonnell, C. B., to the Earl GRANVILLE, K. G., Government House, Hong Kong, September 15, 1869），*BPP*：*China*，Vol. 25, p. 284。

② 弗兰克·韦尔什：《香港史》，第 312 页。

③ 《麦当奴致格兰维尔专函》（Copy of a DESPATCH from Governor Sir R. G. MacDonnell, C. B., to the Earl GRANVILLE, K. G., Government House, Hong Kong, July 7, 1869），*BPP*：*China*，Vol. 25, p. 242。

④ 《马丁关于香港问题的报告提要》（*Extracts from a Report on Hong Kong by Robert Montgomery Martin* July 24, 1844），G. B. Endacott, *An Eastern Entrepot*：*A Collection of Documents Illustrating the History of Hong Kong*，London，1964，pp. 96 – 97。

落网。大案件时有发生，小案件则不胜枚举，其中很多案件的作案人均为赌徒，反映出此际的香港正处在大量有犯罪倾向的流动性人口的包围之下，指望靠单纯的道德说教来矫正此类飘忽不定的流动性人口的各种恶习（包括赌博）根本不现实，唯有动用警察力量压制住这类人口的嚣张气势，才能有效打击包括赌博在内的各类犯罪活动。① 而这一点同样也很难办到，因为警务工作存在很多弊窦。

3. 警务工作弊窦丛生

此际香港警务工作的弊窦可以概括为三点：警察队伍腐败、工作条件糟糕、警务经费匮乏。警察队伍的腐败与欧裔警察数量太少，而华裔、印裔警察数量较多有一定关系。警察总局局长在 1869 年曾向麦当奴报告，香港全境只有 15 名高级欧裔巡佐和 80 名普通欧裔警察，这些素质相对较高的警察分散在各个警区，在中心城区可供调用的欧裔警察只有 7 名，四郊地区当然更少。无奈之下只得大量雇佣印度人和华人充任警察，而这些亚裔警察（特别是华裔警察）素质很低，素以敲诈勒索华人为能事，扰民的情形非常突出，深受民众诟病。② 就打击聚众赌博的警务行动而言，很多香港警察其实就是附着于地下赌场的寄生虫，以向地下赌场组织者索贿自肥，这一点令麦当奴大伤脑筋。因此如何恢复警察队伍的廉洁与诚信确实是摆在麦当奴面前的一个大问题。③ 此外，开展警务工作的条件也着实不

---

① 《麦当奴致格兰维尔专函》（Copy of a DESPATCH from Governor Sir R. G. MacDonnell, C. B., to the Right Honourable Earl GRANVILLE, K. G., Government House, Hong Kong, March 6, 1869），*BPP*：*China*，Vol. 25，p. 208；《麦当奴致格兰维尔专函附件之二》（Enclosure 2 in Copy of a DESPATCH from Governor Sir R. G. MacDonnell, C. B., to the Earl GRANVILLE, K. G., Government House, Hong Kong, June 8, 1869），*BPP*：*China*，Vol. 25，p. 235；《格兰维尔致麦当奴专函附件之一》（Enclosure 1 in Copy of a DESPATCH from the Earl GRANVILLE, K. G., to Governor Sir R. G. MacDonnell, C. B., Downing Street, December 31, 1868），*BPP*：*China*，Vol. 25，p. 255；《埃德温·皮尔斯致格兰维尔专函附件》（Enclosure in Copy of a LETTER from EDWIN PEARS, Esq., to the Earl GRANVILLE, K. G., National Association for the Promotion of Social Science, undated, April 16, 1869），*BPP*：*China*，Vol. 25，pp. 274 – 275。

② 《麦当奴致格兰维尔专函附件》（Enclosure in Copy of a DESPATCH from Governor Sir R. G. MacDonnell, C. B., to the Earl GRANVILLE, K. G., Government House, Hong Kong, August 4, 1869），*BPP*：*China*，Vol. 25，p. 246。

③ 《麦当奴致伯金汉姆·桑都斯专函》（Copy of a DESPATCH from Governor Sir R. G. MacDonnell, C. B., to his Grace the Duke of BUCKINGHAM AND CHANDOS, Government House, Hong Kong, July 9, 1868），*BPP*：*China*，Vol. 25，p. 194。

佳，尤其是基层警署的办公条件太差，办公用房亟待修缮和扩建，诸多警务工程（如电报网、山间巡逻道）需要营建，而经费却没有着落。① 同时，欧裔警察与亚裔警察也很难和谐相处，欧裔警察有种族歧视思想，不肯让亚裔警察与之平起平坐。欧裔警察数量太少，华裔警察素质太低，最终只能靠印裔警察（特别是锡克警察）来执行大量繁重的任务，而印裔警察由于不会说中文，在与华人打交道时显然多有不便，导致很多案件无法侦破。② 要想改变警察队伍的现状，指望在本地招募到大量合格的警察是不现实的，麦当奴深知唯一的办法就是从英国本土高薪聘请品行端正、素质优异的警察来充实和统率香港的警察队伍，而这又涉及经费从何而来的问题。③

4. 赌博活动猖獗

麦当奴注意到对香港的多数华人而言，赌博都是一种很典型的癖好。④ 香港华人为何如此嗜赌，这需要结合其身份的特殊性来分析。涌入香港谋生的华人当中不乏一批经商致富的大商人，以及投靠洋行发财的买办，但多数人只能充任各类苦力，从事繁重的体力劳动，收入也很微薄。对这批苦力而言，微薄的收入糊口虽有余，却不足以助其成家立业，因此攒钱无用，索性一赌了之，幸运的话还能捞到一笔小财，或许这就是华人的嗜赌习性不可遏抑的原因。⑤ 连《孖剌报》（*The Hong Kong Daily Press*）主编孖剌（Y. J. Murrow）的（华裔）厨师都忍不住要趁报馆在晚上打烊之后，召

① 《麦当奴致格兰维尔专函》（Copy of a DESPATCH from Governor Sir R. G. MacDonnell, C. B. , to the Earl GRANVILLE, K. G. , Government House, Hong Kong, June 8, 1869），*BPP*：*China*，Vol. 25，p. 233。

② 《麦当奴致格兰维尔专函提要附件之二所附第 F 号附录》（APPENDIX F in Enclosure 2 in EXTRACT from a DESPATCH from Governor Sir R. G. MacDonnell, C. B. , to the Earl GRANVILLE, K. G. , Government House, Hong Kong, April 12, 1870），*BPP*：*China*，Vol. 25，pp. 323，328 – 329。

③ 《麦当奴致格兰维尔专函》（Copy of a DESPATCH from Governor Sir R. G. MacDonnell, C. B. , to the Earl GRANVILLE, K. G. , Government House, Hong Kong, August 4, 1869），*BPP*：*China*，Vol. 25，p. 245。

④ 《麦当奴致格兰维尔专函附件之二》（Enclosure 2 in Copy of a DESPATCH from Governor Sir R. G. MacDonnell, C. B. , to the Earl GRANVILLE, K. G. , Government House, Hong Kong, June 8, 1869），*BPP*：*China*，Vol. 25，p. 235。

⑤ 《麦当奴致格兰维尔专函附件之三》（Enclosure 3 in Copy of a DESPATCH from Governor Sir R. G. MacDonnell, C. B. , to the Right Honourable Earl GRANVILLE, K. G. , Government House, Hong Kong, March 6, 1869），*BPP*：*China*，Vol. 25，p. 213。

集起一批狐朋狗友公然在雇主的报馆里聚赌，足见赌风之炽，已到了无所忌讳的程度。① 不过多数赌博活动都是在地下赌场里进行的，而此类地下赌场素来是各种犯罪活动的策源地。抢劫犯、盗窃犯聚集在这里销赃，其他重罪犯也在这里打探和物色下手的对象、酝酿各类犯罪活动。除了这些惯犯之外，文书、仆役等阶层的分子在此类地下赌场输光了血本之后，下一步就会走上犯罪道路。而且多年的治赌经历已经证实，香港警方对此类地下赌场根本无法进行有效的打击，往往是在这头刚捣毁一处，那头就会新出现一处。1865 年，香港警方累计共捣毁 45 处地下赌场（平均每 8 天捣毁一处），可是在年底统计地下赌场的数量时却惊异地发现和年初时一样多。而且警察经常和这些赌场的组织者同流合污，从而滋生出越来越多的腐败现象。此类地下赌场已然演变为一种无法彻底根除的社会毒瘤。② 面对此情此景，麦当奴坦陈港府极有必要规划一种替代性的治赌方案，比如成立若干家受政府监控的赌场，此类赌场的危害性预计会比地下赌场小得多，且能有效减少警察的腐败行为。③

5. 赌博庄制度的酝酿

麦当奴在就任港督后很快意识到，由于香港与英国本土的民俗社情差别极大，严峻的形势促使港府必须将香港视为一种特例来对待。港府在施

---

① 《詹姆斯·罗宾逊致伯金汉姆·桑都斯专函附件》（Enclosure in Copy of a LETTER from JAMES ROBINSON, Esq., to his Grace the Duke of BUCKINGHAM AND CHANDOS, Government House, National Association for the Promotion of Social Science, Adam Street, September 18, 1868），BPP：China，Vol. 25，p. 268。

② 《麦当奴致伯金汉姆·桑都斯专函所附第 A 号附录》（Appendix A in Copy of a DESPATCH from Governor Sir R. G. MacDonnell, C. B., to his Grace the Duke of BUCKINGHAM AND CHANDOS, Government House, Hong Kong, June 25, 1868），BPP：China，Vol. 25，p. 191；《麦当奴致伯金汉姆·桑都斯专函所附附录》（Appendix in Copy of a DESPATCH from Governor Sir R. G. MacDonnell, C. B., to his Grace the Duke of BUCKINGHAM AND CHANDOS, Government House, Hong Kong, October 20, 1868），BPP：China，Vol. 25，p. 204；《麦当奴致格兰维尔专函》（Copy of a DESPATCH from Governor Sir R. G. MacDonnell, C. B., to the Right Honourable Earl GRANVILLE, K. G., Government House, Hong Kong, April 24, 1869），BPP：China，Vol. 25，p. 220；《麦当奴致格兰维尔专函》（Copy of a DESPATCH from Governor Sir R. G. MacDonnell, C. B., to the Earl GRANVILLE, K. G., Government House, Hong Kong, July 21, 1869），BPP：China，Vol. 25，p. 245。

③ 《麦当奴致伯金汉姆·桑都斯专函》（Copy of a DESPATCH from Governor Sir R. G. MacDonnell, C. B., to his Grace the Duke of BUCKINGHAM AND CHANDOS, Government House, Hong Kong, September 16, 1868），BPP：China，Vol. 25，p. 197。

政时所面对的对象是 14 万华人居民，尽管港府也曾尝试从道德的角度出发劝阻华人戒绝赌博的恶习，可是由于香港华人大多是些飘忽不定的流动性人口或水上居民，这就使港府无法在相对固定的地点对相对固定的人群施加持久性的教化。即便港府坚持努力，要改变 14 万嗜赌成性的华人的积习，又谈何容易？而港府为了实现彻底镇压赌博活动这一崇高却不切实际的理想，已经付出了极为惨痛的代价和牺牲：警察队伍已经丧失了纯洁性和荣誉感；由于当局经常派人突袭聚众赌博的地下赌场，底层华人已经长期性地处于同当局对抗乃至交战状态，这样一来华人对法律的敬畏感也就丧失了；现行治赌措施的无效性和荒唐性已是尽人皆知，继续执行宗主国政府发来的那些充满清教徒精神的坚决镇压赌博活动的训令，只会使港府陷于更为尴尬的境地。① 麦当奴在赴澳门实地考察了那里合法赌场的经营情况之后，更是明确表示彻底根除赌博活动这一过度理想主义的目标是实现不了的，在中国生活过的人都应该明白这一点。②

同时麦当奴还注意到，尽管香港警察腐败而无能，但这并不意味着香港没有一支高效的侦缉力量，不过这支力量掌握在华人及与其合作的外国人 [如高和尔先生（Mr. Caldwell）③] 手里。在 1866 年麦当奴就任港督之初，社会上曾传言港府要采用招标的方式设立合法赌场，此类小道消息立即引发了短暂的混乱局面，当时那些财力不敷的小赌场主坦言要躲避洋人的稽查易如反掌，而要躲避华人的稽查则相当困难。言外之意就是由华人经营的带有垄断性质的合法赌场一旦正式开业，非法的地下赌场就会面临

---

① 《格兰维尔致麦当奴专函附件之一》（Enclosure 1 in Copy of a DESPATCH from the Earl GRANVILLE, K. G., to Governor Sir R. G. MacDonnell, C. B. Downing Street, December 31, 1868），BPP：China，Vol. 25，pp. 252 – 253。

② 《麦当奴致格兰维尔专函附件之二》（Enclosure 2 in Copy of a DESPATCH from Governor Sir R. G. MacDonnell, C. B., to the Earl GRANVILLE, K. G., Government House, Hong Kong, June 8, 1869），BPP：China，Vol. 25，p. 235；《格兰维尔致麦当奴专函附件之一》（Enclosure 1 in Copy of a DESPATCH from the Earl GRANVILLE, K. G., to Governor Sir R. G. MacDonnell, C. B., Downing Street, December 31, 1868），BPP：China，Vol. 25，p. 251。

③ 高和尔先生很早便开始在香港周边水域从事海盗活动，伙同华人亡命徒一道杀人越货，后来利用其对黑白两道的影响出任香港政府华人保民官后更是为所欲为、无恶不作，华人皆对其畏惧有加。参见《英国社会科学联合会致格兰维尔专函》（to the Right Honourable Earl GRANVILLE, K. G., Her Majesty's Principal Secretary of State for the Colonies, National Association for the Promotion of Social Science, undated），BPP：China，Vol. 25，p. 272。

来自这些华人垄断者的强力打压。① 而推行已久的鸦片庄制度之所以大获成功，其奥秘也在于利用了华人去控制和对付华人。② 于是麦当奴在就任港督满一年之后，即向宗主国大臣请示设立合法的娱乐场所（赌场），以取代臭名昭著的地下赌场，并借此降低犯罪率。其理由有如下三条：一、此类赌场的经营者会负责任地将不良华人拒之门外；二、这样做有助于使警察集中力量处理其他领域的案件；三、此举能够有效地阻止其他各类非法娱乐场所（地下赌场）的设立，从而减轻其危害。③ 当时麦当奴在香港立法局的演说词，更为坦白地揭示出他不得不考虑推行赌博庄制度的幕后原因："……眼下警方已经为打击地下赌场伤透了脑筋，对此类赌场所滋生的各种罪孽束手无策，因此我们唯有借助华人的力量，使其协助政府共同打击危害社会的地下赌场。而为了得到华人的通力合作，必须推出一套能够使其稳获厚利的制度，因此如果不推行赌博庄制度，改变目前这种乱象的可能性微乎其微。"④

三 赌博庄制度的设计与运作

赌博庄制度意在借鉴鸦片庄制度的成功经验，通过设立若干家带有垄断性质的合法赌场，容忍合法赌博活动的存在；进而借助华人的力量来打击地下赌场，减轻非法赌博活动的危害。这些合法赌场须接受港府的监控，以确保有关管理条例得到执行，合法赌场的营业执照将以招标的形式发放。赌博庄制度正式实施后基本上收到了预期的成效，特别是从合法赌场征收来的赌照税派上了大用场。

---

① 《麦当奴致伯金汉姆·桑都斯专函 B 号附录》（Appendix B in Copy of a DESPATCH from Governor Sir R. G. MacDonnell, C. B. , to his Grace the Duke of BUCKINGHAM AND CHAN-DOS, Government House, Hong Kong, June 25, 1868），*BPP*：*China*, Vol. 25, p. 193。
② 石楠：《略论港英政府的鸦片专卖政策（1844－1941）》，《近代史研究》1992 年第 6 期。
③ 《麦当奴致伯金汉姆·桑都斯专函》（Copy of a DESPATCH from Governor Sir R. G. MacDonnell, C. B. , to his Grace the Duke of BUCKINGHAM AND CHANDOS, Government House, Hong Kong, May 29, 1868），*BPP*：*China*, Vol. 25, p. 187。
④ 《麦当奴致伯金汉姆·桑都斯专函 A 号附录》（Appendix A in Copy of a DESPATCH from Governor Sir R. G. MacDonnell, C. B. , to his Grace the Duke of BUCKINGHAM AND CHAN-DOS, Government House, Hong Kong, June 25, 1868），*BPP*：*China*, Vol. 25, p. 190。

1. 赌博庄制度的设计初衷

港府需要设计出一套能够"一石四鸟"的制度：首先要解决地下赌场的危害，特别是要遏制住与之相关的犯罪活动不断增加的势头；其次要扭转警察队伍的腐败趋势，并增强其打击犯罪活动的能力；再次要筹集到足够的资金应对当时因贸易萧条造成的财政匮乏局面，清偿港府的财政赤字；最后还要满足底层华人借（小额）赌博娱乐的需求。于是便有了赌博庄制度的登场。

首先须明确一点，推行赌博庄制度的根本用意绝不是纵容赌博活动，绝非要将香港打造成为广东省的赌博胜地；而是通过扶植若干家在缴纳承包金（即营业执照税，下文简称"赌照税"）之后持有港府所颁发的营业执照（即赌照）的赌场（下文简称"持照赌场"），进而借助华人（即持照赌场经营者）的力量来压制和打击地下赌场，最终目的是将赌博活动的危害性控制在一定限度内。[①] 与此相关的管理条例也经历了一个逐步完善的过程，陆续从押注物品、赌客身份、赌场的数量、分布与规制、营业时间、"份子钱"的提成比例、政府监督权力等方面来对此类赌场的日常经营加以规范。为了防止赌徒将抢掠、盗窃而得的财物（主要是各类首饰）拿到持照赌场充当押注物品，进行变相销赃，管理条例专门就（非现金类的）押注物品做出了严格的规定，即除了金戒指以外的其他首饰皆不得充当押注物。为了防范臭名昭著的赌鬼可能产生的恶劣影响，管理条例当中也含有严密防范此类人物入场赌博的规定；此举可以将一般性赌客与前述赌鬼有效地隔离开来，从而降低一般性赌客受其影响而走上犯罪道路的风险。另一类须加以防范的赌客是各大洋行的仆役，此类仆役经常有机会临时经手或保管洋行的大额资金，一旦他们怀揣巨资进入赌场，后果将非常严重；因此港府后来要求经营者自行设法阻止仆役身份的赌客入场赌博，并承诺由此引发的损失港府将会以降低承包金的方式来补偿。[②] 外籍（欧

---

① 《麦当奴致伯金汉姆·桑都斯专函》（Copy of a DESPATCH from Governor Sir R. G. MacDonnell, C. B., to his Grace the Duke of BUCKINGHAM AND CHANDOS, Government House, Hong Kong, July 9, 1868), BPP: China, Vol. 25, p. 193；《格兰维尔致麦当奴专函附件之一》（Enclosure 1 in Copy of a DESPATCH from the Earl GRANVILLE, K. G., to Governor Sir R. G. MacDonnell, C. B., Downing Street, December 31, 1868), BPP: China, Vol. 25, p. 253。

② 《麦当奴致伯金汉姆·桑都斯专函A号附录》（Appendix A in Copy of a DESPATCH from Governor Sir R. G. MacDonnell, C. B., to his Grace the Duke of BUCKINGHAM AND CHANDOS, Government House, Hong Kong, June 25, 1868), BPP: China, Vol. 25, pp. 191 – 192。

美裔）赌客和女赌客因为不是赌博庄制度主要针对的那种易有犯罪倾向的人口，因此港府也要求经营者阻止此类赌客入场，补偿方式同上。这样一来，有资格进场赌博的赌客就只剩华裔、马来裔、印裔男性人口当中较易受地下赌场风气习染而走上犯罪道路的那些成员了。① 持照赌场的承包人在香港各区域只能按照批准的数量开设赌场，其中维多利亚城可开设 12 家，其他区域各允许开设 1 家。每家赌场只能设立一个出入口，严禁暗设通往屋顶的隐蔽通道或者梯子，不许纵容赌客越房顶逃跑。营业时间为早 6 时至晚 11 时，不得提早或延时营业，全部持照赌场在星期日须歇业一天，以便尽可能地减轻赌博活动的危害；营业期间须配有大堂经理值班。经营者从赌客（赢家）身上提取的"份子钱"不得超过赌客获利额的 7%。政府主管部门的官员、警察可以随时进场检查持照赌场的日常经营情况。持照赌场经营者及其特定关系人不得向政府工作人员以馈赠、贿赂、小费、劳务费等名义提供财物。任何一家持照赌场若因违规经营而被没收赌照，则其余持照赌场的月度承包金会随之上调。② 上述制度设计旨在明显减轻地下赌场的危害，同时满足底层华人借（小额）赌博进行娱乐的需求，并可使港府获得一笔可观的赌照税，从而为解决其他方面的难题创造了条件。

赌博庄制度所要解决的第二大类问题包括提高警察的待遇、改良警务

---

① 《麦当奴致伯金汉姆·桑都斯专函》（Copy of a DESPATCH from Governor Sir R. G. MacDonnell, C. B., to his Grace the Duke of BUCKINGHAM AND CHANDOS, Government House, Hong Kong, September 16, 1868），*BPP*：*China*, Vol. 25, p. 197；《麦当奴致格兰维尔专函》（Copy of a DES-PATCH from Governor Sir R. G. MacDonnell, C. B., to the Earl GRANVILLE, K. G., Government House, Hong Kong, July 6, 1869），*BPP*：*China*, Vol. 25, pp. 239 – 240；《麦当奴致格兰维尔专函》（Copy of a DESPATCH from Governor Sir R. G. MacDonnell, C. B., to the Earl GRANVILLE, K. G., Government House, Hong Kong, July 21, 1869），*BPP*：*China*, Vol. 25, p. 245；《麦当奴致格兰维尔专函附件之一》（Enclosure 1 in Copy of a DESPATCH from Governor Sir R. G. MacDonnell, C. B., to the Earl GRANVILLE, K. G., Government House, Hong Kong, December 13, 1869），*BPP*：*China*, Vol. 25, p. 299。

② 《麦当奴致伯金汉姆·桑都斯专函 A 号附录》（Appendix A in Copy of a DESPATCH from Governor Sir R. G. MacDonnell, C. B., to his Grace the Duke of BUCKINGHAM AND CHAN-DOS, Government House, Hong Kong, June 25, 1868），*BPP*：*China*, Vol. 25, p. 192；《麦当奴致格兰维尔专函附件之二》（Enclosure 2 in Copy of a DESPATCH from Governor Sir R. G. MacDonnell, C. B., to the Earl GRANVILLE, K. G., Government House, Hong Kong, February 17, 1870），*BPP*：*China*, Vol. 25, pp. 312 – 313。

工作条件、从英国本土招募高素质警察来香港工作，最终改变香港警察队伍的腐败形象，而赌照税恰好可以用来支付开展上述工作的开销。麦当奴坦言，在香港这样一个警察数量偏少而又陷于大量有犯罪倾向的人口包围之下的殖民地，指望维持一支薪金低廉而工作高效的警察队伍实在是天方夜谭，要想使欧裔警察保持理性和节制，恐怕唯有支付高薪才能办到，这也是不得已之举，毕竟政府无论如何还是需要依靠警察来打击和镇压由赌博引发的种种犯罪活动。① 港府还拟支用赌照税来改善基层警署的办公条件和警察的生活条件，给部分表现优异的（亚裔）警察涨工资以增强其荣誉感和敬业精神，奖励学习说中文的警察。此外，麦当奴还打算请宗主国大臣出面在英国本土代为招募30名素质高的警察来香港工作，协助港府彻底摧毁地下赌场。② 麦当奴表示要向这些愿意来香港工作的英国警察支付极高的薪酬（不低于100英镑/年），为其提供舒适的工作和生活条件，并承诺来香港后晋升为高级巡佐的几率很大。他这样表态是有底气的，因为赌照税的结余额预计将会非常大，足以应付此类开销。③ 如果上述工作能够凭借赌照税的支持顺利开展，那么就有望实现改良警务工作的预期目标，同时也会有助于减少华人的犯罪活动。④ 完成上述工作之后结余的赌

---

① 《麦当奴致伯金汉姆·桑都斯专函附录》（Appendix in Copy of a DESPATCH from Governor Sir R. G. MacDonnell, C. B., to his Grace the Duke of BUCKINGHAM AND CHANDOS, Government House, Hong Kong, October 20, 1868），*BPP*：*China*，Vol. 25，p. 204；《麦当奴致格兰维尔专函附件之二》（Enclosure 2 in Copy of a DESPATCH from Governor Sir R. G. MacDonnell, C. B., to the Earl GRANVILLE, K. G., Government House, Hong Kong, September 15, 1869），*BPP*：*China*，Vol. 25，p. 287。

② 《麦当奴致格兰维尔专函》（Copy of a DESPATCH from Governor Sir R. G. MacDonnell, C. B., to the Earl GRANVILLE, K. G., Government House, Hong Kong, July 7, 1869），*BPP*：*China*，Vol. 25，p. 242。

③ 《麦当奴致格兰维尔专函》（Copy of a DESPATCH from Governor Sir R. G. MacDonnell, C. B., to the Earl GRANVILLE, K. G., Government House, Hong Kong, August 4, 1869），*BPP*：*China*，Vol. 25，p. 246；《麦当奴致格兰维尔专函附件》（Enclosure in Copy of a DESPATCH from Governor Sir R. G. MacDonnell, C. B., to the Earl GRANVILLE, K. G., Government House, Hong Kong, August 4, 1869），*BPP*：*China*，Vol. 25，p. 248。

④ 《麦当奴致伯金汉姆·桑都斯专函》（Copy of a DESPATCH from Governor Sir R. G. MacDonnell, C. B., to his Grace the Duke of BUCKINGHAM AND CHANDOS, Government House, Hong Kong, July 9, 1868），*BPP*：*China*，Vol. 25，pp. 194 - 195；《麦当奴致格兰维尔专函附件之一》（Enclosure 1 in Copy of a DESPATCH from Governor Sir R. G. MacDonnell, C. B., to the Earl GRANVILLE, K. G., Government House, Hong Kong, December 13, 1869），*BPP*：*China*，Vol. 25，p. 300。

照税还可用于清偿港府的财政赤字以及支付其他公务开销，由此因贸易萧条造成的财政匮乏局面也会明显缓解。

2. 港府对持照赌场日常经营情况的监控和赌照招标方式的调整

港府并未放弃对持照赌场的暗中监控，从一开始就派出 8 名专职警察（密探）暗中监视各家持照赌场的日常经营情况，以弄清入场赌博的赌客的成分，以及这些赌场是否能够严格按照规定抵制不良赌客入场赌博。同时为了防止这些密探与持照赌场的经营者串通舞弊，还经常调换他们的工作地点，并额外增派两名随意性极大的警督不定期到各家赌场暗访。从现存的资料来看，密探对持照赌场的监控颇为严密，包括各家赌场不同时段的在场赌客数量、赌场内的经营秩序等情况都被详细记录在案，甚至连赌客衣服上的扣子所反映出的身份信息也在敏锐关注的范围内。① 此外，港府为了摸清各家赌场的营业规模，特意另派密探专门统计光顾各家赌场的赌客数量，由此发现赌场经营者所提供的日流量数据（5000 人次）明显低于实际日流量数据（总量约 1.4 万人次，其中常客约 7000 人次），进而了解到经营者低报营业额的内情。② 随后港府逐步调整赌照的招标方式，与有意向承包持照赌场的华人展开博弈。

最早使用的一种赌照招标方式是由投标人自由竞标承包权，最终将赌照授予报价最高者。后来麦当奴为了减轻经营者的负担，一度曾调低过月度承包金（从 2.1 万元调低至 1.3 万元）。孰料此举竟然引发了华人异常踊跃的竞标热情，当新一期赌照开始对外招标之际，华人报出的（年度）承包金（竞标价）居然高达 26 万元（折合 21667 元/月），并拉拢臭名昭著

---

① 《麦当奴致伯金汉姆·桑都斯专函》（Copy of a DESPATCH from Governor Sir R. G. MacDonnell, C. B., to his Grace the Duke of BUCKINGHAM AND CHANDOS, Government House, Hong Kong, July 9, 1868），*BPP*: *China*, Vol. 25, p. 194；《麦当奴致格兰维尔专函》（Copy of a DESPATCH from Governor Sir R. G. MacDonnell, C. B., to the Right Honourable Earl GRANVILLE, K. G., Government House, Hong Kong, March 6, 1869），*BPP*: *China*, Vol. 25, p. 209；《麦当奴致格兰维尔专函附件之二》（Enclosure 2 in Copy of a DESPATCH from Governor Sir R. G. MacDonnell, C. B., to the Right Honourable Earl GRANVILLE, K. G., Government House, Hong Kong, March 6, 1869），*BPP*: *China*, Vol. 25, p. 211；《麦当奴致格兰维尔专函附件之二》（Enclosure 2 in Copy of a DESPATCH from Governor Sir R. G. MacDonnell, C. B., to the Earl GRANVILLE, K. G., Government House, Hong Kong, July 6, 1869），*BPP*: *China*, Vol. 25, pp. 240 – 241。

② 《麦当奴致伯金汉姆·桑都斯专函》（Copy of a DESPATCH from Governor Sir R. G. MacDonnell, C. B., to his Grace the Duke of BUCKINGHAM AND CHANDOS, Government House, Hong Kong, September 16, 1868），*BPP*: *China*, Vol. 25, pp. 197 – 198。

的高和尔先生作为竞标合作伙伴，由后者负责协助完成打击地下赌场、抓捕涉案嫌犯等工作，竞标人向其支付的年薪高达 2 万元。这种情形令港府猛然意识到持照赌场的实际获利情况远高于原先预估的水平，① 而高和尔先生卷入竞标一事则令麦当奴大为恼火，因为他感到竞标者很有可能是与其同流合污的那些华人黑社会成员，而非港府起初预期的那些品行端正、地位尊崇的上层华人大佬。② 上述事实反映出华人竞标者并没有将道义上的责任看得很重，只是想借助赌博庄制度所赋予的垄断权牟利而已，这就与港府推行赌博庄制度的初衷大相径庭。此后港府放弃了这种纯粹以报价高低的方式定标的办法，这就反映出港府并没有将牟利视作推行赌博庄制度的重要考虑因素。③

新推出的招标方式则是由港府预先确定年度承包金总额，然后在报纸上公开刊登招标广告，最后由港督根据竞标人的综合条件，并在征询警方和辅政司官员的意见之后直接确定中标者。经过上述几道程序中标的承包人一般都是香港本地家资丰厚且品行端正的华人大佬，这些人在华人社区颇具威望，有足够大的社会影响力，能够较好地保障相关的管理制度得到认真执行，也能够最大程度地配合警方打击犯罪活动。中标者的这些优势都是港督非常看重的，因为这些优势是赌博庄制度的积极效应得以彰显的保障。④ 当新一轮招标开始之际，若几位投标人的其他条件基本相同，麦

---

① 《麦当奴致伯金汉姆·桑都斯专函》（Copy of a DESPATCH from Governor Sir R. G. MacDonnell, C. B., to his Grace the Duke of BUCKINGHAM AND CHANDOS, Government House, Hong Kong, September 16, 1868），*BPP*: *China*, Vol. 25, pp. 197 – 199。

② 《麦当奴致伯金汉姆·桑都斯专函附件之三》（Enclosure 3 in Copy of a DESPATCH from Governor Sir R. G. MacDonnell, C. B., to his Grace the Duke of BUCKINGHAM AND CHANDOS, Government House, Hong Kong, September 16, 1868），*BPP*: *China*, Vol. 25, pp. 199 – 200。

③ 《麦当奴致伯金汉姆·桑都斯专函附件之四》（Enclosure 4 in Copy of a DESPATCH from Governor Sir R. G. MacDonnell, C. B., to his Grace the Duke of BUCKINGHAM AND CHANDOS, Government House, Hong Kong, September 16, 1868），*BPP*: *China*, Vol. 25, pp. 200 – 201。

④ 《麦当奴致格兰维尔专函》（Copy of a DESPATCH from Governor Sir R. G. MacDonnell, C. B., to the Right Honourable Earl GRANVILLE, K. G., Government House, Hong Kong, March 6, 1869），*BPP*: *China*, Vol. 25, p. 214；《麦当奴致格兰维尔专函》（Copy of a DESPATCH from Governor Sir R. G. MacDonnell, C. B., to the Earl GRANVILLE, K. G., Government House, Hong Kong, April 28, 1869），*BPP*: *China*, Vol. 25, p. 231；《麦当奴致格兰维尔专函附件》（Enclosure in Copy of a DESPATCH from Governor Sir R. G. MacDonnell, C. B., to the Earl GRANVILLE, K. G., Government House, Hong Kong, April 28, 1869），*BPP*: *China*, Vol. 25, p. 232。

当奴认为老承包人拥有丰富的经营经验，因此会更倾向于让老承包人中标。① 这种招标方式弊端较少，延续的时间也最长。

在宗主国大臣以有违公平原则为由叫停了上述招标方式之后，出现了第三种招标方式。这种招标方式也是事先确定年度承包金总额，然后由投标人自由竞标，最终采用抽签的方式确定中标人。这种方式也不能保证最佳人选必然中标，因为这会刺激某些竞标人玩弄一人伪造多名竞标人投标的诡计来增加中标的几率，结果有可能使原本最合适的人选被淘汰出局，中标者反而可能是最没有社会影响力、最不称职的人选。而且也确实出现过不称职的中标人事后不兑现承诺，导致赌照流拍的恶劣案例，给赌博庄制度的正常运转带来巨大风险，因此麦当奴不看好这种招标方式。②

与后两种招标方式相关的一个问题是年度承包金总额如何来确定。麦当奴认为该额度应视情况需要进行动态的调整，当赌博活动猖獗时（如1867年）应该往高调，而赌博活动明显减少时（如1869年上半年）就应该往低调。③ 当然承包人往往会蓄意夸大各类严苛的限制性规定给其日常经营造成的损失，以促使港府调低承包金额度。而港府也认为推行赌博庄制度的首要目的并非为了获取高额的承包金，同时也不愿意让那些声望好、社会地位高的华商大佬因利润微薄而退出经营，所以也曾数次调低过承包金额度。可是后来港府经过缜密调查后发现，持照赌场的获利水平远高于预期，于是复将承包金额度大幅提高，可为时不过两个月便导致老经营者宣告资不抵债退出经营。这样一来，承包金额度在20万元/年~24万元/年之间数次调整之后，港府意识到应当

---

① 《麦当奴致格兰维尔专函附件之一》（Enclosure 1 in Copy of a DESPATCH from Governor Sir R. G. MacDonnell, C. B., to the Earl GRANVILLE, K. G., Government House, Hong Kong, December 13, 1869），BPP: China, Vol. 25, p. 299。

② 《麦当奴致格兰维尔专函》（Copy of a DESPATCH from Governor Sir R. G. MacDonnell, C. B., to the Earl GRANVILLE, K. G., Government House, Hong Kong, February 17, 1870），BPP: China, Vol. 25, pp. 308-310；《看守政府官员（护督）致金伯利专函》（Copy of a DES-PATCH from the Officer Administering the Government to the Earl of Kimberley, Government House, Hong Kong, January 7, 1871），BPP: China, Vol. 25, p. 345。

③ 《麦当奴致格兰维尔专函》（Copy of a DESPATCH from Governor Sir R. G. MacDonnell, C. B., to the Earl GRANVILLE, K. G., Government House, Hong Kong, April 28, 1869），BPP: China, Vol. 25, p. 231。

保证经营者获得足够的利润才能使其安心执行相关的管理条例，于是最终将承包金额度调低至 20 万元/年，后来的情况证实这是一个比较合适的价码。①

3. 赌博庄制度的成效

（1）警察腐败的势头受到遏制，治安状况逐步改善

赌博庄制度正式实施以后，昔日警察借收取保护费的名义勒索地下赌场经营者及赌客以自肥的腐败现象逐步减少，毕竟此际已经没有那么多地下赌场可供他们勒索了。② 到 1869 年以后，由于地下赌场的数量已显著减少，上述腐败现象已基本消除。③ 而随着秘密监控制度的实施，警察个体与持照赌场经营者已经没有多少利害关系，二者既不会结成利益共同体，也不会有对立情绪。④ 这样一来，密探（在不可能捞取到贿赂的情况下）对其所监控的持照赌场里的营业秩序给予正面表扬，应该是真实场景的如实呈现。⑤

在赌博庄制度试行初期（1867 下半年），与地下赌场里的赌博活动最相关的仆役阶层从事盗窃活动的发案率无明显变化（仍为 80～90 起/季度），不过随后（1868 年上半年）此类案件的数量开始呈现出逐步减少的趋势（降为 30～40 起/季度），到 1868 年最后两个季度，仆役阶层从事盗窃活动的发案率已降至约 20 起/季度。1869 年第一季度适逢中国农历春节，原本应是盗窃犯罪活动的高发期，而这一个季度仅发案 16 起，第二季

---

① 《麦当奴致格兰维尔专函附件》（Enclosure in Copy of a DESPATCH from Governor Sir R. G. MacDonnell, C. B., to the Earl GRANVILLE, K. G., Government House, Hong Kong, April 28, 1869），*BPP*：*China*，Vol. 25，p. 232。

② 《麦当奴致伯金汉姆·桑都斯专函 A 号附录》（Appendix A in Copy of a DESPATCH from Governor Sir R. G. MacDonnell, C. B., to his Grace the Duke of BUCKINGHAM AND CHANDOS, Government House, Hong Kong, June 25），*BPP*：*China*，Vol. 25，p. 192。

③ 《麦当奴致格兰维尔专函》（Copy of a DESPATCH from Governor Sir R. G. MacDonnell, C. B., to the Earl GRANVILLE, K. G., Government House, Hong Kong, December 13, 1869），*BPP*：*China*，Vol. 25，p. 294。

④ 《麦当奴致格兰维尔专函》（Copy of a DESPATCH from Governor Sir R. G. MacDonnell, C. B., to the Right Honourable Earl GRANVILLE, K. G., Government House, Hong Kong, March 6, 1869），*BPP*：*China*，Vol. 25，pp. 207，209。

⑤ 《麦当奴致格兰维尔专函》（Copy of a DESPATCH from Governor Sir R. G. MacDonnell, C. B., to the Right Honourable Earl GRANVILLE, K. G., Government House, Hong Kong, April 24, 1869），*BPP*：*China*，Vol. 25，p. 223。

度只有 15 起，稳定维持在比较低的水平，警方对这样的结果感到满意。[①] 同 1868 年相比，1869 年重大刑事案件（包括谋杀、暴力抢劫、暴力入室行窃、拐骗、海盗活动等）的发案率下降了 22.6%，一般案件（包括打架斗殴、非法聚众赌博、酗酒、骚扰、夜间出行不持通行证等）的发案率下降了 18.4%，如果同麦当奴就任港督之前的时段相比，降幅更大，分别达到 51% 和 45.6%，而（与地下赌场里的赌博活动高度相关的）仆役阶层从事盗窃活动的发案率下降了 80% 以上。[②] 这足以说明治安状况的好转是显而易见的，据《德臣报》（*China Mail*）报道："（到 1870 年 3 月）过去那种陆上抢劫横行、海盗活动猖獗的恐怖景象已不复存在，重大刑事案件明显减少，这与港督领导下的辅政司励精图治存在直接关联。"[③] 此外，原先关满囚犯的切石岛（Stone Cutters Island）监狱到 1869 年底已空空如也，中央监狱的在押犯也减少了一半。[④]

前文曾提及香港处在大量有犯罪倾向的人口包围之下，治安形势严峻，那么上述转变是如何实现的？赌博庄制度功不可没，持照赌场的经营者在为警方提供抓捕涉案嫌犯的线索方面贡献很大，由其提供的破案线索比 600 名香港警察自行找到的破案线索多 4 倍，这就提高了警方的破案效率，有助维护治安的稳定、降低犯罪率。麦当奴曾明确表示，面对每天都会从周边地区涌入香港的大批亡命之徒，港府一

---

① 《麦当奴致伯金汉姆·桑都斯专函》（Copy of a DESPATCH from Governor Sir R. G. MacDonnell, C. B., to his Grace the Duke of BUCKINGHAM AND CHANDOS, Government House, Hong Kong, January 9, 1869），*BPP*：*China*，Vol. 25，p. 206；《麦当奴致格兰维尔专函》（Copy of a DESPATCH from Governor Sir R. G. MacDonnell, C. B., to the Right Honourable Earl GRANVILLE, K. G., Government House, Hong Kong, April 24, 1869），*BPP*：*China*，Vol. 25，p. 223；《麦当奴致格兰维尔专函》（Copy of a DESPATCH from Governor Sir R. G. MacDonnell, C. B., to the Earl GRANVILLE, K. G., Government House, Hong Kong, July 6, 1869），*BPP*：*China*，Vol. 25，p. 239。

② 《麦当奴致格兰维尔专函提要》（EXTRACT from a DESPATCH from Governor Sir R. G. MacDonnell, C. B., to the Earl GRANVILLE, K. G., Government House, Hong Kong, April 12, 1870），*BPP*：*China*，Vol. 25，pp. 319，324。

③ 《麦当奴致格兰维尔专函提要附件之一》（Enclosure 1 in EXTRACT from a DESPATCH from Governor Sir R. G. MacDonnell, C. B., to the Earl GRANVILLE, K. G., Government House, Hong Kong, April 12, 1870），*BPP*：*China*，Vol. 25，p. 320。

④ 《麦当奴致格兰维尔专函》（Copy of a DESPATCH from Governor Sir R. G. MacDonnell, C. B., to the Earl GRANVILLE, K. G., Government House, Hong Kong, December 13, 1869），*BPP*：*China*，Vol. 25，p. 294。

刻也不能离开持照赌场的经营者所提供的这种帮助。① 这也就揭示出港府和持照赌场的经营者已经结成了利益共同体，双方互有所需。

（2）赌博活动受到有效控制，危害性减小

从港府向各家持照赌场所派密探反馈回的信息来看，经营者大都按照要求改建了符合规制的标准化赌场，雇用了办事干练的职员负责具体的经营业务，赌场内秩序良好，相关的管理条例得到了严格的执行。尤其是很多仆役身份的赌客在企图入场赌博时被识破身份后拒之门外，即便是在1869年农历春节期间（2月7~13日）赌场客流量大增的情况下，这条规定也得到了不折不扣的执行，累计有多达50名仆役被拒之门外。如此一来，仆役阶层因涉赌而犯罪的源头基本就被切断了。此外，据进场巡视的警察报告，入场赌博的赌客以苦力、船夫、轿夫等底层社会成员为主，下注的金额一般都很低，少量用于押注的物品也不值钱，这些物品不太可能是抢劫或盗窃而得的赃物。同昔日地下赌场里那种赌徒们大进大出、惯于将赃物用于押注的赌博活动相比，持照赌场里这类"小打小闹"式的赌博活动的危害性明显要小。与此同时，地下赌场也受到持照赌场经营者的打压，数量锐减。虽然还无法对赌徒的数量在赌博庄制度出台之后的变化情况进行统计，但是从盗窃案件明显减少这一事实来看，至少可以间接证实因赌博输钱而从事盗窃活动的赌徒的数量显然是减少了，这就说明赌博庄制度已基本发挥出了预期的效力。到了1869年，来自各层面的报告均显示赌博活动的规模已较前明显缩小，由赌博引发的犯罪活动也随之减少。②

---

① 《麦当奴致格兰维尔专函》（Copy of a DESPATCH from Governor Sir R. G. MacDonnell, C. B., to the Right Honourable Earl GRANVILLE, K. G., Government House, Hong Kong, March 6, 1869），BPP：China，Vol. 25, pp. 207 - 209；《麦当奴致格兰维尔专函附件之一》（Enclosure 1 in Copy of a DESPATCH from Governor Sir R. G. MacDonnell, C. B., to the Right Honourable Earl GRANVILLE, K. G., Government House, Hong Kong, March 6, 1869），BPP：China，Vol. 25, p. 209。

② 《麦当奴致伯金汉姆·桑都斯专函所附第 A 号附录》（Appendix A in Copy of a DESPATCH from Governor Sir R. G. MacDonnell, C. B., to his Grace the Duke of BUCKINGHAM AND CHANDOS, Government House, Hong Kong, June 25, 1868），BPP：China，Vol. 25, pp. 191 - 193；《麦当奴致伯金汉姆·桑都斯专函》（Copy of a DESPATCH from Governor Sir R. G. MacDonnell, C. B., to his Grace the Duke of BUCKINGHAM AND CHANDOS. Government House, Hong Kong, September 16, 1868），BPP：China，Vol. 25, pp. 196 - 197；《麦当奴致伯金汉姆·桑都斯专函所附附录》（Appendix in Copy of a DESPATCH from Governor Sir R. G. MacDonnell, C. B., to his Grace the Duke of BUCKINGHAM AND CHANDOS, Government House, Hong Kong, October 20, 1868），

4. 赌照税的主要用途

赌博庄制度正式实施后，赌照税以平均 2 万元/月的入账额迅即成为港府的大宗财政收入，截至 1869 年 6 月，为其单独开立的账户里的结余额已高达 25 万元。其间麦当奴明确提出了管理和使用赌照税的三条基本原则：一、不得以征赌照税为由削减其他类税种的征收额；二、赌照税应主要用于支付打击犯罪活动的庞大开销，特别是要从中拨款支持打击那些由赌博直接或间接引发的危及私人财产安全和社会公共利益的犯罪活动；三、赌照税还可用于资助特定类目的慈善事业，主要是救助华人弱势群体以及帮助贫困华人改善身心健康。[①] 第一条原则主要是出于保持港府财政安全的考虑，与本文所论主题联系不大。在实际操作当中，赌照税大体上是按照上述后两条原则来管理和开销的，其具体用途可归纳为以下两类。

（1）弥补政府公务支出缺口，改良警务工作条件

港府从常例性的财政收入中拨付给警务工作的经费难以大幅增加，而此际治安混乱、百废待兴的形势又迫使港府不得不耗费巨资来改良警务工

BPP：*China*，Vol. 25，p. 204；《麦当奴致格兰维尔专函》（Copy of a DESPATCH from Governor Sir R. G. MacDonnell, C. B., to the Right Honourable Earl GRANVILLE, K. G., Government House, Hong Kong, March 6, 1869），*BPP*：*China*，Vol. 25，p. 208；《麦当奴致格兰维尔专函附件之二》（Enclosure 2 in Copy of a DESPATCH from Governor Sir R. G. MacDonnell, C. B., to the Right Honourable Earl GRANVILLE, K. G., Government House, Hong Kong, March 6, 1869），*BPP*：*China*，Vol. 25，p. 211；《麦当奴致格兰维尔专函附件之三》（Enclosure 3 in Copy of a DESPATCH from Governor Sir R. G. MacDonnell, C. B., to the Right Honourable Earl GRANVILLE, K. G., Government House, Hong Kong, March 6, 1869），*BPP*：*China*，Vol. 25，pp. 212 – 213；《麦当奴致格兰维尔专函》（Copy of a DESPATCH from Governor Sir R. G. MacDonnell, C. B., to the Right Honourable Earl GRANVILLE, K. G., Government House, Hong Kong, March 6, 1869），*BPP*：*China*，Vol. 25，p. 215；《麦当奴致格兰维尔专函》（Copy of a DESPATCH from Governor Sir R. G. MacDonnell, C. B., to the Right Honourable Earl GRANVILLE, K. G., Government House, Hong Kong, April 24, 1869），*BPP*：*China*，Vol. 25，p. 223；《麦当奴致格兰维尔专函》（Copy of a DESPATCH from Governor Sir R. G. MacDonnell, C. B., to the Earl GRANVILLE, K. G., Government House, Hong Kong, April 28, 1869），*BPP*：*China*，Vol. 25，p. 231；《麦当奴致格兰维尔专函》（Copy of a DESPATCH from Governor Sir R. G. MacDonnell, C. B., to the Earl GRANVILLE, K. G., Government House, Hong Kong, December 13, 1869），*BPP*：*China*，Vol. 25，p. 294。

① 《香港殖民政府财务收支平衡提要》（ABSTRACT showing the Monies received and paid by the colonial treasurer, and the Balance remaining under his separate charge, at the end of the Week, Saturday July 4, 1868），*BPP*：*China*，Vol. 25，p. 196；《麦当奴致格兰维尔专函》（Copy of a DESPATCH from Governor Sir R. G. MacDonnell, C. B., to the Earl GRANVILLE, K. G., Government House, Hong Kong, June 8, 1869），*BPP*：*China*，Vol. 25，p. 234。

作条件。为此港府总会计师瑞恩（W. H. Rennie）建议，可将（赌博庄制度正式实施前的）1866 年全年的警务工作开支额 12 万元确定为从常例性财政收入中固定的拨款额度，此后年份的警务开支超出上述额度的部分则拟从赌照税中拨付。① 这样一来，包括开工营建诸多大型的警用工程（如建立封锁线、电报网、专用巡逻道路）、组建山间巡逻队以及增加警察编制在内的一系列工作所涉及的庞大开销就有了来源。此外，鉴于港务局担负有繁重的水上警务工作，却受制于座船（帆船）过于简陋，致使很多工作无法顺利开展，辅政司建议从赌照税中拨款 4 万元为港务局订购两艘警用汽艇，以提高其工作效率。麦当奴认为这是一项正当而迫切的开销，特别是在赌照税结余额甚巨的情况下，理应拨款改善港务局的办公用船。待上述工作逐步完成以后，前文案例中提到的那些亡命徒再想逃之夭夭就比较难了，借助电报网可以将警报在几分钟内传送至每一个基层警署，各个警署的警察随即可以进行包围；而两艘新汽艇也可以在 45 分钟内完成起航准备，然后分别沿东、西两个方向去追击那些可能藏匿有逃犯的船只。麦当奴坦言，开展上述工作注定开支浩大，除了使用赌照税来支付相应的开销之外，别无良策。另据代理警察局长福德兰·克里夫（C. Vandeleur Creagh）在 1870 年报告：1866 年以来，香港的警务工作条件有了明显改善，新的华人分遣警队、更夫队伍也组建起来，夜间巡逻工作得以渐次推开，收到了良好的效果，特别是维多利亚城和九龙等地的夜间治安状况明显好转，大批华人惯犯被警方抓获归案。②

---

① 《麦当奴致格兰维尔专函附件》（Enclosure in Copy of a DESPATCH from Governor Sir R. G. MacDonnell, C. B., to the Earl GRANVILLE, K. G., Government House, Hong Kong, July 7, 1869），*BPP*：*China*，Vol. 25，p. 243。

② 《麦当奴致伯金汉姆·桑都斯专函》（Copy of a DESPATCH from Governor Sir R. G. MacDonnell, C. B., to his Grace the Duke of BUCKINGHAM AND CHANDOS, Government House, Hong Kong, July 9, 1868），*BPP*：*China*，Vol. 25，pp. 194 – 195；《麦当奴致格兰维尔专函附件之二》（Enclosure 2 in Copy of a DESPATCH from Governor Sir R. G. MacDonnell, C. B., to the Earl GRANVILLE, K. G., Government House, Hong Kong, June 8, 1869），*BPP*：*China*，Vol. 25，p. 235；《麦当奴致格兰维尔专函附件之二》（Enclosure 2 in Copy of a DESPATCH from Governor Sir R. G. MacDonnell, C. B., to the Earl GRANVILLE, K. G., Government House, Hong Kong, September 15, 1869），*BPP*：*China*，Vol. 25，p. 285；《麦当奴致格兰维尔专函附件之一》（Enclosure 1 in Copy of a DESPATCH from Governor Sir R. G. MacDonnell, C. B., to the Earl GRANVILLE, K. G., Government House, Hong Kong, December 13, 1869），*BPP*：*China*，Vol. 25，pp. 300 – 301。

（2）救助华人弱势病患群体，支持公益事业发展

香港的华人数量是外国人数量的 15～18 倍，而去公立医院（西医）就诊的华人却比外国人少得多（不及后者的 1/4），这一方面是由于华人对西医存在偏见，另一方面则是因为贫困，因此现有的公立医院并不受华人欢迎。麦当奴特别关注香港底层华人的生活，注意到他们（尤其是极度贫困者）在患病乃至病危弥留之际的凄惨处境，而冷漠的社会氛围又进一步加剧了这些身在异乡者的绝望之情。麦当奴表示这笔不幸从华人身上获得的赌照税应当用来资助建立顺应华人传统就医习惯的医疗机构（中式医院），以帮助极度贫困的华人减轻患病时的痛苦。此类中式医院将成为接收贫困华人患者的试点场所，再斥资将寺庙及其周围的房屋改造为停尸房，存放过去十几年间过世者的遗体和棺材，然后招募负责任的华人在港府的监督下管理此类机构。在港府的全力支持下，相关的筹办工作进展顺利。1869 年 6 月下旬，第一家中式医院（即后来的东华医院）已基本建成。开展上述工作所需的经费除由华人自筹一部分之外，其余均从赌照税中拨付。此外，麦当奴还打算从赌照税中拨款来救助贫困华人的生计、改善华人居住区的卫生条件、帮助港务局清偿因减免华人船只登记费而出现的收支赤字、建立新式华人学校向华人传播和普及科学知识等。从单独为赌照税开列的账目明细收支表中可以发现，很多款项都拨付到了上述救助华人弱势群体及支持公益事业发展的领域。① 这一类开销赌照税的方式道

---

① 《麦当奴致格兰维尔专函》（Copy of a DESPATCH from Governor Sir R. G. MacDonnell，C. B.，to the Earl GRANVILLE，K. G.，Government House，Hong Kong，June 8，1869），*BPP*：*China*，Vol. 25，pp. 234，236；《麦当奴致格兰维尔专函提要》（Extract of a DESPATCH from Governor Sir R. G. MacDonnell，C. B.，to Earl GRANVILLE，K. G.，Government House，Hong Kong，June 21，1869），*BPP*：*China*，Vol. 25，pp. 237 - 238；《麦当奴致格兰维尔专函》（Copy of a DESPATCH from Governor Sir R. G. MacDonnell，C. B.，to the Earl GRANVILLE，K. G.，Government House，Hong Kong，July 7，1869），*BPP*：*China*，Vol. 25，p. 242；《麦当奴致格兰维尔专函附件之二》（Enclosure 2 in Copy of a DESPATCH from Governor Sir R. G. MacDonnell，C. B.，to the Earl GRANVILLE，K. G.，Government House，Hong Kong，September 15，1869），*BPP*：*China*，Vol. 25，pp. 285 - 286；《麦当奴致格兰维尔专函附件之二》（Enclosure 2 in Copy of a DESPATCH from Governor Sir R. G. MacDonnell，C. B.，to the Earl GRANVILLE，K. G.，Government House，Hong Kong，December 13，1869），*BPP*：*China*，Vol. 25，pp. 304 - 305；《麦当奴致格兰维尔专函提要附件之二》（Enclosure 2 in EXTRACT from a DESPATCH from Governor Sir R. G. MacDonnell，C. B.，to the Earl GRANVILLE，K. G.，Government House，Hong Kong，April 12，1870），*BPP*：*China*，Vol. 25，pp. 320 - 323。

出了港府在基层社会治理层面摸索出的一套有效方法，那就是不要让富余的财力无谓地积累，而要利用其去开展有益的工作，特别是将赌照税这种"不义之财"用于改善民生，就在一定程度上抵消了赌博庄制度的负面效应。

四 社会各界对赌博庄制度的非议与港府的回应

上文的分析容易使读者误以为赌博庄制度是一套深得人心的制度，而实际情况并非如此。赌博庄制度甫一推出，即遭到社会各界的非议，而且这种非议之声在该制度运行期间一直没有停息过。包括香港本地教会、英国社会科学联合会常务委员会（下文简称"英国社联"）、香港总商会等团体以及香港最高法院的大法官约翰·斯梅尔、部分民间人士等个人都曾对赌博庄制度的种种弊端进行了揭露和批评；而港府方面也对此进行了回应。究竟孰是孰非，需要进行深入分析才能下结论。总体而言，有关各方的争论主要围绕着以下三个议题展开。

1. 弘扬道义至上与治赌实效至上之争

香港本地教会着重从道义的角度谴责赌博庄制度的反动性，英国社联也认为这套制度存在很多污点，这两个团体的主要反对意见可概括为如下三条。（1）不论英国本土还是中国大陆，都明令禁止赌博；而港府竟然反其道而行之，在华人众目睽睽之下设立合法赌场，这将使华人蔑视我们的文明水平和宗教圣洁。赌博庄制度就是在支持和纵容那些赌鬼去变相窃取他人的钱财，这些持照赌场的存在将使民众的道德品质愈加败坏。（2）港府推行这套制度纯粹就是为了牟利，因为报价最高的竞标者最终拿到了港府颁发的赌照。其实为了解决财政赤字无法填补及警察因收入微薄而敲诈索贿这两个问题，只须将《印花税法案》付诸实施即可筹措到足够的资金，而港府宁可将英国政府的荣誉和良知统统弃之不顾，非要一意孤行地推出这套臭名昭著的赌博庄制度，理由仅仅是赌照税的征收额会比印花税更高。政府的行动应当以弘扬道义为先，而不应以牟利为先。（3）赌博庄制度在推行过程中爆出很多丑闻，特别是声名狼藉的高和尔先生居间上下其手，利用其对黑白两道的影响帮助港府抬高赌照竞标价，自己也趁机捞取到巨额好处费，此事引发了公众的普遍不满。港府采用如此龌龊的手段来招标已经越过了最起码的道德底线。①

　　针对上述指责，港府侧重从不同治赌方式的利弊这一角度进行回应，并顺势反驳了上述关于"牟利"和"丑闻"的指控，其要点如下。（1）如果不推出赌博庄制度而继续维持原状，只能驱使各色赌徒到地下赌场里一泄赌欲，进而滋生出大量犯罪活动，毕竟香港90%以上的重大刑事案件都是在地下赌场里预谋的。而且地下赌场大多处在黑社会成员的控制下，维持原状也就等于默许这些黑社会成员继续危害社会，坐视事态朝着更糟糕的方向发展而无所作为。此外，维持原状还会让人抱有"政府有朝一日能够彻底镇压赌博活动"这一不切实际的幻想，最终丧失对赌博活动施展有效管控的机会。（2）企图采用强力镇压的手段在短时间内彻底消除赌博活动也难收实效，而且会加剧警察的腐败，还会给基层社会带来更多的不安定因素。（3）既然如此，就只能退而求其次，寻求华人的合作，对赌博活动进行管控以减轻其危害性。而要想获得华人的通力合作，必须酬之以厚利，唯有当华人意识到借助赌博庄制度开设合法赌场可获厚利时，才会卖力地为政府办事，打击地下赌场。（4）很多人并不了解港府的良苦用心，只是注意到该制度简单的表象，于是便有一些不负责任的评论家将港府推行赌博庄制度的根本目的与牟利混为一谈，港府出台这套制度并非纯粹为了牟利，港督后来已经明确回绝了那些报价最高的竞标者。（5）赌照招标事宜

① 《麦当奴致伯金汉姆·桑都斯专函附件之一》（Enclosure 1 in Copy of a DESPATCH from Governor Sir R. G. MacDonnell, C. B., to his Grace the Duke of BUCKINGHAM AND CHANDOS, Government House, Hong Kong, October 20, 1868），*BPP*：*China*，Vol. 25，pp. 202 – 203；《麦当奴致格兰维尔专函》（Copy of a DESPATCH from Governor Sir R. G. MacDonnell, C. B., to the Right Honourable Earl GRANVILLE, K. G., Government House, Hong Kong, April 24, 1869），*BPP*：*China*，Vol. 25，p. 222；《麦当奴致格兰维尔专函附件之一》（Enclosure 1 in Copy of a DESPATCH from Governor Sir R. G. MacDonnell, C. B., to the Right Honourable Earl GRANVILLE, K. G., Government House, Hong Kong, April 24, 1869 ），*BPP*：*China*，Vol. 25，pp. 224 – 225；《格兰维尔致麦当奴专函附件之一》（Enclosure 1 in Copy of a DESPATCH from the Earl GRANVILLE, K. G., to Governor Sir R. G. MacDonnell, C. B. Downing Street, December 31, 1868），*BPP*：*China*，Vol. 25，pp. 254，256 – 259；《哈斯汀斯致伯金汉姆·桑都斯专函附件》（Enclosure in Copy of a LETTER from G. W. HASTINGS, Esq., to his Grace the Duke of BUCKINGHAM AND CHANDOS, National Association for the Promotion of Social Science, Adam Street, August 1, 1868），*BPP*：*China*，Vol. 25，p. 267；《英国社会科学联合会致格兰维尔专函》（To the Right Hon. The Earl GRANVILLE, K. G., Her Majesty's Principal Secretary of State for the Colonies, National Association for the Promotion of Social Science, undated），*BPP*：*China*，Vol. 25，pp. 271 – 272。

基本都是由港督和辅政司的官员亲手张罗的，高和尔先生参与了其中的一些环节，但他对政府和竞标者的影响并不大，港督后来已经刻意阻止了高和尔的居间包揽之举。①

事后看来，虽然教会和英国社联发出的批评并无恶意，但是由于不了解香港治赌形势的复杂性，仅从理想主义的角度出发对赌博庄制度的弊端求全责备，流于唱高调，却拿不出更具可行性的处置方案，只会坐视事态进一步恶化。而港府方面则实事求是，两害相权取其轻，借助赌博庄制度"让华人去对付华人"，结果确实减轻了赌博活动的危害性。这就反映出追求治赌实效比弘扬道义更切合实际，在前述复杂的形势下推出赌博庄制度可谓"对症下药"。

2. 围绕赌博庄制度广义社会治理成效的争议

香港本地教会、香港总商会以及部分商人代表、华人社区代表一针见血地指出了赌博庄制度所滋生出的种种社会弊病，进而否认该制度收到了预期的广义社会治理成效，其理由可概括为如下四条。（1）各家持照赌场会千方百计诱使那些原本并无赌博癖好之人进场聚赌，势必会引发赌博活动激增，那么也就意味着会有更多的赌客因输钱而堕落，乃至走上犯罪道路。持照赌场的出现只是改变了赌博活动的场所，却没有消除其危害性。（2）反面的案例多如牛毛，苦力们在这里输掉了生活费，买办们在这里将

---

① 《麦当奴致伯金汉姆·桑都斯专函附件之一》（Enclosure 1 in Copy of a DESPATCH from Governor Sir R. G. MacDonnell, C. B., to his Grace the Duke of BUCKINGHAM AND CHANDOS, Government House, Hong Kong, October 20, 1868），BPP: China, Vol. 25, pp. 202 – 203；《麦当奴致格兰维尔专函》（Copy of a DESPATCH from Governor Sir R. G. MacDonnell, C. B., to the Right Honourable Earl GRANVILLE, K. G., Government House, Hong Kong, April 24, 1869），BPP: China, Vol. 25, pp. 216 – 222；《麦当奴致格兰维尔专函附件之三》（Enclosure 3 in Copy of a DESPATCH from Governor Sir R. G. MacDonnell, C. B., to the Right Honourable Earl GRANVILLE, K. G., Government House, Hong Kong, April 24, 1869），BPP: China, Vol. 25, p. 226；《格兰维尔致麦当奴专函附件之一》（Enclosure 1 in Copy of a DESPATCH from the Earl GRANVILLE, K. G., to Governor Sir R. G. MacDonnell, C. B., Downing Street, December 31, 1868），BPP: China, Vol. 25, pp. 254 – 255；《麦当奴致格兰维尔专函附件之一》（Enclosure 1 in Copy of a DESPATCH from Governor Sir R. G. MacDonnell, C. B., to the Earl GRANVILLE, K. G., Government House, Hong Kong, December 13, 1869），BPP: China, Vol. 25, p. 300；《麦当奴致格兰维尔专函附件之一所附第 D 号附录》（APPENDIX D in Enclosure 1 in Copy of a DESPATCH from Governor Sir R. G. MacDonnell, C. B., to the Earl GRANVILLE, K. G., Government House, Hong Kong, December 13, 1869），BPP: China, Vol. 25, p. 303。

雇主的钱输光，父亲输了钱以后只得将女儿卖给妓院，还有人挥霍光了祖传的家产后吞鸦片自杀；此外，本地洋行中的华人仆役都学会了对雇主撒谎，华人之间也经常相互猜疑，这是因为他们抵制不住赌场的诱惑，违规支用了洋行的资金，于是只能借说谎作伪来弥缝局面，良善的举动不再为人们所敬佩。上述恶劣倾向已招致华人的普遍不满，也势必会对本殖民地的繁荣造成负面影响。靠这套制度非但不能消除民众的赌博恶习，而且还会使日后镇压赌博活动的难度进一步加大。（3）赌博庄制度所规定的一些管理条例很难得到严格的执行，众多反面案例说明那些已经习惯于索贿的警察会以同样的手段放纵持照赌场里的违法活动，所谓的管理条例只会成为一纸空文，警察的腐败势头不会因赌博庄制度的登场而出现逆转。（4）港府每年从各家持照赌场征收来的赌照税高达16万元，其中会有10万元积存在银库里花不掉，可见大部分赌照税并没有以港府此前所宣称的那些正当理由进行开销，这中间一定有不为人知的暗箱操作。①

面对上述非议，港府主要采取了"摆事实、讲道理"的方法予以回应，其要点如下。（1）赌博庄制度出台以后，赌博活动即便会进一步增加也无妨其积极效应的彰显，因为新制度可以过滤掉昔日里地下赌场所滋生的那些危害，所以对公共利益而言显然是有好处的。例如香港的犯罪率因此降低了1/3，盗窃案件的发案率下降了3/4，华人岂能对这样的结果表示"不满"？很多诽谤之词其实源自英国本土公众那些不负责任的说法，不足为凭。（2）来自华人社区的意见无须加以重视，因为这并非华人社区公正

① 《麦当奴致伯金汉姆·桑都斯专函附件》（Enclosure in Copy of a DESPATCH from Governor Sir R. G. MacDonnell, C. B., to his Grace the Duke of BUCKINGHAM AND CHANDOS, Government House, Hong Kong, June 25），*BPP*：*China*，Vol. 25, pp. 188 - 190；《格兰维尔致麦当奴专函附件之一》（Enclosure 1 in Copy of a DESPATCH from the Earl GRANVILLE, K. G., to Governor Sir R. G. MacDonnell, C. B., Downing Street, December 31, 1868），*BPP*：*China*，Vol. 25, pp. 254, 256 - 259；《看守政府官员（护督）致金伯利专函附件》（Enclosure in Copy of a DESPATCH from the Officer Administering the Government to the Earl of Kimberley, Government House, Hong Kong, February 6, 1871），*BPP*：*China*，Vol. 25, p. 348；《看守政府官员（护督）致金伯利专函》（Copy of a DESPATCH from the Officer Administering the Government to the Earl of Kimberley, Government House, Hong Kong, February 21, 1871），*BPP*：*China*，Vol. 25, pp. 350 - 351；《看守政府官员（护督）致金伯利专函附件》（Enclosure in Copy of a DESPATCH from the Officer Administering the Government to the Earl of Kimberley, Government House, Hong Kong, March 6, 1871），*BPP*：*China*，Vol. 25, p. 351。

舆论的如实呈现，而是仅代表了发起人的倾向。经港府派总注册师实地调查，华人社区对于赌博庄制度并不存在一种普遍的反对倾向，况且真正有影响力、处于领导地位的华人大佬基本支持这套制度。在华人社区那些持反对意见的人士当中，包括参与赌照竞标而未得手者，还有一些"反对者"本身就是臭名昭著的赌徒，其行迹之卑劣在华人社区尽人皆知，这些人的意见不具有参考价值。（3）针对这套制度在实施过程中确实出现过的一些弊端，港府已经在摸索妥善的解决方案。①

总体而言，来自教会、总商会等团体和个人的上述反对意见带有以偏概全的色彩，以微观层面的反面案例来否定赌博庄制度在宏观层面取得的广义社会治理成效。而港府则力图促使人们分清"主流"和"支流"：从全局来看，赌博庄制度取得的广义社会治理成效令人满意，应当视为"主流"；反面的案例确实存在，但这只能算"支流"。此外，对于赌照税在宗主国大臣的干预下出现巨额结余的内幕由于不便向外界透露，所以港府未对相关的批评进行答复，下文将详述这一问题。

3. 赌博庄制度与其他治赌方式孰优孰劣之争

英国社联、香港总商会和香港最高法院的大法官约翰·斯梅尔以赌博庄制度存在前述诸多弊端为由，断言该制度并非最好的治赌方式，进而提出了如下三类替代性的治赌建议。（1）不论华人如何嗜赌，英式管理体制都足以应对此类嗜赌的民众。例如在巴登（Baden）和赫尔果兰岛（Heligoland）等与香港条件相仿的由英式政府统治大量外籍人口的殖民地，从未推行过此类赌博庄制度。香港警察的腐败问题固然属实，但这并不能成

---

① 《麦当奴致伯金汉姆·桑都斯专函附件之一》（Enclosure 1 in Copy of a DESPATCH from Governor Sir R. G. MacDonnell, C. B., to his Grace the Duke of BUCKINGHAM AND CHANDOS, Government House, Hong Kong, October 20, 1868）, *BPP*: *China*, Vol. 25, pp. 202 - 203；《麦当奴致格兰维尔专函》（Copy of a DESPATCH from Governor Sir R. G. MacDonnell, C. B., to the Right Honourable Earl GRANVILLE, K. G., Government House, Hong Kong, April 24, 1869）, *BPP*: *China*, Vol. 25, pp. 216 - 222；《麦当奴致格兰维尔专函附件之三》（Enclosure 3 in Copy of a DESPATCH from Governor Sir R. G. MacDonnell, C. B., to the Right Honourable Earl GRANVILLE, K. G., Government House, Hong Kong, April 24, 1869）, *BPP*: *China*, Vol. 25, p. 226；《格兰维尔致麦当奴专函附件之一》（Enclosure 1 in Copy of a DESPATCH from the Earl GRANVILLE, K. G., to Governor Sir R. G. MacDonnell, C. B., Downing Street, December 31, 1868）, *BPP*: *China*, Vol. 25, pp. 254 - 255；《看守政府官员（护督）致金伯利专函附件》（Enclosure in Copy of a DESPATCH from the Officer Administering the Government to the Earl of Kimberley, Government House, Hong Kong, March 6, 1871）, *BPP*: *China*, Vol. 25, pp. 351 - 352。

为港府无力从根本上镇压赌博活动的理由。况且香港的警察密度远高于其他同等的英国殖民地，因此只要港府痛下决心，这支警察队伍一定能够将赌博活动打压至一种微不足道的规模。（2）港府其实并没有真正下大力气去治赌，包括像"十户联保""百户联保""公开发誓戒赌"这些在中国内地行之有效的治赌方法，港府一概未加尝试就宣称这些方法无效；而广州的官员通过采用上述方法大力治赌，已基本根除了赌博活动的危害。①（3）大法官约翰·斯梅尔则主张采用严刑峻法来打击猖獗的赌博活动，并提出了非常具体的建议："任何人不论以任何身份（包括房东、租户、仆役、船主等等）参与、容留、掩护、协助他人在香港任何公共或私人空间范围内（含房屋、房间、船只等等）开展赌博活动，即便是初犯也将受到严惩（处以罚金或投入监狱并须服苦役），若是累犯将遭到当众鞭笞，随后驱逐出境……旁观者、坐视同屋之人赌博而不闻不问者，也要受到同样的处罚……若某房间内发现了纸牌、骰子、赌球、算盘、赌桌等赌具及其他可能用于赌博的物品，该房间即可被定性为赌场，就算在场人员在警察到来之际并未赌博，也要按照赌博治罪……警察有权任意进入任何疑似正在进行赌博活动的房屋搜查，若有人胆敢不配合警察执行公务（包括试图

---

① 《麦当奴致伯金汉姆·桑都斯专函附件之一》（Enclosure 1 in Copy of a DESPATCH from Governor Sir R. G. MacDonnell, C. B., to his Grace the Duke of BUCKINGHAM AND CHANDOS, Government House, Hong Kong, October 20, 1868），BPP：China, Vol. 25, pp. 202 – 203；《麦当奴致格兰维尔专函》（Copy of a DESPATCH from Governor Sir R. G. MacDonnell, C. B., to the Right Honourable Earl GRANVILLE, K. G., Government House, Hong Kong, April 24, 1869），BPP：China, Vol. 25, p. 222；《麦当奴致格兰维尔专函附件之一》（Enclosure 1 in Copy of a DESPATCH from Governor Sir R. G. MacDonnell, C. B., to the Right Honourable Earl GRANVILLE, K. G., Government House, Hong Kong, April 24, 1869），BPP：China, Vol. 25, pp. 224 – 225；《哈斯汀斯致伯金汉姆·桑都斯专函附件》（Enclosure in Copy of a LETTER from G. W. HASTINGS, Esq., to his Grace the Duke of BUCKINGHAM AND CHANDOS. National Association for the Promotion of Social Science, Adam Street, August 1, 1868），BPP：China, Vol. 25, p. 267；《英国社会科学联合会致格兰维尔专函》（To the Right Hon. The Earl GRANVILLE, K. G., Her Majesty's Principal Secretary of State for the Colonies, National Association for the Promotion of Social Science, undated），BPP：China, Vol. 25, pp. 271 – 272；《看守政府官员（护督）致金伯利专函附件》（Enclosure in Copy of a DESPATCH from the Officer Administering the Government to the Earl of Kimberley, Government House, Hong Kong, February 6, 1871），BPP：China, Vol. 25, p. 348；《看守政府官员（护督）致金伯利专函》（Copy of a DESPATCH from the Officer Administering the Government to the Earl of Kimberley, Government House, Hong Kong, February 21, 1871），BPP：China, Vol. 25, pp. 350 – 351。

阻止或延迟警察入室检查，或在门外放哨、发暗号等），乃至恶意销毁赌具，都会被定性为赌博活动的组织者从严惩处……"①

针对上述"靠英式管理体制和警察治赌""借鉴中国模式治赌""靠严刑峻法治赌"等建议，港府对前两者进行了详细回应，其要点如下。（1）在警察腐败问题得到有效解决之前，指望靠香港现役警察队伍来镇压赌博活动根本不现实。有大量案例可以证实嫌犯会通过贿赂警察来逃脱法律的惩处，赌徒可以用钱来换取无罪释放，在香港现有的条件下，就算制定再严酷的法律也无济于事。（2）香港同赫尔果兰岛的情况大不相同，赫尔果兰岛是一个主要由欧裔人口组成的殖民地，而且那里的警察工作效率很高；而香港则是一个 2000 名外国人处在 13 万华人包围下的特殊殖民地，因此将赫尔果兰岛实施的政策原封不动地照搬到香港来是不可行的。（3）香港多数华人都对"保甲"体制极为抵触，因为这会迫使很多人不得不为他人的过失承担责任，推行此类体制很容易引发公众的不满情绪。在中国内地，被里甲交出的挨罚者往往并非真正的人犯，而是替罪羊，从而酿成冤案。香港已经逐渐确立起带有英式法律精神的基本立法原则，而这种带有浓厚的中式法律意味的"保甲"体制与英式法律精神不相容。（4）根据港府掌握的可靠信息，清政府官员治理赌博活动的动机大多非常卑鄙，比如为了掠夺赌徒用来押注的各种奢侈品，或者是打着治赌的旗号敛财，所采用的手段更是令人惊悚——强拆房屋、严刑拷打等暴力行为屡见不鲜。但是这些残酷的治赌措施并未收到预期的成效，当下中国内地任何一个城市里的赌博活动都极为猖獗，广州尤甚。（5）从驻广州城的传教士杜德利特（Mr. Dodlittle）和安德森（J. Anderson）各自发回的报告来看，中国官府的禁赌法令和治赌实践完全是两张皮，官府发布禁赌法令不过是公文飞舞，而实际上各类赌博活动在广州大行其道。港督在因公访问广州期间，也曾亲眼目睹了那里街头巷尾无处不在的苦力（以掷骰子的方式）

---

① 《看守政府官员（护督）致金伯利专函提要附件之三》（Enclosure 3 in EXTRACT from a DESPATCH from the Officer Administering the Government to the Earl of Kimberley, Government House, Hong Kong, December 10, 1870）BPP: China, Vol. 25, p. 337；《看守政府官员（护督）致金伯利专函提要附件之三 A 号附录》（APPENDIX A in Enclosure 3 in EXTRACT from a DESPATCH from the Officer Administering the Government to the Earl of Kimberley, Government House, Hong Kong, December 10, 1870），BPP: China, Vol. 25, pp. 339 – 342。

赌博的景象，而广州官宪却对此熟视无睹。广州负责治赌的兵丁衙役简直一团腐败，他们非但不能镇压赌博活动，甚且就是在纵容赌博活动。总之，与那些并不了解香港特殊情况的人相争辩毫无意义，在香港只能借助与华人的合作来打击非法赌博活动的危害，并在港府的监督之下将合法的赌博活动控制在一定范围内，这是当下唯一可行的治赌办法。①

至此，赌博庄制度与其他替代性的治赌方式孰优孰劣已不言自明。需要补充说明的一点是约翰·斯梅尔提出上述采用严刑峻法打击赌博活动的建议时，麦当奴已远赴欧洲休假，因此无法予以答复。其实约翰·斯梅尔的这些建议对赌博活动的定案条件进行了漫无边际的扩展，且试图赋予警察以无限大的扫赌权力。这种治赌方式貌似威严，实则完全脱离实际，不仅会给基层社会造成巨大的滋扰，而且还会助长警察滥施权力的势头，为警察实施敲诈勒索提供了更多的机会。能不能减轻赌博活动的危害暂且不论，可以确定的一个结果是整个基层社会都会因无法无天的扫赌行动而鸡犬不宁，这恰恰从另一个角度证实了赌博庄制度其实才是更具可行性的治赌方式。

五　来自宗主国大臣的掣肘与赌博庄制度的终结

在麦当奴担任港督期间，伯金汉姆·桑都斯（Buckingham and Chandos）和格兰维尔（Granville）先后出任英国殖民地部大臣。前者对麦当奴推行赌博庄制度并无太多掣肘，对拟议中的设立持照赌场、改良警务工作

---

① 《麦当奴致伯金汉姆·桑都斯专函附件之一》（Enclosure 1 in Copy of a DESPATCH from Governor Sir R. G. MacDonnell, C. B., to his Grace the Duke of BUCKINGHAM AND CHANDOS, Government House, Hong Kong, October 20, 1868），BPP：China, Vol. 25, pp. 202 - 203；《麦当奴致格兰维尔专函》（Copy of a DESPATCH from Governor Sir R. G. MacDonnell, C. B., to the Right Honourable Earl GRANVILLE, K. G., Government House, Hong Kong, April 24, 1869），BPP：China, Vol. 25, pp. 216 - 222；《麦当奴致格兰维尔专函附件之三》（Enclosure 3 in Copy of a DESPATCH from Governor Sir R. G. MacDonnell, C. B., to the Right Honourable Earl GRANVILLE, K. G. Government House, Hong Kong, April 24, 1869），BPP：China, Vol. 25, p. 226；《麦当奴致格兰维尔专函》（Enclosure in Copy of a DESPATCH from Governor Sir R. G. MacDonnell, C. B., to the Earl GRANVILLE, K. G., Government House, Hong Kong, June 6, 1869），BPP：China, Vol. 25, p. 237；《格兰维尔致麦当奴专函附件之一》（Enclosure 1 in Copy of a DESPATCH from the Earl GRANVILLE, K. G., to Governor Sir R. G. MacDonnell, C. B., Downing Street, December 31, 1868），BPP：China, Vol. 25, pp. 254 - 255。

等方面的具体操作模式大多予以认可，并批准相关的开销可从赌照税中拨付，这也是赌博庄制度在前期能够顺利推进的原因。① 而后者则颇为注重细节管理，不容属下殖民地官员违背其命令，有时简直到了锱铢必较、吹毛求疵的地步，由此导致赌博庄制度在后期逐渐陷于举步维艰的境地，很多已经开展的工作无法再继续推进，最终随着麦当奴的离任而宣告终止。

1. 宗主国大臣格兰维尔和港督麦当奴在施政理念层面的分歧

格兰维尔的施政理念与其前任伯金汉姆·桑都斯大不相同。在他看来，推行赌博庄制度的目的是要为日后镇压赌博活动摸索经验，同时还要借机积累起巨额资金充当日后强力禁赌时的经费保障。② 于是他便就该制度运行过程中涉及的诸多问题向麦当奴发出详尽的训令，包括赌照招标过程所应采用的具体方法、赌照税的记账方式与支用权限、赌照税利息的处理方式、甄别常例开销与特殊开销的依据等细节问题，其中大多数都与赌照税相关，他主张从严管理赌照税。而正是这些貌似详瞻完备的训令束缚了麦当奴自主施政的手脚，进而引发了双方的严重分歧。麦当奴认为同赌博庄制度取得的广义社会治理成效相比，赌照税只是该制度的一项伴生物，将这笔钱以正当的方式花掉就可以了，不必为每一笔开支究竟属于常例开销还是特殊开销而过分计较。他还指出局外人由于无法切身体验香港百废待兴的迫切形势，所以总觉得这笔钱应当留待日后情况危急的时候再使用，这实在令港府感到为难；如果每一笔开支款都要遵循宗主国大臣的批复意见来确定应不应当从赌照税中拨付，势必将造成巨大的不便。③ 双

---

① 《麦当奴致格兰维尔专函附件之一 B 号附录》（APPENDIX B in Enclosure 1 in Copy of a DESPATCH from Governor Sir R. G. MacDonnell, C. B., to the Earl GRANVILLE, K. G., Government House, Hong Kong, December 13, 1869），*BPP*：*China*，Vol. 25, p. 302。

② 《格兰维尔致麦当奴专函》（Copy of a DESPATCH from the Earl GRANVILLE, K. G., to Governor Sir R. G. MacDonnell, C. B., Downing Street, October 8, 1869），*BPP*：*China*，Vol. 25, p. 263。

③ 《麦当奴致格兰维尔专函》（Copy of a DESPATCH from Governor Sir R. G. MacDonnell, C. B., to the Earl GRANVILLE, K. G., Government House, Hong Kong, December 13, 1869），*BPP*：*China*，Vol. 25, pp. 293－297；《麦当奴致格兰维尔专函附件之一》（Enclosure 1 in Copy of a DESPATCH from Governor Sir R. G. MacDonnell, C. B., to the Earl GRANVILLE, K. G., Government House, Hong Kong, December 13, 1869），*BPP*：*China*，Vol. 25, p. 298。

方的分歧很大，结果麦当奴后续的施政方案屡遭格兰维尔掣肘，下面以改良警务工作的计划最终搁浅和被迫将"维多利亚"号汽艇转手出售两个例子为证，来展示麦当奴后期的工作所面临的困境。

格兰维尔上任伊始，当麦当奴打算按老办法继续用赌照税来改良基层警署的工作条件时，意外遭到格兰维尔的反对，理由是此类开销并非事先难以预料的特殊开销，所以应当从常例财政收入中拨付。而麦当奴所说的改良远非一般意义上的简单改善，而是包括诸多大型的改扩建工程，建立封锁线、电报网、专用道路，组建山间巡逻队（包括为其配备相应的马匹）以及增加警察编制等，耗资巨大，靠来自常例财政收入的拨款根本不够。① 几经争取之后，格兰维尔也只是勉强批准从赌照税中拨款 3 万元/年支持上述警务改良工作，这一额度远低于麦当奴的预期。② 甚至在从宗主国招募 30 名高素质警察赴香港工作这样重要的事务上，格兰维尔首先考虑的竟然不是如何促成此事，而是扩编警察队伍所涉及的经费问题，如果这笔经费连同其他警务开支合计超出了上述 3 万元/年的封顶额度，将不予批准。③ 格兰维尔这种态度令麦当奴非常失望，他感叹很多原先预定的目标都会因为得不到充足的财力支持而落空，首当其冲者便是上述招募高素质警察来港履职的计划立即泡汤。④

随后港府耗费巨资订造的"维多利亚"号汽艇也成了一块"烫手山芋"。订造这艘汽艇的初衷是为了有效改善港务局的办公条件，前期的费

---

① 《麦当奴致格兰维尔专函附件之二》（Enclosure 2 in Copy of a DESPATCH from Governor Sir R. G. MacDonnell, C. B., to the Earl GRANVILLE, K. G., Government House, Hong Kong, June 8, 1869），BPP：China，Vol. 25，pp. 235 - 236；《伯金汉姆·桑都斯致麦当奴专函》（Copy of a DESPATCH from his Grace the Duke of BUCKINGHAM AND CHANDOS to Governor Sir R. G. MacDonnell, C. B., Downing Street, October 23, 1868），BPP：China，Vol. 25，p. 248。

② 《格兰维尔致麦当奴专函》（Copy of a DESPATCH from the Earl GRANVILLE, K. G., to Governor Sir R. G. MacDonnell, C. B., Downing Street, October 8, 1869），BPP：China，Vol. 25，p. 263。

③ 《格兰维尔致麦当奴专函》（Copy of a DESPATCH from the Earl GRANVILLE, K. G., to Governor Sir R. G. MacDonnell, C. B., Downing Street, October 8, 1869），BPP：China，Vol. 25，p. 265。

④ 《麦当奴致格兰维尔专函》（Copy of a DESPATCH from Governor Sir R. G. MacDonnell, C. B., to the Earl GRANVILLE, K. G., Government House, Hong Kong, November 27, 1869），BPP：China，Vol. 25，p. 293。

用以一次性开销的形式从赌照税中拨款 1.6 万元支付。1870 年初因为要给该船装配大型锅炉、蒸汽机等设备，需额外再拨款 8000 英镑（约折合 3.2 万元），麦当奴仍打算从结余额甚巨的赌照税中拨付这笔款项。为此他特意向格兰维尔详细介绍了港务局现有的办公条件不佳，很多基本的职责都无法履行，迫切需要利用这艘汽艇来减轻清政府厘卡缉私船和反盐枭缉私船对香港水域商船的滋扰，并借此打击邻近水域的海盗活动，同时这艘汽艇也非常有助于港务局更有效的监控和登记进出港的华人船只。况且前期的投资额已经很大，后期的投资若不跟进，只能导致半途而废。① 而格兰维尔则表示该船的日常维护费（含上述改造费用）为一笔持久性的开销，不应由赌照税中拨付，而应由常例财政收入中拨付；并训令麦当奴如果无法从常例财政收入中拨付所需款项的话，便应将该船卖掉，售船所得资金须归入赌照税账户名下，未经授权不得随意开销。② 而当时港府的常例财政收入显然尚无巨额结余来应付这笔不菲的开销，最终留给麦当奴的选择只有一个——将汽艇出售，所有前期的努力只因格兰维尔的一纸批文而化为泡影，而此际巨额赌照税（约 30 万元）却积存在港府的银库里找不到用武之地。

以上列举的只是两个最具有代表性的例子，其实受制于格兰维尔的严厉训令而无法顺利开展的工作还有很多，如许可从赌照税中拨付的供筹建中式医院的款项低于预期额度（仅为 1.3 万元）；③ 除前述几类业经批准的开支款外，所有其他类拟从赌照税中拨款支应的开支（含支持港务局开展水上执法以及改造监狱牢房、改良狱警住宿条件等）总额不得超过 2 万元/年；此外，不得将赌照税用于改良香港某些学校的办学条件；赌照税积存在银行所得的利息也须一并计入专为赌照税单独开立的收支账目当

---

① 《麦当奴致格兰维尔专函提要》（EXTRACT from a DESPATCH from Governor Sir R. G. MacDonnell, C. B., to the Earl GRANVILLE, K. G., Government House, Hong Kong, January 21, 1870），*BPP*：*China*，Vol. 25，pp. 306 – 307。

② 《格兰维尔致麦当奴专函》（Copy of a DESPATCH from the Earl GRANVILLE, K. G., to Governor Sir R. G. MacDonnell, C. B., Downing Street, March 21, 1870），*BPP*：*China*，Vol. 25，pp. 307 – 308。

③ 《格兰维尔致麦当奴专函》（Copy of a DESPATCH from the Earl GRANVILLE, K. G., to Governor Sir R. G. MacDonnell, C. B., Downing Street, October 7, 1869），*BPP*：*China*，Vol. 25，p. 261。

中，不得任意开销。① 格兰维尔还要求麦当奴定期呈交（不与常例财政收支混杂）单独记录的赌照税明细收支账目，以备宗主国政府审查，力图进一步限制其财政自主权。② 麦当奴虽然反复申辩这些训令窒碍难行，③ 但格兰维尔答复相关的训令必须严格执行，没有商量的余地。④ 到了 1870 年上半年，麦当奴已经意识到自己的工作不可能得到格兰维尔的支持，便以身体不适为由，不再进行过多的争辩。⑤

通过上文的分析可以发现，格兰维尔和麦当奴的施政理念格格不入，这是造成两人发生龃龉的根本原因。从格兰维尔的训令当中可以感受到"财政安全"这一考虑因素占有最重要的地位，他最担心的是港府会因为有了赌照税这笔飞来横财而大幅改变原先的财政收支计划，毕竟赌照税只是一种临时性的税收，若以此来替代常例财政拨款所应扮演的角色，万一日后赌照税无以为继，那么港府将会因被迫增税而引发混乱局面，而这恰恰是宗主国政府最不愿看到的结果。因此格兰维尔认为唯有特殊情况或紧急情况下的一次性开销可以考虑从赌照税中拨付，持久性的常例开销则不可支用赌照税。麦当奴则认为"财政安全"已不是一个非常迫切的问题，特别是在香港警务工作条件亟待改善、各类公益事业需款孔亟的情况下，绝对不应坐视赌照税如滚雪球一样越积越多，而应利用这笔钱去解决上述燃眉之急。最终的结果是来自宗主国大臣的掣肘扼杀了赌博庄制度原本应

---

① 《格兰维尔致麦当奴专函》（Copy of a DESPATCH from the Earl GRANVILLE, K. G. , to Governor Sir R. G. MacDonnell, C. B. , Downing Street, January 7, 1870），*BPP*：*China*, Vol. 25, pp. 292 – 293。《格兰维尔致麦当奴专函》（Copy of a DESPATCH from the Earl GRANVILLE, K. G. , to Governor Sir R. G. MacDonnell, C. B. , Downing Street, February 10, 1870），*BPP*：*China*, Vol. 25, p. 306。

② 《格兰维尔致麦当奴专函》（Copy of a DESPATCH from the Earl GRANVILLE, K. G. , to Governor Sir R. G. MacDonnell, C. B. , Downing Street, October 7, 1869），*BPP*：*China*, Vol. 25, p. 262。

③ 《麦当奴致格兰维尔专函》（Copy of a DESPATCH from Governor Sir R. G. MacDonnell, C. B. , to the Earl GRANVILLE, K. G. , Government House, Hong Kong, March 7, 1870），*BPP*：*China*, Vol. 25, pp. 314 – 316。

④ 《格兰维尔致麦当奴专函》（Copy of a DESPATCH from the Earl GRANVILLE, K. G. , to Governor Sir R. G. MacDonnell, C. B. , Downing Street, May 6, 1869），*BPP*：*China*, Vol. 25, p. 316。

⑤ 《麦当奴致格兰维尔专函》（Copy of a DESPATCH from Governor Sir R. G. MacDonnell, C. B. , to the Earl GRANVILLE, K. G. , Government House, Hong Kong, April 4, 1870），*BPP*：*China*, Vol. 25, p. 316。

发挥出的众多积极效应，赌博庄制度后续的命运只能是择机退出历史舞台。

2. 赌博庄制度的终结

其实在麦当奴主政香港的第四年（1869 年），虽然贸易活动尚未完全恢复昔日繁盛的局面，但好转的势头已经帮助港府逐渐走出了财政收支不抵的困境，这一年各项财政支出［包括清偿完所有财政赤字（含军费欠款）］已超过 100 万元，而年底财政结余额仍有 23 万元（扣除 17 万元不便使用的铜辅币外，尚有 6 万元净余额）。[①] 进入 70 年代以后，港府财政状况的好转使得更多的人开始非议征收赌照税的必要性乃至否定赌博庄制度的合理性。在麦当奴于 1870 年 4 月赴欧洲休假后，代理港督惠特菲尔德（H. W. Whitfeild）很快便四处煽风点火，收集诬陷赌博庄制度的"黑材料"，并将其呈报给宗主国大臣。惠特菲尔德明确表示，会尽快终止这套赌博庄制度，因为他无法相信开办此类持照赌场能够有效地遏制犯罪活动的蔓延，也不支持采用这样一种体制来筹措资金。[②] 在他的影响下，赌博庄制度饱受非议，成了很多社会不满情绪发泄的焦点。香港看守政府遂决定在 1870 年 12 月 31 日现任承包人所持赌照期满后，终止全部现有持照赌场的经营。[③]

不过惠特菲尔德所要面对的宗主国殖民地部大臣也不再是喜欢吹毛求疵的格兰维尔，而是新上任的金伯利（Kimberley）。金伯利的态度较为审慎，希望避免政策的大幅波动，主张采取渐变的原则循序推进。当金伯利获知惠特菲尔德要关闭持照赌场的消息后，立即向他发布了如下训令：旧赌照到期后随即签发新赌照，未经宗主国政府认可，不得擅自妨碍现行赌博庄制度的正常运转。同时还训斥他作为一名看守政府的代理总督，在未

① 《麦当奴致格兰维尔专函附件之一》（Enclosure 1 in Copy of a DESPATCH from Governor Sir R. G. MacDonnell, C. B., to the Earl GRANVILLE, K. G., Government House, Hong Kong, December 13, 1869），BPP：China，Vol. 25，pp. 297，300。

② 《看守政府官员（护督）致金伯利专函》（Copy of a DESPATCH from the Officer Administering the Government to the Earl of Kimberley, Government House, Hong Kong, August 29, 1870），BPP：China，Vol. 25，p. 329。

③ 《看守政府官员（护督）致金伯利专函》（Copy of a DESPATCH from the Officer Administering the Government to the Earl of Kimberley, Government House, Hong Kong, August 29, 1870），BPP：China，Vol. 25，p. 330。

得到宗主国政府明确训令且事态也并非极端紧迫的条件下，匆忙叫停暂时休假的正式港督所制定的政策，是很不恰当的施政方式。①

尽管惠特菲尔德不得不执行宗主国发来的训令，于1871年1月继续采用招标的形式依照报价高者中标的原则从35名竞标人中遴选出新的承包人何亚锡（Ho－a－Sik），承包金额度为1.58万元/月，② 不过这已经是赌博庄制度的余晖了。此后惠特菲尔德仍竭尽全力地搜集关于赌博庄制度的负面消息呈报宗主国政府，并煽动香港总商会、华人社区代表乃至某些个人呈递反对赌博庄制度的抗议书。③ 这些举动最终迫使金伯利表态，将训令麦当奴在休假结束返回香港任职之际，重新考虑是否有必要坚持推行赌博庄制度。④ 而麦当奴在1871年下半年返港后任期行将届满，除勉强维持现状外也无力再进行大刀阔斧的改革，最终在1872年初离任之际授意辅政司终止赌博庄制度。⑤ 麦当奴离任以后，地下赌场死灰复燃，警察的腐败问题也卷土重来，港府于是又采用赌博庄制度实施前的那套老办法来治赌，

---

① 《看守政府官员（护督）致金伯利专函》（Copy of a DESPATCH from the Officer Administering the Government to the Earl of Kimberley，Government House，Hong Kong，August 29，1870），*BPP*：*China*，Vol. 25，pp. 330 – 331。

② 《看守政府官员（护督）致金伯利专函附件》（Copy of a DESPATCH from the Officer Administering the Government to the Earl of Kimberley，Government House，Hong Kong，January 24，1871），*BPP*：*China*，Vol. 25，pp. 346 – 347。

③ 《看守政府官员（护督）致金伯利专函》（Copy of a DESPATCH from the Officer Administering the Government to the Earl of Kimberley，Government House，Hong Kong，February 6，1871），*BPP*：*China*，Vol. 25，p. 348；《看守政府官员（护督）致金伯利专函》（Copy of a DESPATCH from the Officer Administering the Government to the Earl of Kimberley，Government House，Hong Kong，February 21，1871），*BPP*：*China*，Vol. 25，pp. 350 – 351；《看守政府官员（护督）致金伯利专函》（Copy of a DESPATCH from the Officer Administering the Government to the Earl of Kimberley，Government House，Hong Kong，March 6，1871），*BPP*：*China*，Vol. 25，pp. 351 – 352。

④ 《金伯利致看守政府官员（护督）专函》（Copy of a DESPATCH from the Earl of Kimberley to the Officer Administering the Government，Downing Street，April 1，1871），*BPP*：*China*，Vol. 25，p. 349；《金伯利致看守政府官员（护督）专函》（Copy of a DESPATCH from the Earl of Kimberley to the Officer Administering the Government，Downing Street，April 18，1871）*BPP*：*China*，Vol. 25，p. 351；《金伯利致看守政府官员（护督）专函》（Copy of a DESPATCH from the Earl of Kimberley to the Officer Administering the Government，Downing Street，May 2，1871），*BPP*：*China*，Vol. 25，p. 353；《金伯利致看守政府官员（护督）专函提要》（EXTRACT from a DESPATCH from the Earl of Kimberley to the Officer Administering the Government，Downing Street，May 6，1871），*BPP*：*China*，Vol. 25，p. 355。

⑤ 张连兴：《香港二十八总督》，第86页。

结果效果很差。1886 年的一桩警察涉赌案件竟然牵连到 53 名警察,1897 年的另一桩警察涉赌案件所牵连的警察更是多达 128 人,索贿之风不仅在低级警察当中再度流行,连巡佐和高级警官也经常接受地下赌场经营者的贿赂。[1] 赌博庄制度从头到尾表现出非常明显的"人来政举、人去政息"的特点。

六 余论

赌博庄制度是特定历史时期、特定历史环境下的产物,一度承载了复杂的使命。这套制度从酝酿、实施到终止虽然为时不长,却为后人研究香港早期的历史断面提供了一个新视角,但是目前关于这一制度还存在诸多疑点有待深入探讨。其一,这套制度与广为人知的鸦片庄制度有很多相似之处,但各自的命运缘何大相径庭?其二,麦当奴的治赌实践总体上该如何评价?赌博庄制度的终止是否意味着这套制度不具有历史进步性?真理究竟掌握在为数众多的反对者手里,还是掌握在少数决策者手里?其三,本文所论述的问题其实属于基层社会治理当中不可回避的一类普遍性难题——民众恶习的管控问题,政府在处置这类问题时到底应当秉持一种什么样的态度,值得深思。下面仅依据并不完备的资料尝试对上述疑点进行粗浅的答复或回应。

1. 鸦片庄制度与赌博庄制度为何同途而殊归

鸦片庄制度与赌博庄制度有很多相似之处,两者都是为了管控华人的恶习(前者为吸鸦片,后者为赌博)而出台的特殊制度,都采用招标的形式将专营权授予华商大佬,在特定时期里都为港府提供了巨额的"灰色"财政收入。何以鸦片庄制度行之持久,而赌博庄制度却昙花一现?目前尚无法给出非常全面的解释,但以下两点原因或许有助于廓清某些原委。第一,鸦片庄制度早在 1844 年香港殖民地草创时期便开始实施,当时遇到的阻力不会如后来赌博庄制度酝酿之际那样大,此后该制度历经长期调整而渐趋完备,其负面效应已被控制在比较小的范围内,相对容易获得公众的认可;而赌博庄制度酝酿于香港社会阶层渐趋多元化之际,招致非议的可

---

① 余绳武、刘存宽主编《十九世纪的香港》,第 231 页。

能性随之大增，且在有限的时间内未能迅速臻于完备，由此便导致反对声浪甚嚣尘上。第二，新加坡殖民当局也推出了鸦片庄制度，且收效良好，进而成为港府的参考样板，① 导致对此持异议者缺乏强有力的论据来反对鸦片庄制度；而新加坡并未推行赌博庄制度，从而给持异议者提供了反对该制度的口实。当然这不过是浅层的表象，导致这两种制度同途而殊归的更深层原因还有待进一步发掘。

2. 对麦当奴治赌实践的历史评价

事后看来，麦当奴推出的这套赌博庄制度在其正常运转期间基本上发挥了预期的效力，而各类反对意见或者是在空洞地唱高调，或者因脱离实际不具可行性，或者仅反映了小团体的利益诉求，因而都是行不通的，有时甚至是反动的。但是由于信息的不对称性，赌博庄制度的负面效应容易被夸大，而积极效应却经常被忽视。时任香港大律师的朱立安·保斯弗蒂（Julian Pauncefote）已经注意到，这些被夸大的负面效应只会鼓动起捣乱的报纸编辑们向中日两国的外侨社区和宗主国民众散发与事实不符的小道消息，从而激起他们对赌博庄制度的反感。② 由此导致的结果便是各类反对意见往往颇得公众舆论的支持，而现实情况又不可能允许这些反对者去践行自己的治赌理念，这样就出现了"真理掌握在少数人手里"的现象，使事态到后来逐渐走上了"你（反对者）骂你的，我（港府）干我的"这样一条轨道。尽管赌博庄制度一直是在唾骂声中运行的，并且最终以"失败"收场，但这并不能否定其具有历史进步性。毕竟赌博庄制度只是一种治赌的尝试，在执行过程中肯定会因事先考虑不周而遇到这样那样的麻烦，遇到麻烦之后怎么办，"开倒车"还是"向前看"？持反对意见者大多主张恢复原状，即"开倒车"；麦当奴则认为如果发现制度设计当中存在缺陷就加以纠正，即"向前看"，这样的真知灼见是难能可贵的。麦当奴离任后，香港后续的治赌实践最终为上述争议做出了公正的裁决。

3. 赌博庄制度留给后人的启迪

各级政府在管控基层社会民众的恶习时，似乎很难找到能够"斩草除

---

① Cheung Tsui Ping, *The Opium Monopoly in Hong Kong* （1844 – 1887），pp. 29 – 65.

② 《看守政府官员（护督）致金伯利专函提要附件之二》（Enclosure 2 in EXTRACT from a DESPATCH from the Officer Administering the Government to the Earl of Kimberley, Government House, Hong Kong, December 10, 1870），*BPP*：*China*，Vol. 25，pp. 335 – 337。

根"的办法,那么如何处置为上策?麦当奴主政香港期间推出的赌博庄制度留给后人一些启迪。当时香港尚处于"港九时代",辖区只有香港岛、九龙半岛以及周边一小片水域,远非 1898 年租借新界之后那样广袤,既然连处于上升期的英式政府都无法在这样一个狭小的区域里根除危害社会的赌博活动,那么已陷入衰退期的清政府在偌大的中国势必更加无力应对这一问题。靠镇压来治赌绝不可能收到持久的成效,而脱离政府管控的娱乐场所(如地下赌场)又势必会发展成为罪恶的渊薮,这两种势头都在昔日的香港表现得非常清楚。赌博庄制度是麦当奴打破传统思维设计出的一种替代性的治赌方式,一度收到了比较满意的预期成效,也曾顶住了甚嚣尘上的非议之声,最终却在宗主国大臣的掣肘下流于"失败"。赌博庄制度短暂而曲折的经历,值得后人深思。

作者:毛立坤,南开大学历史学院

赢得地盘：天津运输工人 *

〔美〕贺萧　著　许哲娜　喻满意　译　刘海岩　校

内容提要：本文对民国时期控制天津运输行业的重要组织——脚行进行了比较全面的分析。首先勾勒了脚行形成的历史，分析了脚行的组织规则，描述了脚行工人的生活状况。其次分析了脚行之间为了划分地盘引起的暴力行为背后隐藏的城市传统——混混儿与青帮。最后，阐述了这种暴力行为体现了脚行内部及其与外部之间的多种复杂关系，如不同脚行之间、脚行与商人之间、工人与把头之间、脚行与政府之间等。

关键词：天津　搬运工人　脚行　城市传统

天津的运输工人和控制他们的行会有两百多年的历史，在天津工人阶级形成的过程中，是资格最老也是最重要的参与者。天津靠贸易生存：它是五条河的交汇口，是大运河的重要枢纽，也是来自华北和西北的货物输出海外的装运地、外国进口和来自上海的货物的输入地，以及两条铁路线在北方主要的车站。运入、运出或在城市内移动的货物，要靠人力大军搬运，这部分人可能占城市人口的十分之一，远远超过了工业制造业的工人数量。

运输工人分为几种：在高度组织性的脚行中工作的货物搬运工、按天

---

　* 本文节选自贺萧（Gail Hershatter）《天津工人，1900~1949》（*The Workers of Tianjin，1900－1949*），加利福尼亚：斯坦福大学出版社，1986（Calif.：Stanford University Press，1986）。本文为该书第五章"赢得地盘：运输工人"（Winning the Turf：the Transport Workers），第115~139页。

租车的人力车夫和三轮车夫①以及在河边找一些零散卸货活计的临时工。脚行工人是其中历史最悠久，也是人数最多、最具争议性的群体，也是唯一保留了充分资料，能够对他们的历史进行部分重构的群体。②

本文研究的对象仅限于那些主要在天津的码头、火车站或仓库和工厂靠体力搬运货物的搬运工人，同时也顺便谈及那些虽然不是行会成员，但也靠自己的体力运送货物的人力车夫和三轮车夫。而那些操作电动机械的工人，如电车司机和铁路工人，没有包括在内，原因是他们的工作组织完全不同于"传统"行业，并且他们（如铁路工人）在城市间的流动意味着他们与以地区为基础的、更激进的那部分工人阶级关系更为密切，值得另作专门研究。

脚行是解放前的天津最令人生畏和最让人鄙视的组织。他们很戒备地控制着各自的地盘，只允许自己的脚行成员在界内搬运货物，"通过对商人采取威胁和暴力手段、贿赂和讨好当局，通过欺骗并偶尔使用野蛮手

---

① 人力车夫虽然没有组织行会，却是天津工人阶级的重要组成部分。他们的数量在1935年估计为45000人，1946年为73000人。大部分人力车夫买不起自己的人力车，而是从车行租车，按天支付车租。车行要支付九种运输税——每个区和每个租界分别缴纳，因此车夫可以在整个城市自由拉客。作为回报，车行收取的车租，有时超过车夫一天拉车的收入。有关车夫人数和他们的租车合同，参见邢必信、吴铎、林颂河、张铁铮《第二次中国劳动年鉴》第1卷，社会调查所，1933，第189～190页；万心权：《天津市税捐概况》，《河北月刊》第1卷第4期，1933年4月，第1～4页；《北平日报》1935年4月18日，《劳动季报》第5号，1935年5月重印，第137页；程海方（Cheng Haifong，音译）：《北平、天津与济南之行，1935年5月21日～6月14日》（Visit to Peiping, Tientsin and Tsinan, 21 May – 14 June, 1935），C1802/3，日内瓦国际劳工组织档案（ILO Archives, Geneva），第14页；亚洲发展研究所华北联络局政治事务办公室（Koain Kahoku Renraku）：《华北劳工问题概述》（Kahoku Rodo Mondai Gaisetsu），出版人不详，1940，第92页；《华北劳动》第1卷第1期，1946年1月，第14页。

② 对历史学家而言，搬运工人一直是天津所有劳动阶层中最难以捉摸的。1947年一位记者这样评论道："写脚行的事情，是一件相当困难的工作，并不是因为他的历史的久远和现状的复杂，而是因为一切的文件对此都毫无记载，找不到任何参考材料。"（《天津市脚行简介（一）》，《天津市周刊》第2卷第2期，1947年3月15日，第7页）该文的作者通过采访脚行成员弥补文字材料的不足，不过这种研究方法没有再继续。1949年后，这个行业被彻底重组，许多搬运工人转到其他行业。和其他的工人阶级一样，搬运工人在解放后通过编写故事和演出戏剧表现他们的历史。例如，天津市京剧团改编的《六号门》（百花文艺出版社，1965），对1948年发生在天津货运码头的一次罢工做了理想化的戏剧式描述。工人们积极参与了这个戏剧早期版本的写作和表演，在演出中保留了许多天津工人阶级语言的特色。有关这场戏剧演出的历史和主要演员，参见《天津日报》1980年8月2日，第4版。

段，维持这种垄断"。① 一首天津民谣将他们和其他一些群体置于社会的底层：车船店脚牙，无罪也该杀。②

支付给搬运苦力的报酬，高达八成被脚行把头克扣。脚行把头凭借其青帮成员的身份，强化了他们对苦力的权力。青帮组织成员既包括脚行把头也包括工人。暴力和暴力威胁是搬运行业的一种生存方式，脚行把头用暴力来对付他们的对手、主顾和工人，工人们之间也用暴力彼此应对。搬运业这种根深蒂固的地盘和暴力文化意味着，工人们为了生存必须与实力强大的脚行把头形成纵向联盟。和三条石的手工匠人一样，搬运工人也要依靠"前工业的"雇主，即主顾纽带生存。不过，与三条石的铁业工人相比，他们与更庞大、更具有流动性但很少有家庭式工作场所的行业组织——脚行密切相关。③

脚行的形成

脚行是天津发展成为商业中心的一种副产品。天津发展的三个主要因素也是脚行得以形成的三个原因：交通便利、邻近首都以及周边地区盛产棉花和其他土产。④

---

① 〔美〕李侃如（Kenneth Lieberthal）：《天津的革命与传统，1949～1952》（*Revolution and Tradition in Tientsin，1949-1952*），斯坦福大学出版社，1980（Stanford, Calif.：Stanford University Press, 1980），第22页。

② 采访徐景星，1981年5月10日。

③ "transport guild"一词是汉语"脚行"不准确的译法，其实按字面翻译应是"脚下的行业"。很遗憾的是，字面翻译无法表达这样一个具有高度组织性和规矩严格的团体的含义。李侃如（《天津的革命与传统》，第22页）将它译成"coolie association"（苦力协会），不过脚行既不是由苦力组成的，也不是建立在自由或平等联合的原则基础之上的。尽管在某些方面脚行与典型的有组织的中国行会不同（如它们没有学徒制度），但是它们符合步济时（John Stewart Burgess）对地方性协会的一般描述："手工匠人、商人或专业人士组织起来，目的是为了促进他们的共同利益，主要是经济利益，和共同保护他们的成员所从事的技艺、行业或职业，制定规章和措施要求以此为目的的成员们遵守。"〔美〕步济时：《北京的行会》（*Guilds of Peking*），哥伦比亚大学出版社，1928（New York：Columbia University Press, 1928），第19页。

④ 以下有关脚行历史的讨论，除非另行指出外，主要基于两种资料来源。一是1947年分两部分发表的有关脚行的研究文章：《天津市脚行简介（一）》，载《天津市周刊》第2卷第2期，1947年3月15日，第7～8页；《天津市脚行简介（二）》，载《天津市周刊》第2卷第3期，1947年3月22日，第6～7页。二是1965年发表的有关脚行的研究文章：天津市历史研究所资料室整理《天津的脚行》，《天津历史资料》第4期，1965年10月1日，第1～29页，特别是其中第1～5页。

明末清初，政府官员频繁经过天津往返于京城，给他们抬轿子和搬运行李的是天津当地的穷人，被称为"伕子"。与此同时，居住在天津的南方商人将广货还有糖和纸输入天津，在他们的推动下，天津与南方的商业运输发展起来。搬运这些货物的人，活跃在老城区和针市街附近一带。第三类搬运工人专门搬运粮食和盐，大都分布在海河东岸。

18世纪初，这三类工人逐渐组成了一个行会系统，每一帮工人可以获得政府的许可，垄断某一地区的搬运工作。每个地区都张贴有官方的通告，划定脚行垄断的范围，明确指定被授权的脚行。从康熙到咸丰年间，清政府通过颁发"龙票"或其他官方公告，批准脚行的垄断权。到了光绪年间，历任天津知县共颁发了11份告令，认可脚行的这种特权。

脚行到底是如何形成的，这在许多方面都不是很清楚。有些资料认为，先是脚行自己划分了地段，后来获得了政府的认可，以表明政府关心苦力的生计，或是作为对脚行服务社会的一种奖赏。[①] 其他资料则提到了同时存在的关于两种脚行兴起的说法：一种是政府扶植的，在每个城门都有办事处，成立的目的是解决官方交通问题，不过后来也为商人搬运货物；另一种是一些分布在河边的私人脚行。由于设在城门口而被称为"四口脚行"的官办脚行，后来被承包给了私人脚行，于是两种脚行逐渐融合在了一起。

脚行既是税收的来源，又是管理运输的手段。"四口"制度把脚行纳入不同的征税系统。税的征收通常委派给当地的商人。他们和中国各地的税收承包人的通常做法一样，靠抬高税率，自己从中捞上一笔，因此遭到脚行的痛恨。这种特殊的征税制度一直延续到1936年。[②]

脚行从明末开始出现一直到1860年天津开放为通商口岸，其运输方式和劳工组织模式都很简单。货物都是通过扁担和手推车运输。每一个地盘都有一个"伕子头"，没有一个全城的脚行组织。伕子头用"喝个"的方

---

① 《天津市脚行简介（一）》第7页提到，由于伕子负责为官员运送行李赚钱很少，于是官府准予他们独占某些地盘以保证他们有足够的收入。同一篇文章（第7~8页）还提到在太平军进攻天津周边地区时，脚行对维护公共秩序发挥了作用，意思是说，这或许也是官府授予脚行特权的原因之一。不过，官府对脚行特权的认可明显早于太平天国起义。
② "四口"制度的设立日期不详，它运行的许多细节也是如此。参见《天津市脚行简介（一）》，第7页；天津市历史研究所资料室整理《天津的脚行》，第1~2页。

法派人去干活，即严格地按照轮流的原则呼喊苦力的名字以分派工作。不管谁出去干活，工钱必须上交给伕子头，并由大家一起均分。脚行将搬运的货物分成从船上搬运到货栈中的货（当地行话称"生货"）和从仓库搬运到其他地方的货（行话称"熟货"）。①

天津对外国贸易开放之后，海运规模大大扩大，租界沿河一带修建了新的码头区。那些因为建租界被拆迁的农民得到外国人的允许成立了脚行。② 他们在海河两岸为轮船装卸货物。尽管人力搬运仍然广泛地使用，但是已经开始使用马车，后来又引进了少量的汽车。劳工组织的方式有了变化：工人们通过放在一个圆筒中的竹签抽签来决定工作的顺序。和以前一样，每人只能轮到一次干活的机会，然后再开始新的一次轮班。脚行的规模大小不等，从一个把头管理的只有一两个苦力的脚行，到按复杂的等级关系组织起来的好几百人的脚行。

农民被迫拆迁和脚行形成的过程，都发生在1888年至1911年修建三个火车站期间。被迫拆迁的农民都拿到了"龙票"，可以靠装卸货物谋生。车站附近的每个村子选一名头目；多数脚行的名字是根据村名起的。③ 20世纪的前50年中，脚行和搬运工人的数量持续增加，而这个行业的结构变化很少。脚行要么专门在沿河一带从事搬运工作，要么就在车站或城内。

在天津交汇的五条河流沿岸分布着两种码头：稍微靠上游一点的，主要装卸来自内地的民船运输的货物；在租界地区海河沿岸的码头，则主要停靠装卸轮船。三个最大的轮船码头建于20世纪，分别属于英国的太古洋行、怡和洋行以及中国的轮船招商局。在20世纪，民船和轮船码头都很繁荣。"从大约3月10日到将近11月20日，"一位外国来访者在1900年写道，"搬运货物是人们看到的最惹人注意的一种工作方式。"

> 河里挤满了河船以及许多拖船和驳船。满是船舶的河道一直延伸

---

① 《天津市脚行简介（一）》，第7页。

② 和中国的市政府一样，租界政府同样对设在租界内的脚行收税。安力夫：《天津市搬运工人工作报告》，工人出版社，1950，第2页。

③ 有关火车站建设的具体情况，参见天津市历史研究所资料室整理《天津的脚行》，第3页。第四个车站建于日本占领期间。有关铁路脚行的形成，参见安力夫《天津市搬运工人工作报告》，第2页。

到整个中国城区，其拥挤程度更甚于租界，拥挤的河道总长度达到10至12英里。数以千计的苦力挤满了河坝码头的来往通道，将商货从这些船上搬上和搬下。①

在繁忙季节，码头开放，每月有50个工作日（白班和夜班轮换，分别算一"天"）；在闲暇季节，码头每月有20天工作。②

在日本军队占领前，两个英国码头按月雇人，除了按月支付薪水外，还提供食宿。中国码头则按天雇用工人。在日本占领期间，所有三个码头都被日本公司控制，战争结束后又重新归属他们原来的所有者。不过，不管谁经营这些码头，或实行什么样的薪水制度，实际的雇用权还是掌握在脚行头子手中，他们和不同的码头所有者签订合同。一旦有船到达，工人们就会找脚行头子领活干；如果没有船来，他们就会到其他地方找活打零工。如果码头上的活儿不景气或劳动力过剩，码头主就会限制每个苦力往返船上和码头的次数。不过，如果需要卸货的船很多，劳力又不足，或者天黑或下雨，脚行就会提出收取更高的搬运费，并有权不受限制地搬运货物。只有当每个脚行的成员都有了活干，工头才能雇用临时工弥补人力的不足。③

在临近解放前，天津共有84个码头，其中7个大型轮船码头，有4229名码头工人。码头脚行仅负责装船和卸船；至于货物在城市内的运输，他们则交给另外一些不同的货运脚行。④

到20世纪40年代，内地的商货多数通过铁路运来天津。⑤ 到解放时，

---

① 诺亚·德雷克（Noah Fields Drake）：《天津地图及其简要说明》（*Map and Short Description of Tientsin*），出版人不详，1900。
② 中华全国总工会编《搬运工人工会工作参考资料》，工人出版社，1950，第24页。
③ 当夏季搬运繁忙季节赚钱容易时，棉纺厂工人被解雇或离开工厂之后，常常会来到河边受雇充当临时苦力。他们不是脚行的成员。在河边当苦力也是那些来自农村无亲无故的人们加入工人阶级的第一个阶段。
④ 中华全国总工会编《搬运工人工会工作参考资料》，第24~25页；日本帝国驻北京使馆（Zai Pekin Dai Nippon Teikoku Taishikan）：《华北运输业劳工调查》（*Kahoku ni okeru kotsu unyu rodoka chosa*），出版者不详，1941，第42~44、48~49页；安力夫：《天津市搬运工人工作报告》，第2页；张次溪（作者将题写书名者误为书的作者。——译者注）：《天津游览志》，中华印书局，1936，第206~207页；天津市历史研究所资料室整理《天津的脚行》，第3页。
⑤ 薛不器：《天津货栈业》，新联合出版社，1941，第101页。

135

估计有 2419 名工人在城市的四个火车站装卸货物。他们分成在脚行把头监督下装卸货运车厢的黄帽子和为旅客搬运行李的红帽子。与其他铁路苦力相比，红帽子干活时的独立性更强一些。① 一个位于东站的大型铁路货场（解放后有关搬运工人的一部京剧《六号门》的故事就发生在这个货场）雇用了 1000 多名工人。②

第三类也是最常见的脚行是在城内拉运货物。不管是船舶还是火车运来的货物，一旦卸下后都要交由货运脚行运输。货场不能随便雇用苦力来为他们搬运货物，而是必须利用控制这一地区的脚行。即使货场与当地脚行不和，也不能将它的业务随便交给其他脚行。尽管政府试图规范货物搬运收费，有势力的货运脚行仍向商人收取过高的费用。仓库所有者对脚行肆意高收费很是不满，但作为回报，他们可得到货物运输安全的保证。货物交由货运脚行搬运时，一旦发生丢失，脚行就要赔偿，因此他们很少丢失所搬运的货物或发生有计划的偷窃。③

一些拉货的脚行以分包的方式专门给某几家工厂装卸货物。④ 还有一些脚行，除了提供搬运服务外，还充当一般的劳工分包人。例如，一家美国公司 1923 年开的一家大型锯木厂，就是完全通过一个脚行的把头雇用临时工人充当员工。他们把工钱付给把头，把头再把钱分给工人。⑤

解放前夕，天津有各种脚行 227 家，把头 3032 名。共有 6 万～7 万人

---

① 有关铁路脚行的描述，参见天津市历史研究所资料室整理《天津的脚行》，第 3 页；亚洲发展研究所华北联络局政治事务办公室：《华北劳工问题概述》，第 102～103 页；中华全国总工会编《搬运工人工会工作参考资料》，第 27～31 页。

② 天津市历史研究所资料室整理《天津的脚行》，第 3 页。

③ 码头脚行搞"大抓"，意思就是偷盗一部分他们搬运的东西，但实际情况并不总是如此。20 世纪 40 年代末，脚行把头利用他们与军警的关系，通常一次"抓"高达几亿元（这里指的是贬值后的法币。——译者注）的货物，一些轮船据称不敢在天津卸货，转而前往大沽或秦皇岛。《天津市脚行简介（二）》，第 6～7 页。有关脚行和货栈业的讨论，参见薛不器《天津货栈业》，第 101～102 页。

④ 中华全国总工会编《搬运工人工会工作参考资料》，第 5 页。多数工厂都利用这些脚行。一些需要苦力在厂内搬运货物的大工厂，如裕元纱厂，他们雇用苦力劳工的方式，是每天早晨向拥挤在厂门口的苦力撒一把有编号的签，然后雇用那些成功抢到这些签的苦力。有关这个过程，参见方显廷《中国之棉业及其贸易》第 1 卷，直隶印字馆，1932。

⑤ 阮渭泾：《美商大来洋行在中国的掠夺》，《文史资料选辑》第 49 辑，1964，第 10、14 页。

靠搬运业为生。① 不管是在码头还是在火车站，或是在城市的商业区和工业区，这些脚行的组织都是由传统确定的。它们是由一帮世袭的把头操控，这些把头通常被称为"在签的"，他们管理着苦力劳工并从他们的劳动中获利。脚行普遍有一套成熟的行为规范，这套规范的形成与脚行和19世纪的混混儿以及20世纪的青帮成员的联系有关。

剖析脚行

"在签的"

脚行把头持有的"签"既是从事搬运业的许可证，也是在某个脚行持有的股份。这些签的起源不明，不过它们显然涉及政府授予的对某块地盘的垄断权。这种权利有的可追溯到康熙时期（1662～1722年）。签可以继承、典当或者转卖给其他持有签的人。②

签被小心地保护，因为它们是一个男人和他的后代生计的保证。持"活签"或"红签"者不必直接参加搬运货物这样的体力活儿，但是他们经常要参与监督劳动和账目管理的工作。"死签"或"黑签"签发给那些在脚行争夺地盘的争斗中受伤的人，或者是那些在争斗中死亡的脚行成员的被赡养人。他们有资格分享脚行赚取的利益，即使他们根本不参加搬运工作。另一类从持"红签"者当中抽选出来的人，在抢占地盘的争斗中组成敢死队；一旦受伤，他们就变成了持"黑签"

---

① 脚行及其把头的数据来自天津市历史研究所资料室整理《天津的脚行》，第3页；搬运工人的总数来源于《天津市脚行简介（二）》，第6页。1947年6月天津市社会局所做的一次调查，得出运输工人64955人，人力车夫和三轮车夫30601人，码头工人1105人。这些总数每次调查差别都很大。天津市政府统计处编《天津市主要统计资料手册——第二号：工商专号》，天津市政府统计处编印，1948，第8页。有关1946年主要脚行名单，参见天津市历史研究所资料室整理《天津的脚行》，第8～14页；有关1947年主要脚行名单，参见《天津市脚行简介（二）》，第6页；有关第二区解放时对脚行更详细的调查，参见中华全国总工会编《搬运工人工会工作参考资料》，第7～9页。

② 《天津市脚行简介（一）》，第8页。有关一些脚行的悠久历史，参见天津市历史研究所资料室整理《天津的脚行》，第7～8页。有关买卖权，参见安力夫《天津市搬运工人工作报告》，第3页。

者。在签者有工作保障，并有权随意赶走不在签者。[1]

所有在签的都被看成是脚行的把头，不过在把头中有一些小的差别。大脚行有一个"总头"，统领着级别低的把头。后者分别是负责雇工人的、管车的和记账的。在他们的下面是"站街"，负责巡查和监督工人，也要监视界内商家不准私自搬运自己的货物。

天津一些大的脚行被分成自己可以直接组织工作的分支机构，不过它们必须将收入的一半交给总脚行。其他的则实际上是小脚行的联合体，每个小脚行都可以根据其大小要求从收入中分得一定的份额。小脚行都有比较简单却又相似的组织结构。在码头，外国公司和中国公司都与脚行签订承包合同以获得劳动力，脚行把头则为总承包人、分包人和工头。[2]

大脚行的把头常常将从运输业中获得的大量收入投资到其他经济领域。在日本占领期间，三个轮船码头的总把头一个月的收入超过2000元。这笔不小的财富以及其他类似的收入，都被投到房地产、布庄、造纸厂、澡堂、首饰店、货栈、银号、旅馆、戏院、妓院，还有包括由舞女和妓女提供娱乐的挥霍的生活方式之中。[3]

运输业上层的个人生活方式与城市商业精英没什么两样。他们与政界精英也过从甚密。相比之下，小把头们的日常生活与那些他们雇用的苦力——那些不在签的——完全没有什么区别。

"不在签的"

工人们不享有脚行把头们所享有的世袭权利或收入保障。苦力们被雇来完成两种工作：一种是拉车或驾车，一种是货物的装卸和过秤。[4] 这些

---

[1] 《天津市脚行简介（一）》，第8页；安力夫：《天津市搬运工人工作报告》，第3页；中华全国总工会编《搬运工人工会工作参考资料》，第6、19~20页。脚行工人或那些不在签的人也要参加争夺地盘的争斗。

[2] 天津市历史研究所资料室整理《天津的脚行》，第7页；安力夫：《天津市搬运工人工作报告》，第3页；中华全国总工会编《搬运工人工会工作参考资料》，第6、19页。有关两种脚行结构的研究，参见中华全国总工会编《搬运工人工会工作参考资料》，第19~22页。

[3] 天津市历史研究所资料室整理《天津的脚行》，第17~18页；安力夫：《天津市搬运工人工作报告》，第4页。

[4] 《益世报》1948年8月4日，第5版。

工人的社会来源人们知道得很少。[①] 和工匠以及工厂工人不同，他们大多是天津本地人。[②] 所有的这类工人都是男性，超过一半年龄在 25 岁至 45 岁之间；这显然是一个需要成年人的体力和耐力的行业，不能雇用童工。[③] 多数搬运工人是文盲。[④] 大多数人已婚，已有的少量资料显示他们的家人通常和他们一起住在城市内，这与许多工厂工人以及手艺人的生活方式形成对照。[⑤] 尽管有资料显示在家庭构成方面，搬运工人比其他工人年龄更大，更加稳定，但是他们以社会的流浪者而出名。一份 1942 年的报告谈到，许多码头工人都是干了"坏事"逃离家乡的人，他们会定期地不断变

[①] 现存有两份有关天津运输工人的调查。第一份调查是 1941 年由日本驻北京使馆进行的，包含对华北运输公司雇用的工人的好几份样本（样本大小不同）。这些工人实际上是由运输脚行以分包的方式向这家公司提供的。第二份调查是由运输工人工会于 1949 年 9 月完成的，它包括从货物搬运工、人力车夫、码头工人、铁路工人和三轮车夫中随机取样的 2175 名工人。尽管这些取样的代表性无法评估，但是由于它们是关于工人阶级中最难以捉摸的那一部分的唯一数据，所以这里还是将这两份调查的结果包括进来。这个群体在 19 世纪末 20 世纪初的社会特征很可能与下面总结的不同。1941 年的数据可以在日本帝国驻北京使馆的《华北运输业劳工调查》中找到，1949 年的数据可以在中华全国总工会编《搬运工人工会工作参考资料》中找到。

[②] 在 1941 年调查的天津火车站 1083 名运输工人中，62% 来自天津本地，其余的大部分来自附近各县。见日本帝国驻北京使馆《华北运输业劳工调查》，第 233 页。在 1949 年的调查样本中，只有 20% 的货物搬运工、34% 的码头工人和 15% 的铁路工人将他们的此前的职业填写为"农民"。李侃如将此解读为这些工人大部分来自城市。不过，他没有注意到，在同一样本中，很大一部分人此前的职业是产业工人（分别是 32%、39% 和 7%），并且这些人中有许多可能出生和成长于农村，来到天津的工厂，然后被解雇并被迫寻找工作做苦力。参见李侃如《天津的革命与传统》，第 33 页；中华全国总工会编《搬运工人工会工作参考资料》，第 44 页。

[③] 在 1941 年的调查中，调查了 1543 名工人的年龄，其中 56% 的人年龄在 25~44 岁之间。在 1949 年的调查中，59% 的货物搬运工、63% 的码头工人和 62% 的铁路工人的年龄在 26~45 岁之间。日本帝国驻北京使馆：《华北运输业劳工调查》，第 243 页；中华全国总工会编《搬运工人工会工作参考资料》，第 42 页。

[④] 在 1941 年的调查中，对 3086 名工人的调查样本，确定识字率为 13%。在 1949 年的调查样本中，货物搬运工的识字率是 64%，铁路工人是 54%，码头工人是 86%。日本帝国驻北京使馆：《华北运输业劳工调查》，第 246 页；中华全国总工会编《搬运工人工会工作参考资料》，第 45 页。

[⑤] 1941 年调查的 1586 名工人中，93% 的人已婚，82% 的人与家人一起居住。1949 年的抽样调查，已婚的货物搬运工、铁路工人和码头工人的比例分别是 73%、63% 和 79%。日本帝国驻北京使馆：《华北运输业劳工调查》，第 242 页；中华全国总工会编《搬运工人工会工作参考资料》，第 44~45 页。这些调查还提供了家庭规模的数据，不过无法从中得出明确的家庭构成模式。

换工作。①

很难对搬运行业的真实流动率做出估计，因为搬运工人尽管被同一脚行雇用几年，但是又被该脚行分包出去，不断地变换工作。例如，发现码头工人的流动率高达75%的1941年的调查报告，是从华北运输公司的角度而不是脚行的角度写的。由于工人们可能会在受雇于同一个脚行的时候，为许多不同的公司搬运货物，因此这个数字可能无法准确地表明其流动率。②

多数运输工人原本在城市里的其他行业干过（工厂工人、商人、小贩、士兵），失业后干起了搬运工作。脚行工人几近职业层次结构的最底层，仅在工作更没保障的人力车夫和打零工的苦力之上。③

脚行工人通过付出他们的劳动所得换取工作的相对保证。脚行工人所得收入通常要少于顾客支付的搬运费总额的三分之一。其余部分直接被"在签的"搜刮走了，或者通过要求支付车辆或马匹（都属于脚行把头）的使用费而被间接侵吞。除了支付这些费用，还有各种杂七杂八的费用，如"鞭子钱"、"车油钱"（为车辆加润滑油）以及警察勒索的"车底钱"。有的搬运工人的真正收入还不到搬运费的10%。④ 剥削比例如此之高是导致搬运工人处于职业层级结构最底层的另一个原因。⑤

---

① 日本帝国驻北京使馆：《华北运输业劳工调查》，第49页。

② 日本帝国驻北京使馆：《华北运输业劳工调查》，第234～235页。

③ 有关搬运工人调查样本中此前职业一项，参见中华全国总工会编《搬运工人工会工作参考资料》，第44页。同一调查提到，多数搬运工人来源于失业的工厂工人和手工业工人。在运输工人中，货物搬运工和铁路脚行工人在解放时赚钱最多。码头工人由于海运中断暂时陷入困境，不过他们的收入通常要好于三轮车夫和人力车夫。见中华全国总工会编《搬运工人工会工作参考资料》，第41页。同一项1949年对运输工人的调查明显显示，三轮车夫和人力车夫是收入状况最差的运输工人。尽管有些人只有在没找到更好的工作时才拉人力车，但是该项研究中调查到的人力车夫，年龄还要大于其他群体（几乎一半超过46岁），并且许多人拉人力车已经超过20年。三轮车夫更有可能是临时性的。44%的人力车夫未婚，该项调查的作者将此归因为他们的收入太低。全部统计数据参见中华全国总工会编《搬运工人工会工作参考资料》，第41～45页。

④ 有关各脚行把头剥削比例的讨论，参见天津市历史研究所资料室整理《天津的脚行》，第15页；中华全国总工会编《搬运工人工会工作参考资料》，第13～15、28页。

⑤ 1935年，一位国际劳工组织的观察员评论说："人力车苦力、码头工人和矿山的合同工比工厂的工人要悲惨得多。他们的薪水低，待遇……差。矿工和码头工人都受到包工头的剥削，而人力车苦力不得不从他们微薄的收入中为租用的车辆支付很高的租金。"程海方：《北平、天津和济南之行，1935年5月21日～6月14日》，第41页。

解放前，在天津搬运货物是一项既繁重又危险的工作。1936 年，一位记者生动描绘了在码头从事搬运工作的苦力：

> 这里的人是多的，不大听得见有人说话，只听见各人喘各人的气，哼哼唧唧的瞪着眼用力，脸上，有汗，有泥，有突起的青筋，脖子上有被重东西磨得不知痛痒的皮，膀臂上的肉一条一条的突起来，表现出用不完的力。胸膛的肉是紫色的，有的在心口的部分还有一丛黑黑的毛，如果细看胸膛口上还一跳一跳的，像是要把心跳出来，血液大概回流的很快吧！

苦力扛着一大摞的木头、大米或面粉，沿着跳板走到河岸上，他必须注意自己的平衡，否则就可能掉进河里。在所扛货物的压力下，"他的整个的身躯像一个弓，头和脚的距离，也就一尺多远"。① 搬运工人的意外常常是致命的："戈登堂附近有个仓库……稍微靠北一点，对着法租界……他们通常是将货物搬到河边装上驳船。我记得有一次面粉没有垛好，塌了下来，砸在工人身上，一些人被压死了。"②

对市内运输工人而言，混乱的交通使状况变得复杂起来。一位外国观察者在经历了一次穿越城市的痛苦旅行之后写道：

> 有轨电车线贯穿整个城市，随着通车距离一年一年地变得越来越远，电车成为方便生活的一种方式，同时也让交通变得更加危险。这些电车和新出现的各种汽车线路和在一起，需要制定限速法规，但是每个租界对某种交通工具的时速限制各有不同，大街上横冲直撞的电车和在人流拥挤的街道中随意穿行的汽车常常违反限速法规……再加上人力车和其他靠人拉拽的车辆，城市的这种混乱局面，即使最聪明的第五大道的交警也会慌了手脚！③

在这种危险环境下工作的脚行成员至少有这样的保障：他们知道一旦

---

① 《益世报》1936 年 7 月 8 日，第 5 版。

② 1980 年 12 月 7 日对伊斯雷尔·爱泼斯坦（Israel Epstein）的采访。

③ 《中国基督教女青年会 1921 年报告》（*Report of the YWCA in China for* 1921），世界基督教女青年会档案馆（World YWCA Archives）:《中国 1920～1922 年报告》（*China 1920 – 22, Reports*），第 68 页，油印品。

自己遭遇事故，工友们会照顾他们和他们的家属。

而那些临时被雇用的苦力，实际情况就不是这样了。20世纪三四十年代的报纸刊登了许多临时工在河边搬运货物时被压死的报道。其中一次事件中，一名17岁的码头临时工被一根重木压倒，躺在地上半个小时失血过多而死亡，当地的"负责人"对此视若无睹。最后还是警察发现了这名已经死亡的临时工。①

人力车夫不仅面临着脚行搬运工同样的交通危险，而且还有其他一些问题。由于他们完全靠自己的人力拉车，没有任何役畜助力，据一位外国人观察，他们"要遭受高温、寒冷和雨淋。他们跑起来身体变得异常热，因此在寒冷的天气里会很容易受寒。拉车也影响到他们的心脏。据说，他们刚过50岁就会死亡"。②

此外，尽管所有的搬运工都可能违反交通规则，但那些没有行会组织保护的人力车夫最容易受到警察的欺压。一位记者在1935年写道："人力车夫依靠在马路上奔跑谋生，但是马路上到处是他们致命的敌人。"

　　在拥挤的街道上很容易违反交通规则，而那些"铁石心肠的马路英雄"（警察）便会将棒子打到你的头上，或者拿起你的坐垫，像扔铁饼一样地将它扔到路边，尝试一下他们的技能和展示他们的真正英雄气概，或者用他们的手在你的脸上演奏一支悦耳、美妙的交响曲。

此外，警察还经常从经过的人力车夫那里敲诈"不知名的税"。③

搬运工人与手工业工人以及工厂工人一样生活在最底层。④ 一位记者在1947年曾这样描述他们：

---

① 《益世报》1948年7月14日，第5版；一个类似事件的报道参见《益世报》1936年10月23日。

② 马隆上校（Colonel C. L'Estrange Molone）：《新中国，第二部分：劳工状况与劳工组织》（*New China*，*Part II*：*Labour Conditions and Labour Organizations*），独立工党，1926（London：Independent Labour Party，1926），第9页。

③ 《北平日报》1935年4月18日，《劳动季报》第5号，1935年5月重印，第136～138页。有关人力车夫与警察之间冲突的其他记述，参见《益世报》1935年1月29日，第9版，以及《天津市周刊》第3卷第9期，1947年7月26日，第13页。

④ 由于系统的统计资料十分有限，在这里不想将现有的不系统的有关薪水的数据资料与生活费的统计数据做相互关联的分析，或者将它们与同样不系统的关于其他职业的现有数据进行严格的比较。

有的是长工，有的是短工，受罚受苦都是他们的事。如我们在街上常见的拉地车的人们，跟牲口一样工作，每天和牲口过在一起。吃到肚里去的是冷风、黑饼子和无穷的屈辱，流出来的是眼泪和血汗，跟拼着生命挤出来的力气。然而，他们所得的报酬，竟不及"在签"的人们的十分之一二。[1]

为了增加他们维持生计的手段，脚行工人经常会偷盗一些他们搬运的货物，这种偷窃应该与他们的雇主大量地巧取豪夺是完全不同的两种类型。他们也尽量享受空闲时间，在码头干活歇息期间赌博，或者聚在脚行里喝热茶、弹三弦、谈天和唱曲儿。[2]

地盘

一个脚行能够搬运货物的地域范围是由政府法令规定的，这一传统始于清朝政府，此后各届政府一直延续直到解放。小的脚行的地盘可能是几座建筑或几条街巷；大的脚行控制整个铁路车站或大码头并经营它们自己的货场。

除了简单地从地理上划分地盘，还有很多其他的规矩划分彼此的工作范围。一家脚行可以专门负责某个大商行或工厂所有货物的搬运，或者也可以负责像开滦煤矿这样的大企业并将它按区域分开，将活儿分包出去。一个大企业的活儿也可由两三家脚行共同负责，每家脚行每个月负责若干天。[3]

一些脚行专门负责搬运某种货物（农产品、五金类、皮毛、谷物）或运输过程中的某个阶段（"生货"和"熟货"）。最后，一些脚行达成协议共享它们的资源，每家脚行从中获得一定比例的搬运费。

通过这些方式，天津所有的搬运工作都被脚行所控制。这一系统对商人也有好处，因为它能够很好地满足搬运需求，并以准人身关系的方式提

---

[1] 《天津市脚行简介（二）》，第7页。

[2] 中华全国总工会编《搬运工人工会工作参考资料》，第27页；安力夫：《天津市搬运工人工作报告》，第5页；日本帝国驻北京使馆：《华北运输业劳工调查》，第49页；《益世报》1948年8月4日，第5版。

[3] 这个城市多数大公司包括纱厂，都分别将它们所有货物的搬运工作交给专门一个脚行负责。天津市历史研究所资料室整理《天津的脚行》，第14页。

供一种责任制。不过，无论这种地盘划分得多么精细，也不足以防止脚行之间，以及脚行与客户之间的冲突。一旦这种冲突发生，通常就会以暴力手段解决。暴力的形式取决于两种深深影响脚行的城市传统：混混儿和青帮。

城市传统

混混儿

1884年出版的一部非官方地方志书抱怨说："天津土棍之多，甲于各省"。

> 有等市井无赖游民，同居伙食，称为"锅伙"，自谓"混混儿"，又名"混星子"。皆悍不畏死之徒，把持行市，扰害商民，结党成群，借端肇衅。按津地斗殴，谓之"打群架"……甚至执持刀械火器，恣意逞凶，为害闾阎，莫此为甚。如被拿到案，极能耐刑，数百笞楚，气不少吁，口不求饶，面不更色。①

混混儿是城市流氓的团伙，在19世纪大部分时间被官方看成是"祸害"。一般认为，他们本来是哥老会的支派，渐渐忘了根本。混混儿团伙成员大都是游惰青少年，也有一些失业工人。他们往往集体聚集在一间租来的房屋中，一起吃饭喝酒，屋内暗藏兵刃，如匕首、大刀、斧把，以备斗殴。混混儿的穿着显然和常人不同：青色裤袄，腰扎蓝色搭包，脚穿花鞋；头上发辫续上大绺假发，有的还插上一两朵茉莉花。他们走路方式也与常人不同：迈左腿，拖右脚，故作伤残之状。②

---

① 张焘：《津门杂记》卷中，清光绪十年（1884年）刻本，第39~40页。"混混儿"这个词来自方言，很难翻译。"混"的含义很多，如"隐秘的、晦暗的、变黑的、模糊的"，或者是"混日子或混过日子"。

② 有关混混儿的行为习惯及其活动的讨论，除了另外注明出处者外，其余都是根据李然犀的《旧天津的混混儿》，《文史资料选辑》第47辑，1963，第187~209页。这项"研究"很可能是根据流传的支离破碎的事实、虚构以及人们回顾的被神话的行为拼凑起来的。姿态和名声的创造物当然是合理的历史主题。混混儿作为神话无疑影响了20世纪脚行的行为，就好像他们19世纪英雄行为的传说完全是真的。

混混儿通过从事各种赚钱的活动养活他们自己及其团伙。他们开赌场，一些混混儿设赌坐庄，另一些充当打手。他们充当从乡下运农产品进城的农民和城市小贩之间的中间人，从二者那里收取佣金。他们对当地的渔民也是如法炮制。他们在提供服务的同时，威胁报复那些拒绝买他们东西的人，同时也把持河边的粮栈。他们也干些赚钱较少的营生，如经营摆渡、遇婚丧之事为人抬轿以及用掺沙子的劣质黄铜铸造假钱。最后，他们也开办脚行。

混混儿在当地获得恶名声并非是因为他们从事上述的经济活动，而是因为他们彼此争夺赚钱的生意时所采取的手段。所有这些手段都遵从一个规矩：面对危险和伤痛要显示出英雄般的淡定自若。如果一个混混儿在殴斗中出声喊痛，对方立刻停手，怯弱者将被赶出锅伙儿。如果有人拿着刀来剁，他应该袒胸向前；如果有人用斧把来打，他要用头去迎，以证明他无所畏惧。谁要是违反了这些规矩，谁就将成为混混儿们的笑柄。

这样一来，如果一伙混混儿决定想要从某个赌局分得利益，他们就要选出一名成员到那个赌场闹事。一旦赌场打手们围过来，这名混混儿就要躺在地上任由打手们殴打。打手们通常会真的痛打一顿，不过要小心不要将他打死，否则惊动了官府，赌局就开不成了。如果搅局者在被打的过程中没有出声，赌局的头儿就很郑重地让人用大红棉被将他盖好，搭回家去养伤。此后，赌局的头儿每天必须给他送一两吊钱，只要赌局存在一天，这份钱分文不少。在天津俗语中，这叫"不打不相识"。

另一种更可怕的敲诈方式是，进入赌场后，来到赌案前，用刀在自己的腿上割下一块肉代替赌资作为押注。如果宝官毫不退缩地接下这块肉，此事便会陷入僵局。识事的局头一开始就会急忙赶过来，嘴里讲着表示关心，手里却拿过一把盐末抹在伤口上。如果割肉者仍谈笑自若，好像什么事都没有发生，他就会因为被证明真的很坚强而有资格每天拿到津贴。

混混儿用类似的手段，完全靠摆出一副英雄不怕死的姿态以战胜对方，去争夺粮栈和脚行。天津有个传说，咸丰年间，一个想经营"四口脚行"的混混儿用跳滚油锅挑战所有竞争者，以争夺对地盘的控制。当时，无人敢接受挑战，他让自己的一个族人跳进了油锅，那人马上被炸焦了，而他的族人们也由此获得了对地盘的永久控制权。①

也是由于混混儿，打群架成了一种极端的行为手段。在解放前，打群架一直是脚行之间争斗的典型形式。引发打群架的起因，可能是上面提到的任何一种经济行为所导致的冲突。斗殴的时间和地点要提前约定，头一天晚上，所有参加斗殴的人（多时达数百人）要痛快地吃喝一顿。如果同对方有"死过节儿"，必须有人自告奋勇"抽死签"。双方都明白，即使这些人在殴斗中没有被打死，事后也要由他们到乡甲局顶名投案，为对方被打死的人负责。在约定打架的那一天，众人要整队前往，寨主走在前面，拳头刀子一齐上，直到有人被打死或受伤。这时，才会有人出头宣布争斗结束。然后，县官将预先选定持"死签"者逮捕并带到衙门升堂审问。县衙大堂之下挤满了双方的混混儿，他们前来观审是要确保自己的兄弟受刑时不要出声喊痛。②

混混儿到了中年就进入半退休状态，开娼窑、戏园子、落子馆、当铺，或者放高利贷。也有的投效总兵衙门做个小武官或到衙门里补个名头当差，一洗年轻时的恶棍名声。有些小有积蓄的参与一些公益事业，如资助水会或组织举办宗教赛会出巡。值得注意的是，这类慈善活动同时也是脚行把头们经常参与的活动。和其他活动一样，这两个群体在此类活动中出现了许多的交集。

尽管也做了这些好事，但是混混儿惹是生非的行为，特别是喜欢在街头打架，导致他们与政府当局冲突不断。这种冲突最终导致了他们的衰落。1870 年天津教案发生后，曾国藩被清廷派到天津与法国人谈判。由于事件中有 18 个外国人被杀，法国要求将凶手逮捕惩处。曾国藩利用这个机会处决了不少因为打架而入狱的混混儿，这些人显然跟这个事件没有多大关系。以后，李鸿章和袁世凯相继担任直隶总督。袁世凯特别憎恶混混

---

① 有关这场争斗的各种版本的记录，参见李然犀《旧天津的混混儿》，第 196 页；安力夫：《天津市搬运工人工作报告》，第 4 页；天津市历史研究所资料室整理《天津的脚行》，第 20 页；日本帝国驻北京使馆：《华北运输业劳工调查》，第 276 页。

② 一则发生于 19 世纪和 20 世纪之交的故事，详细讲述了一个混混儿兼脚行的头目，在衙门被打时发出了一声"哎哟！"按照故事的说法，所有在场的人都觉得他达不到坚强忍耐的要求。县官会表示厌恶地下令停止用刑，周围的人们会讥笑他，而他也不得不将管理脚行的权力交给其他人。参见《天津市脚行简介（二）》，第 7～8 页〔此处有误，应为《天津脚行简介（一）》，第 8 页。——译者注〕。

儿，杀了不少。在他当政的 20 世纪头十年，混混儿的势力明显削弱了。①

混混儿没有给 20 世纪的脚行工人留下什么特别的组织遗产。他们所留下的是一套对事物的态度，中心的一点就是要尊重那些最能完成艰难的体力工作和默默接受惩罚的人。一位观察者用一句格言总结了混混儿的生活观："今朝有酒今朝醉。"② 而后来传入天津的青帮，将这些态度融入其组织形式之中。

青帮

与混混儿衰落的同时是青帮在天津的崛起，不过，两个群体的成员之间显然是互有交集的。青帮创立于 18 世纪初期，起初是大运河漕运水手的互助团体。③ 当 1901 年大运河漕运停废之时，

> 青帮成员感到自己的组织和传统面临消亡的危险。于是他们在保留名称、旗帜、船的徽记和所有的帮规的同时，重新调整发展方向，扩大"帮"的组织。入会不再限于粮食运输者，帮会的影响扩大到南方与北方，青帮的成员猛然增加。④

---

① 《北京和天津的意识形态组织调查》（*Pekin Tenshin Shiso Dantai Chosa*）（二），《调查月刊》（*Chosa Geppo*）第 2 卷第 6 期，1942，第 427～428 页。有关天津教案的处置，另一个略有不同的版本是，18 名混混儿甘心情愿被处决，以换取对家人的赔偿。参见李然犀《旧天津的混混儿》，第 191 页。在该文的记述中，一名被处决的混混儿的遗孀赔偿金被骗，导致她本人后来也成了一个混混儿。于是，有关她的胆量和勇敢精神便有了许多传说。其中一个是这样说的，一名厂主对她说，只要她能扛得动就可以任由她搬走多少芦苇，于是她扛起 100 多斤的一捆芦苇就走开了。她是不多的几个女混混儿中的一个，这种特别的行为形象一般是属于男人的。

② 日本帝国驻北京使馆：《华北运输业劳工调查》，第 276 页。

③ 最早的一派是在安庆，最初称"安庆道友会"，后来改叫"安庆帮"，再后来就叫"青帮"了（根据 1980 年 4 月 16 日和 1981 年 3 月 24 日对李世瑜的采访）。有关一般认定的青帮起源，参见让·谢诺（Jean Chesneaux）《19～20 世纪中国的秘密会社》（*Secret Societies in China in the Nineteenth and Twentieth Centuries*），安娜堡：密歇根大学出版社，1971（Ann Arbor：University of Michigan Press，1971），第 45～47 页。谢诺在该书第 50～51 页解释说："这是由于一次生动的讹误……出现在创建者的名字中的这个'清'字，后来被另一个发音相同但意思却是'青'的字所取代。到了 20 世纪，由于天地会或者洪帮因为类似的讹误而逐渐被人们常常称为'红帮'，'青帮'这个称谓就更加容易让人铭记在心。"（谢诺所指的"创建者的名字"实际上是"安庆"这个地名）李世瑜补充说，"青"和"红"常常在青帮话语中一起使用，如"你的伤是'青'（黑和蓝）还是'红'（流血）？"

④ 马超俊：《中国劳工运动史》，商务印书馆，1942，第 74～77 页，谢诺的引用在第 47～50 页。

不少青帮的新成员显然来源于通商口岸的码头工人，也来源于混混儿阶层（至少在天津是这样）。①

在 20 世纪前 50 年，天津的青帮成员不仅扩大到码头工人，而且还包括人力车夫、小商贩、苦力、手工业工人、饭馆跑堂的，以及妓院、茶馆和戏园的老板。总之，它实际上包括了混混儿涉足的所有社会阶层和整个运输行业。

不过，青帮的影响并不仅限于社会下层。民国初年，袁世凯的儿子和袁的一些主要对手也加入了青帮，他们希望能利用青帮来达到他们的政治目的。从 20 世纪 20 年代初直到日本入侵，每个坐镇天津的军阀或国民党官员（李景林、张宗昌、褚玉璞、厉大森）实际上都是青帮成员。青帮在上流社会以及农、工、商、军警中都有信徒。② 个别青帮头目如白云生，通过投机买卖积累了大量个人财富，在租界过着极为奢侈的生活。③

不过，天津青帮头目从来没有获得像上海青帮头目那样的社会地位。伊斯雷尔·爱泼斯坦回忆说："天津没有人能像杜月笙和王晓籁等人那样控制上海。"

> 在上海，同样操控青帮的人开银行、经营鸦片生意，而在报纸上有关他们创建医院的报道又称他们是非常体面和受人尊重的市民。天津的情况就大不一样了；天津的青帮规模小，也更加松散。我甚至无法告诉你……谁是天津的老大，而在上海这是显而易见的。④

尽管青帮是按辈分高低组织起来的，但远不是一个统一的组织。帮派之间的争斗，以及帮派成员充当打手的争斗，充斥城市的每个阶层，从高

---

① 谢诺：《19~20 世纪中国的秘密会社》，第 48~49 页；《北京和天津的意识形态组织调查》，第 429、437 页。

② 1941 年完成的一项有关天津青帮的调查估计，当时的天津有 50 万青帮成员，大约相当于城市人口的四分之一。他们的职业分布如下：劳工（包括搬运工人）50%；无业（靠帮会活动收入生活）5%；经营娱乐场所或妓院 20%；军队、政府、警察和铁路工人 5%；邮局、商业、自由职业者 12%；租界政府的中国雇员 3%；其他 5%。参见《北京和天津的意识形态组织调查》，第 439~440 页。

③ 参见《北京和天津的意识形态组织调查》，第 430 页。

④ 1980 年 12 月 7 日对伊斯雷尔·爱泼斯坦的采访。

层的政治暗杀到帮派头目或工头之间的斗殴。①

日本占领期间，帮会虽然没有以前那么活跃，却一直继续活动。20 世纪 40 年代初，日本军机构曾对一些在法租界活动的帮会成员为重庆国民党政府充当间谍表示担忧。不过，也有另外一些帮会成员与日本人密切合作，收集情报，招收劳工送往日本，并为日军提供妇女。②

20 世纪二三十年代以及日军占领时期，青帮在脚行中的活动尤其值得注意。一些大的脚行把头也是青帮的老大：袁文会是一个最老的脚行家族的后代；巴延庆是河北大街脚行的把头，天津运输业工会理事长，同时也是国民党党部委员和红帮头目；翟春和是春和脚行的把头，袁文会的干儿子；马文元外号"三爷"，也是国民党党部委员，后来在解放后的京剧《六号门》中被塑造成一个臭名昭著的恶棍。③

李侃如认为，脚行"是秘密社团领导人用来控制天津运输业的外围组织"。脚行"为管理运输业提供了一种便利的组织形式……秘密社团（通过这种苦力团体）确定运输业的价格结构，提供必要的劳力，并保证船运货物的安全"。④ 李的这一表述意味着青帮是一个有自主权的组织，对运输业可以独立做决定，并通过脚行来执行这些决定。不过，还没有发现历史的证据可以证明，青帮是一个独立自主的组织。更准确的说法似乎应当是，青帮中的师徒关系强化了脚行把头之间的关系，因为他们几乎都是青

① 有关后者的例子，参见贺萧《天津工人，1900~1949》第六章。帮会头目袁文会和刘广海之间 20 年的争斗在刘静山的《汉奸恶霸袁文会的一生》一文中有详细的叙述，参见《天津文史资料选辑》第 18 辑，1982，第 208~211 页。

② 更多有关青帮政治活动的资料，参见《北京和天津的意识形态组织调查》，第 429~431、434~439、444~447 页。有关袁文会的汉奸活动，参见刘静山前引文，第 205~208 页。有关青帮在汉口的汉奸活动，参见罗威廉（William T. Rowe）《日本占领期间的青帮及其汉奸活动，1939~1945》（The Qingbang and Collaboration Under the Japanese, 1939 - 1945），《近代中国》（Modern China）第 8 卷第 4 期，1982，第 491~499 页。

③ 有关帮会及他们与脚行把头之间关系的资料，参见天津市历史研究所资料室整理《天津的脚行》，第 4、21 页；中华全国总工会编《搬运工人工会工作参考资料》，第 16、29 页；《进步日报》1951 年 3 月 29 日，第 1 版，以及刘静山前引文，第 202~203 页。袁文会 1901 年出生于南市，由一个在芦庄子脚行当把头的叔叔养大。这个脚行垄断了日本租界北部和南市的搬运。袁白天在脚行当差，晚上到叔叔的赌场上班。巴延庆和翟春和于 1951 年 3 月 31 日在一次镇压反革命运动中被枪决。马文元和袁文会也在解放后被处决。参见《进步日报》1951 年 3 月 31 日，第 1 版；天津市历史研究所资料室整理《天津的脚行》，第 29 页。

④ 李侃如：《天津的革命与传统》，第 23 页。

帮成员。这很有可能也有助于他们与政府官员和天津其他上层精英成员之间建立同盟关系。青帮成了将脚行组织黏合在一起的灰浆，并将它们结合到更大的城市社会结构之中。①

对 20 世纪天津普通的搬运工人而言，青帮的身份成为他们谋求职业必不可少的条件。为了在码头上找到一份工作，加入青帮还不够，往往还必须是某个头目的徒弟。甚至那些没有组成社团的人力车夫也发现，租车给他们的车行老板不愿将车租给非青帮成员的车夫。② 处在某个同时是脚行把头又是青帮头目的老大的保护之下，青帮成员的身份可以强化老板和工人之间的等级关系，赋予彼此之间的义务。过年过节徒弟要向他们的师父也是把头孝敬礼物。如果徒弟遭人欺负，师父就应给他们提供保护。师父接收徒弟要举行仪式，叫作"开山门"，以强调这种关系的庄严性。举行仪式的地方叫"香堂"，可以是在家里，也可以是在一个公共场所，这种场合的标志是摆放着蜡烛、香和木牌位，还要邀请一名懂得规矩的帮会重要成员主持仪式。③

青帮成员的身份能为工人提供少量的物质保障：

> 帮会半是行会、半是收取保护费的黑社会组织、半是慈善团体——也就是说，如果你守规矩……人们参加帮会可以作为一种保险，不仅是为了防止被打，而且如果他们病了……帮会会给一点钱。在这方面有一定的保护。这也是他们控制他们的人的方法，既用恐吓又给一点救济。④

更重要的是，帮会身份为与其他受逞英雄和相互忠诚彼此支持的观念制约的工人和把头构成的网络，提供了结盟的保障。⑤ 结盟对这个行业的

① 这并不意味着青帮没有自己的组织结构或规则仪式，只不过它没有独立的组织程序。有关青帮的组织仪式和谱系信息以及对其历史高度程式化的记述，可以在《帮会手册四种》中找到；易苏敏（Yi Sumin，音译）编《青帮考释》、《青谱纪要》以及《青红帮考义》。这些重印的秘密会社手册是说明性的而不是描述性的，很少有关于帮会与其他社会组织之间相互影响的资料。

② 对李世瑜的采访，1980 年 4 月 16 日和 1981 年 3 月 24 日；李侃如：《天津的革命与传统》，第 23 页。

③ 对李世瑜的采访，1980 年 4 月 16 日和 1981 年 3 月 24 日。

④ 1982 年 12 月 7 日对伊斯雷尔·爱泼斯坦的采访。

⑤ 有关脚行的英雄主义，参见《益世报》1948 年 8 月 4 日，第 5 版。有关脚行成员彼此之间的忠诚，参见《北京和天津的意识形态组织调查》，第 440 页。

生存和积聚力量至关重要；最擅长结盟的人往往是最成功的。① 对脚行把头而言，与更强大的把头结盟能扩大他的经济活动范围和减少冲突。对于脚行工人，据李侃如的观察：

> 城市生活近似于霍布斯的"所有人对所有人的战争"世界，因为市政府的权力无法触及到这么远的地方，为这一社会阶层的人提供保护。生活在这种相对无政府的环境中，潜在的秘密会社成员遭遇暴力成为一种生活常态。他处于生计的边缘，无法依赖警察的保护，也不能承受几天不工作所带来的损失，他完全懂得"强权就是公理"的格言。为了生存他必须与他所在地区最强大的势力建立关系。在这种环境下，秘密会社的价值就在于它能够为潜在的成员提供一种保障。②

不过，尽管脚行工人与天津大约25万运输、工厂和手工业工人都同属于青帮成员，③ 但是帮派身份显然并没有让他们拥有一个工人阶级成员所具备的开阔的观念。运输工人的世界仍然非常有限。李侃如注意到"一位前天津码头工人若干年后在香港接受采访时，仍然只能按照不同的地盘来描绘这个城市的地理"。④ 尽管帮会身份为搬运工人提供了一份工作和他所在的脚行内的一套同盟关系，但是却没有拓宽他在城市中的视野，甚至连脚行之外的帮会成员也不认识。1949年之前时常出现在天津生活中的脚行之间的暴力争斗，完全没有因为冲突双方都是青帮成员这一事实而有所减缓。

暴力行为

脚行对脚行：为地盘而战

运输行业的生活充满了暴力。的确，一个运输工人世界的边界简直就

---

① 日本帝国驻北京使馆：《华北运输业劳工调查》，第275页。
② 李侃如：《天津的革命与传统》，第23～24页。
③ 这一数字来源于1941年的一项研究。在估计的25万靠体力劳动生活的帮会成员中，22万在工厂工作，剩余的3万是码头工人、车站的搬运工、船主和轮船上的劳工。《北京和天津的意识形态组织调查》，第440页。
④ 李侃如：《天津的革命与传统》，第25页。

是由暴力来划定的，因为尽管每个脚行都有经政府命令批准的、继承下来的地盘，但越界还是时常发生。脚行成员一旦被逮住偷着在其他脚行地盘上干活，他必须承认错误，他的把头也必须道歉，否则就肯定会发生流血事件。①

鉴于喜好自吹是脚行的行为特点，这样的道歉通常并不容易做出。当脚行之间"每以争夺生意构衅"，1884年当地出版的著述这样评论道："动则挥舞持械，两不相下，谓之'争行市'。"② 在世纪之交，脚行之间为争夺地盘的争斗据称几乎每天都要发生几起死亡事件。③

尽管20世纪争夺地盘的争斗很少再有像混混儿之间那样的程式化的现场斗殴，但是也同样充满血腥。例如，1935年7月的《益世报》报道了西营门城区各粪厂运送粪便的同议脚行与另一脚行发生殴斗。7月23日早晨，当同议脚行的几名工人正准备将粪便装上一艘船时，十多个男子带着刀、棍和斧子出现了。在这些人的追赶下，同议脚行的人跑开了，其中一人被抓住打死，另一人被打成重伤。调查这起事件的警察从同议脚行的把头那里了解到，这可能是惠乐脚行干的。从1923年以来，惠乐脚行和同议脚行一直为争夺地盘而发生冲突，双方发生过无数次官司和街头殴斗。根据这些证词，警方逮捕了四名惠乐的把头，他们承认了自己的罪行，然后被押送到县法院候审。④

这种因争夺地盘而发生的直接冲突在解放前的各行业脚行中经常发生——或是在码头工人中间或是在货运工人之间。尽管这些冲突开始很可能是由脚行把头之间的矛盾引起的，但都不可避免地会扩大到搬运工人之间。⑤

另一种脚行之间的地盘之争发生在商人企图将他们的生意从一家脚行

---

① 《益世报》1948年8月4日，第5版。下面对脚行暴力行为的描述几乎都来源于报纸的报道，不可避免地会呈现出松散的和碎片式的画面。虽然这无助于加深对脚行暴力行为连贯性分析的理解，但是却能帮助定义脚行暴力的范围。

② 张焘：《津门杂记》卷下，第41页。

③ 《天津市脚行简介（一）》，第8页。

④ 《益世报》1935年7月24日和11月5日，第5版。

⑤ 《益世报》1935年10月3日，第5版；1936年3月16日，第5版；1936年4月13日，第5版；1937年2月22日和23日，第5版；1948年1月26日，第4版；1948年5月10日，第5版。

转给另一家脚行的时候。例如，河北区有个脚行把头叫李春明，以及一个由张氏三兄弟管理的脚行。1935 年 11 月，张氏兄弟中的一个在三条石的一家货栈卸货时，与一名姓王的搬运工人发生了口角。在扭打过程中，一些货物掉落造成一名行人重伤。李春明帮助协商达成了一个解决方案，张和王每人赔偿伤者一部分医药费。货栈老板担心自己也要承担伤者的费用，决定断绝与张和王的一切关系，改而雇用李春明为其装卸货物。愤怒的张指责李蓄谋抢了他的生意，带着他的兄弟砸了李的脚行。涉事各方被带到当地警察局，张氏兄弟指责李蓄谋独占市场。这个案件被移交法院。①

在这种事件发生后，法庭要将指控和反指控划分清楚几乎是不可能的。例如，发生在侯家后的一起典型案例中，姓邢和姓陈的两名脚行把头为当地的肉店搬运肉。陈被发现从他搬运的货物中偷盗；他被解雇后，生意转交给了邢。第二天陈带着一帮人到了邢家。争吵中陈的头部被刺伤。邢告诉警察说，陈是自己弄伤了自己，目的是讹诈，这种手段在此类冲突中很常见的，他要求法庭查明真相。②

如果一个把头认为自己足够强大，他就会毫不犹豫地设法从其他脚行把头那里敲诈钱财。25 岁的蔡玉贵（Cai Yugui）是三条石一个自命不凡的把头。他在 1926 年③要求雇有 70 人的脚行把头郝凤鸣（Hao Fengming），每年上交他一些钱作为“孝敬”。遭到郝拒绝后，蔡用斧子砍了四下他的头，然后他坚称——这有点不太可能——是郝自己造成的伤。这个案件和其他案件一样，被呈交法院。④

有时在混战中，根本不可能分清哪个脚行参与了某场殴斗。一则消息报道了 1948 年 3 月发生在二区的一次斗殴，当时只有 5 名工人在一个货栈等着做散活，他们看到二三十名工人向他们走来，且背着的一个麻袋里面装满了兵器。这伙人冲进了当地一家饭馆，一位等活的工人正在里面吃东西，他们将他拖出去就打。当其他人试图逃走时，也遭到追打。警察及时赶到后只抓到了其中一名袭击者，报纸的报道对造成这起有组织暴力行动

---

① 《益世报》1935 年 11 月 23 日，第 5 版。

② 《益世报》1936 年 3 月 21 日，第 5 版。

③ 应为 1936 年。——译者注

④ 《益世报》1936 年 4 月 1 日，第 5 版。

的原因以及作案者的身份，一直保持沉默。①

这些冲突偶尔也会采取黑社会处决的形式解决。张金铭是一位很有势力的脚行把头，当地人称他为"二爷"。1948年7月，他在自家的瓜地被绑架。几天之后，他的尸体在郊外的一块高粱地里被发现。张的儿子只告诉警察说，他的父亲"有很多仇敌"。②

脚行对商人

脚行把头会毫不含糊地将敲诈和恐吓手段同样用到他们的客户身上。如果商人不想用某家脚行为他搬运货物，而打算自己搬运，他仍然必须向脚行支付费用，其名目多样，如"过街费"或"搭肩钱"。③ 不缴纳这些费用将会带来危险。1936年3月，两名献县的农民用船载着白菜来到天津，当地一位脚行把头在码头迎住了他们，告诉他们无论在哪靠岸，都必须交纳搬运费。遭到拒绝后，把头带着一帮挥舞棍棒的脚行成员，跑到船上将其中一名农民打成重伤。这位脚行把头随后被逮捕，他为他的行动辩护说，那两名农民欠他的搬运费。④

不仅是来自农村的单纯的农民，即使那些声誉卓著的当地的工厂主也惧怕这些脚行。瑞生祥颜料厂是一家成立于20世纪20年代中期的工厂，雇用了20多个人，厂主在1935年发现自己陷入了经济困境，试图跟当地脚行协商减免"搭肩钱"。起初，那位脚行把头一口拒绝，并辱骂该厂主。最后，双方达成协议，工厂每年支付脚行75元，然后可以自由搬运自己的货物。这个协议维持了几个月，直到有一天，来自另一个区的一家与之有竞争关系的脚行来到颜料厂卸下了一大批船运货物。那家本地脚行的把头得到消息，派了多达50人的一伙暴徒去了颜料厂，殴打工人和职员，砸碎了他们看到的所有东西。工厂的经理和工人们纷纷逃了出去。警察逮捕了十多名暴徒。当厂主回到厂里查看损失时，又有十多名脚行的人出现在工厂并堵住了厂门口。警察又回到工厂并逮捕了其中几个人。十多名颜料厂

---

① 《益世报》1948年3月14日，第5版。

② 《益世报》1948年7月23日，第5版。

③ 《益世报》1948年8月4日，第5版；天津市历史研究所资料室整理《天津的脚行》，第19页。

④ 《益世报》1936年3月24日，第5版。

的雇员在袭击中受伤，其中一些人伤势严重。最迟到1947年，当地的媒体报道称，成群的脚行把头和脚行工人，殴打和恐吓工厂主，目的是获取更多的生意。① 一位当地商人向市政府寻求保护：

> 现在天津市存在的脚行，他是否代表了封建势力？他对社会有什么贡献？是谁拥护他，使其剥削卖力气当牛马的同胞？……是否等于山寇野匪据山为王，带领喽啰，"留下买路钱"？这些可恶的脚行，肥头大耳的，张口是"打下的江山"，闭口是"祖宗跳过油锅。"市长，你不能为天津除此一害吗？他们有什么组织，也不能叫他们这样张狂。②

多数的脚行把头由于拥有人力或畜力车，所以顽固地反对一些商人引进汽车。当天津一家最大的火柴厂的驻厂脚行屡次提高运价时，工厂的管理人员不甘受其勒索，购买了几辆卡车。脚行把头便指派一些他雇用的恶棍去厂中阻挠工作，并威胁要杀死工厂的总经理。最终，这家工厂不得不将搬运工作仍交由该脚行把持。③

工人的暴力行为

解放后的著述强调脚行把头对工人们的残暴，有许多案例谈到把头使用上述暴力手段对付他们自己雇用的工人中那些对抗他们的人。④ 不过，暴力并不是脚行把头的专有特权。解放前的媒体提供了丰富的证据，说明工人们愿意举起棍棒保卫他们的把头，但是他们也能够反抗他们的把头。

1935年的运输工人苏振宝案，就是典型的工人与把头之间冲突的案例。在被一名姓于的工头以很小的过错解雇之后，苏拿着一根木棒找到于家并袭击了他。于的两个侄子和苏的兄弟当时也参与了这场打斗，苏将于的手咬掉了一大块肉。⑤ 然而，于比天津最有名的一个脚行把头杨德润要

---

① 《益世报》1935年10月29日，第5版；1947年7月29日，第4版。
② 《天津市脚行简介（二）》，第7页。
③ 天津市历史研究所资料室整理《天津的脚行》，第19页。
④ 天津市历史研究所资料室整理《天津的脚行》，第21~22页。
⑤ 《益世报》1935年9月24日，第5版。

幸运得多。杨的一名工人由于自己应得的份钱被骗而愤怒不已，在与杨发生争吵时在杨的面部砍了六刀，胸部砍了一刀。在被捕后，这名工人声称杨剥削他的工人们，每周才发一次工钱，工人们常常都无法支付他们的开销。① 另一名把头，由于工人们认为他过分地克扣他们的工钱，遭到一群工人的攻击和殴打。②

不过，脚行内部的暴力行为并不总是越过阶级界限。两名搬运工人之间发生冲突，导致一人被打或被刺伤，这样的事情与脚行把头和工人之间发生争斗同样司空见惯。③ 更糟糕的是，搬运工人们动不动就把他们喜欢打架的习惯带到业余活动中。在三条石同一家脚行干活的鲁（Lu）家五兄弟（分别称老大、老二、老三、老四和老五）就是一个案例。1936 年的端午节，老五和一位朋友去看电影，结果因为没有买票被电影院的引座员给赶了出来。两人与电影院的管理人员打了一架，被警察罚了一元钱。第二天，老五和他的四个兄弟就把电影院给砸了。电影院的经理担心这事没有了结，去三条石找那里的脚行把头出面调解。途中他被鲁家兄弟和他们的朋友截住并遭到殴打。然后，鲁家这伙人中有一名叫王占元（Wang Zhanyuan）的，让同伙在其头部和背部连砍了六刀，然后跑到警察局声称是电影院经理干的。结果，警察经过调查，将鲁家兄弟全部逮捕。④

个人和集体的暴力，是运输行业谈判的表达方式。由于常常诉诸各种暴力行动，脚行把头和脚行工人在天津成了最令人害怕和遭到鄙视的人。他们也引起政府的极大关注，从清朝官府到共产党政府，历届政府都不断地试图规范他们的活动。

政府与脚行

到了 19 世纪后期，政府与脚行之间的关系已经确立。政府公布法规，

---

① 《益世报》1936 年 11 月 19 日，第 5 版。

② 《益世报》1937 年 4 月 20 日，第 5 版。

③ 《益世报》1935 年 12 月 30 日，第 5 版；1936 年 11 月 15 日，第 5 版。

④ 《益世报》1936 年 9 月 1 日，第 5 版。同样的暴力行为也是人力车夫与车行老板之间，以及人力车夫之间关系的特征，不外就是为争夺停车地点发生冲突相用刀砍伤对方。与脚行工人一样，人力车夫的家庭成员往往也会卷入到这些争斗中。参见《益世报》1936 年 2 月 2 日和 8 月 6 日，第 5 版；1948 年 8 月 1 日，第 5 版。

而脚行只有在法规能够强化他们的地位时才会遵守，否则就会置之不理。一份当地的出版物描述了这种状况："已经地方官宪为分清界址，厘定章程，不得搀越争执。而今凡有搬运货物，挑抬行李者，当按地段召雇，视道里远近，言定脚力若干。"不过，这套制度执行得并不顺利，"然遇异乡孤客，亦屡有多方需索之习，未免欺生耳。……横冲直撞，络绎于途，尤属强横可恶"。①

尽管清代末期袁世凯为终结当地混混儿的争斗之风所做的努力，可能暂时减少了街头斗殴的次数，但是脚行的结构并没有受到触动。在民国初年和军阀统治时期，脚行的活动没有受到干扰。1928年，国民党政府在天津成立之后，曾试图组织一些运输工人工会。不过，政府组织者很快发现，货物搬运工虽然"受到很大压迫，却很散漫，难以组织起来"，并惋惜他们的斗争精神常常被用于私人的争吵而不是工会活动。通过进一步的观察发现，市工会的几个分支似乎是整体加入工会的脚行，而它们的领导机构几乎是原封不动，由把头担任工会的"秘书"。② 到了20世纪30年代中期，天津社会局成立了一个市运输业职业工会。当地一位有影响的脚行把头巴延庆被任命为理事长。由于全市有数以万计的搬运工人，为争夺地盘而发生的街头争斗常常充斥当地报端，工会要求市里重新划定地盘，终止这种争斗。③

市政府部门与脚行之间由此而引发了一场不寻常的争执。1936年初，市政府下令社会局要对脚行有所作为；于是社会局要求运输工会进行一项调查；在经过了一个月的官僚式的互相推诿之后，4月中旬天津市公布了脚行改革的计划。"四口"制度被废除，它不再是一个征税单位或者脚行垄断某些地区的理由。这代表着脚行的部分胜利，因为几十年来他们一直反对征收运输税。④

几个星期后，政府的三个部门——社会局、公安局和财政局——联合发表了一份公报，宣布开始第二阶段改革计划。他们发布一项命令，宣布

---

① 张焘：《津门杂记》卷下，第41~42页。
② 何泽春（He Zechun，音译）：《考察各级工会总报告》，中国国民党天津特别市执行委员会，1929，第12~13、39~43页。
③ 《益世报》1935年11月22日，第5版；1937年6月10日，第5版。
④ 《益世报》1936年3月11日和4月18日，第5版；《天津市脚行简介（一）》，第7页。

从此以后商人可以自由决定由谁搬运他们的商品，不再允许脚行收取"过街费"。公安局将为搬运货物制定收费标准，如发现任何脚行收费超过所定标准都将受到惩罚。①

这项命令实际上废除了脚行的权利基础，脚行把头们马上做出了反应。他们将争夺地盘的战争搁置一边，联合向市政府请愿撤销该项命令。请愿书用很长的篇幅陈述苦力的贫困和他们的弱点："无法求生，工商智识缺乏，惟以牛马之劳，借得汗血之资，以便赡养。"脚行把头们坚持说，如果执行这项命令的话，成千上万的人将会失业，他们和他们的家人将会沦为乞丐。运输工会代表脚行发出呼吁，请求市长"再行妥商改善办法"，以确保苦力们的生计。脚行以突然停止所有争夺地盘的殴斗来表明他们的诚意。②

此后再没有听到有关改革的消息，直到8月，才开始实施一项经过较大修改的改革计划。脚行被允许保持他们对搬运业的垄断权。所有103家脚行在接下来的几个月内都要到社会局登记。11月，该局将所有脚行把头召集到一起，要求他们禁止敲诈、欺骗客户，禁止抢占地盘或斗殴。警告他们如果违反了这些规定，将会失去经营权。尽管1937年初，仍有一些有关争夺地盘冲突的报道，但是冲突的数量似乎减少了，而且无论如何，所有地方冲突很快就都被日本侵略所掩盖了。③

在这一过程中，政府企图废除脚行制度，不过很显然，政府官员承受着相当大的政治压力，使得他们很难采取这一行动。人们只能猜测这种压力的性质，以及像巴延庆这样的高层支持者，或同样具有青帮身份的政界精英和脚行把头，在影响政府不要对脚行采取行动这一事情上所扮演的角色。

本应更少受当地政治压力影响的日本占领当局，同样也没能清除脚行。1938年7月，在占领天津一年后，日本占领当局做了一次同样的尝试。当时，抱怨脚行数量太多而且其"道德水准不一"的铁路局，试图将装运货物的工作交给一个政府组织——国际运输公司。脚行再次提出申诉。他们说，铁路运输工人是离乡背井的农民，他们历来就被允许在铁路

---

① 《益世报》1936年4月29日，第5版。
② 《益世报》1936年4月30日、5月4日、5月7日、5月26日，第5版。
③ 《益世报》1936年8月23日、10月29日、11月28日、12月1日，第5版；1937年5月28日，第5版。

上搬运货物。经过多次抗议，政府最后同意让脚行保留他们的权利，但只是要求他们在国际运输公司名义上的监管下工作。[①]

1938 年晚些时候，日伪市政府颁布了新的脚行管理规定。脚行再次被要求登记。这一次，脚行把头被要求保证他的工人有好的品行，而他本人也要有两个担保人。脚行的权利不再允许典押、买卖或转让。新规定制定了搬运费的标准并禁止脚行把头对商人使用强迫手段。此外，根据新规定，每个脚行把头都被要求保存明细账目，列明他应当支付给雇员们的薪水，并且不得扣留薪水。

从结果看，这些详细的规定大都是表面文章。它们对脚行的控制没有造成任何威胁，并且也没有任何证据表明薪水和运价的规定得到执行。在这些政府规定假象的背后，脚行把头袁文会和巴延庆在当局的支持下，和以往一样完全把持着这个行业。唯一显著的不同就是脚行现在将礼物送给日本人的运输公司而不是中国政府官员。[②]

战后，有关脚行的规定，政府同样是一阵风似的颁布，结果也是一样。又是新一轮的脚行登记。政治上非常灵活的巴延庆仍然是市运输工会的领导人。市政府成立了一个运输事务所，有意取代脚行，结果却遭到后者排挤而拉不到生意。鼓励脚行把头给工人提高薪水的措施，也没有什么显著效果。[③]

从抗日战争结束直到解放，对脚行权力形成真正威胁的不是市政府，而是来自另外两个组织。其中一个是"黑旗队"，这是一个比青帮还神秘的团体。根据当时的一篇记述，在解放前几年的天津，黑旗队"烧杀抢掠，无所不为"。"黑旗队"依仗武力夺占了大宗船运货物的搬运权，脚行若加干涉，他们就会"动刀子"加以对付。这是一个能够用"其人之道"战胜脚行的组织。

---

① 天津特别市公署：《天津特别市公署二十七年行政纪要》第二卷，1938，第53页。

② 天津特别市公署：《天津特别市公署二十七年行政纪要》第二卷，1938，第44～51页；天津市历史研究所资料室整理《天津的脚行》，第6～7页。

③ 《天津市脚行简介（二）》，第7页；《整顿脚行》，《天津市周刊》第4卷第6期，1947年9月27日，第3～4页。在抗战前后，政府也都曾试图登记和控制人力车的数量，战后政府曾发布指令，要求用三轮车取代人力车。有关这方面的努力，参见《益世报》1935年6月21日和12月4日、1937年5月27日、1947年1月21日和5月20日、1948年3月22日和4月3日，第5版；《天津市周刊》第2卷第2期，1947年3月15日，第6页。

另一个威胁脚行的组织是报关行，它在脚行和货主之间充当中间人，人为地抬高价格，从双方榨取利益。在这一时期，敲诈勒索在政府部门中当然并非罕见，即使是强大的脚行也无法阻止它。[①]

就像它们通过贿赂和恐吓，逃过以往历任政府要将它们取缔的企图一样，脚行也逃过了这些威胁，并成功渡过了这些困难年月直到解放。它们有能力让经济瘫痪，它们用这种威胁为自己获取很大的优势条件。它们之所以能够生存下来，是因为它们是给予和收受各种好处的高手，在解放前的天津，与政府间的互惠互利是合法的手段。在很长的历史过程中，脚行把头买通他们上面的人，威胁与他们地位相当的人（其他脚行和商人），并通过提供保护和安全保障来控制他们下面的人。他们在天津的城市环境中是如此根深蒂固，以致1949年之后花了几年的时间并发动了一场大的运动才将他们消灭。[②]

由于他们使用的手段很成功，所以在天津作为通商口岸发展的整个过程中，传统的脚行组织实际上被原封不动地保存了下来。通过加入到脚行这个组织中并对脚行把头表示服从，运输工人获得了工作，这种工作虽然从身体上讲繁重异常但是却有保障。他们也在天津最暴力的行业中得到了保护。对工作和保护的双重需要确保了这种纵向联盟的持续力量。尽管现代天津城市逐渐形成，运输工人这个天津工人阶级中最古老的城市阶层，仍然处在传统的结构中，他们所尊崇的那一套忠诚的观念，实际上阻止了他们参与到具有阶级意识的劳工阶层的形成中来。不过，需要获得保护并不仅限于运输工人。跨阶级忠诚的类似模式，保卫这种忠诚的类似暴力方式，在"现代"天津的棉纺厂也很盛行。

作者：贺萧（Gail Hershatter），美国加利福尼亚大学圣克鲁斯校区历史系
翻译：许哲娜，天津社会科学院历史研究所
　　　喻满意，天津日报报业集团《每日新报》编辑中心
校对：刘海岩，天津社会科学院历史研究所

---

① 《天津市脚行简介（二）》，第7页。
② 有关这场运动的详情，参见李侃如《天津的革命与传统》，第60~77页。

天津的朝鲜人

〔日〕 幸野保典　著　万鲁建　译　郑颖　校

内容提要：天津的朝鲜人自 1910 年"日韩合并"之后逐渐增多，特别是进入 1930 年代更是大批涌入，1940 年超过了一万人。这些人主要分为四种类型，既有抗日活动家，也有一攫千金者，当然更多的还是企业进入组和官吏及大企业派出人员。他们约有一半居住在日租界，并显示出极强的集中居住性。他们从事的职业繁杂，初以鸦片走私者、杂货商和餐饮业者为主，后来生活必需品的从业者增加，尤以米谷商和旅馆业者为多。他们是日本人进入华北的先遣队，同时经过努力，改变了先前以走私和杂货商为主的"职业形象"，成为天津日本人社会之一翼。

关键词：天津　朝鲜人　职业构成　移居类型

序　言

华北地区在地理上和朝鲜并不遥远，自古以来就有文化交流和贸易活动，但是近代以前并没有显著的人员流动。朝鲜人在华北地区明显增加究竟始于何时？本章就是从以下三点，来分析近代以来朝鲜人进入天津的状况。

第一，明确近代朝鲜人进入天津的经过，以及伴随着时代变迁，朝鲜居住者的特点有何变化。第二，阐明中日战争①爆发后朝鲜营业者的职

---

① 本文节译自木村健二等著『戦時下における朝鮮人の中国関内進出について』（韩国文化研究振兴财团编《青丘学术论集》第 23 集，2003 年 12 月发行）第三章「天津における朝鮮人」。这里的"中日战争"是指以 1937 年 7 月 7 日卢沟桥事变为开端的全面抗日战争。

业构成，并与前一阶段稍作比较，进而从驻津企业的营业类别明确其特点。第三，从在天津有店铺和商号且取得了相当成功的朝鲜企业家的经历，来探明其特点。通过这些分析，了解朝鲜人在战时天津是如何存在的，在华北的经济中心城市天津，他们又发挥了什么样的作用。

一　朝鲜人进入天津的状况

首先，我们概述朝鲜人移居北京、天津（以下简称京津）的情况。进入 20 世纪前，尽管交通便利，但是居住在京津地区的朝鲜人除了少数留学生外，是非常少的。不过，以 1910 年的"日韩合并"① 和其后的日本对朝鲜的殖民统治为契机，开始有少数人移居天津法租界，其后移居京津地区者逐渐增加。因日本的殖民统治而亡命者和政治活动家，居住在京津，并以此为活动据点。1931 年九一八事变前，这些朝鲜"左翼分子还控制着天津的朝鲜人社会"。②

另一方面，在天津的朝鲜人中也有从事鸦片等违禁品走私者和餐饮业者，因为人数少，还没有成为严重问题。其后，移居满洲③的一部分朝鲜人因贫穷，开始向华北转移。他们"原本就没有资金和技术，生活依然困苦，又没有依靠，不得已又变成了走私者"。④ 九一八事变前，这些人已经相当多了，而且开始集中居住，"住在町的某一个区就是明证"。不久，就引起了侨民社会，甚至中国社会的注意。走私鸦片等经常变成"国际问题"。

九一八事变后，在华北，随着日本势力的入侵，"抗日"的朝鲜活动家开始从京津消失，代之而起的是鸦片走私者和餐饮业者的激增。在京津地区、京山线沿线，有七八千朝鲜人往来。一般营业者也非常

---

① 所谓"日韩合并"是指日本根据 1910 年签订的《日韩合并条约》，将大韩帝国合并之事，也被称为"韩国合并"、"朝鲜合并"，标志着朝鲜半岛正式被日本吞并。——译者注

② 馬青山：「在北支朝鮮人指導問題の考察」、『北支那』第 5 卷第 4 号、1938 年 4 月、第 19 頁。

③ "满洲"即中国东北地区。——译者注

④ 崔瑨淳：「児童教育に就いて（一）」、（「北支に於ける半島同胞の諸問題」『北支那』）、1939、第 13 頁。

多，但不为人所承认，"甚至被批评说餐饮业者、某某走私者全都是半岛人①"。

1935 年秋以后，开始出现白银走私和冀东走私贸易。与此相伴，有很多新人从满洲和朝鲜流入。在华北，朝鲜人人数超过了一万人。其后，冀东走私贸易停止，其人数减少。但由于走私贸易，一般人的生活大致安稳，"在天津、北京有不少人生活相当富裕"。中日战争爆发以后，朝鲜人"大多是军队翻译、转包御用商人或料理业者，和前线的士兵一起活动"。②在华北超过两万人的城市里，都有朝鲜人居住，与战争开始前相比，激增了两三倍。

如此激增的朝鲜移民，在天津日本人社会中也引起不少问题。天津日本总领事馆警察署 1938 年处理的保护遣返日本人情况如下："一、做坏事，因治安管理被遣返，或者身无一物、只能回国者，内地人③ 33，半岛人 72，合计 105 人。二、因不可抗拒的因素而失业者，即受雇于人者，因主人逃走而留下者，内地人 3，半岛人 5，合计 8 人。三、不知道是否为了一攫千金而茫然渡来，陷入生活困难者，内地人 3，半岛人 52，合计 55 人。四、因生病陷入贫困而身无居所者，内地人 12，半岛人 10，合计 22 人。五、除此之外，随着家人遣返，自己也只能返回成为保护遣返者，内地人 1，半岛人 25，合计 26 人。如前所说，合计内地人为 52 人，半岛人为 164 人。"④ 即在保护遣返者总计 216 人当中，朝鲜人所占比例高达 76%。

当时，内地人被保护遣返者，占当时在津内地人总数的比例为 0.18%。与此相比，朝鲜被保护遣返者所占比例为 2.8%，约为内地人的 15 倍。如前所述，很多朝鲜移居者毫无目的地来津，结果陷入困境。反映这一问题的还有，朝鲜总督府派遣室田事务官，外务省则命令木内副领事负责指导在华北的朝鲜人。⑤ 即便在天津日本人社会，也开始热烈讨论朝鲜人的复兴办法。

---

① 指朝鲜人。——译者注
② 崔瑨淳：「児童教育に就いて（一）」，（「北支に於ける半島同胞の諸問題」『北支那』）、1939、第 13～15 頁。
③ 此处的"内地人"是指来自日本本土四岛的日本人，以便与当时具有日本国籍的朝鲜人相区别，以下皆同。——译者注
④ 『てんしん 附北支旅行の手引き』，1939，第 9～10 頁。
⑤ 馬青山：「在北支朝鮮人指導問題の考察」，『北支那』第 5 巻第 4 号、1938、第 19 頁。

以上是 1910 年代至 1938 年京津地区朝鲜人概况。以下使用统计资料，更为详细地观看天津的朝鲜人动态。

表 1　天津的日籍人口统计

年　份		1934	1935	1936	1937	1938	1939	1940
租界内	内地人	5107	5915	8158	19306	19306	17072	18678
	朝鲜人	338	1224	1954	2238	3516	3822	5242
	台湾人	51	46	40	74	175	239	171
	小　计	5496	7185	10152	12004	22997	21133	24091
租界外	内地人	824	530	823	3507	9351	15449	16951
	朝鲜人	57	108	171	390	2331	3540	5347
	台湾人	24	12	12	14	52	57	73
	小　计	905	650	1006	3911	11734	19046	22571
天津合计	内地人	5931	6445	8981	13199	28657	32521	35629
	朝鲜人	395	1332	2125	2628	5847	7362	10589
	台湾人	75	58	52	88	227	296	244
	合　计	6401	7835	11158	15915	34731	40179	46462

资料来源：利用天津居留民团『民团事务报告书』各年度版做成。

表 1 是按照国别、年度统计的在津日籍人口的变化情况。从表 1 能够看到在津朝鲜人人口的划时代变化在 1934 年至 1935 年。1934 年的朝鲜人为 395 人，只占全体在津日籍人口的 6%；1935 年为 1332 人，和上年相比激增 2.4 倍，甚至占到了"内地人"总人口的 21%。与此相比，在津"内地人"人口的划时代变化发生在比之晚三年的中日战争爆发后的 1938 年，和上年相比，增加了 1.2 倍。

因塘沽停战协定的签订，战火暂时没有扩大，朝鲜人开始迅速进入。换言之，这是背负着相当"危险"的进入。其中很多无疑都是后述的冀东贸易走私者。另一方面，"内地人"是在中日战争爆发后确立了对华北的统治后才开始大量进入的。

从在天津的朝鲜人和"内地人"的人口比率来看，1934 年朝鲜人只占全部人口的 6%，1940 年则达到了 23%，增加了 17 个百分点。同样来看"内地人"，从 93% 降至 77%，减少了 16 个百分点。和"内地人"相比，在绝对数量上，朝鲜人是少的，但是朝鲜人所占总人口的比率，则是逐年提高的。

从朝鲜人的居住区域来看，1940 年居住在旧外国租界和中国街区的人数超过了居住在日租界的。朝鲜人进入这种不安稳的地区，是因为此乃一攫千金的捷径，同样，这也是造成其与中国人问题表面化的一个原因。

表 2 表示的是具有日本国籍的人在天津不同区域的居住情况。从朝鲜人在日租界的居住区域来看可得到如下情况：日租界 31 条街道，有朝鲜人居住的为 25 条街道，完全没有居住的有 6 条街道。而且在有朝鲜人居住的区域，其居住人数也有显著差异。例如居住百人以上的区域有新寿街、旭街、荣街、秋山街、蓬莱街、福岛街、桥立街，合计 1593 人，占全部朝鲜人口的 71.2%。朝鲜人人数超过或抗衡"内地人"的地区有 5 条街道，由此显示出极强的集中居住性。

表 2　天津的日籍人士居住分布地

地区		内地人				朝鲜人				台湾人				日本人			
		户数	男	女	计	户数	男	女	计	户数	男	女	计	户数	男	女	合计
日租界	山口街	59	68	33	101	2	3	2	5	1	5	2	7	53	76	37	113
	闸口街	9	15	4	19	13	26	20	46					22	41	24	65
	寿街	161	251	311	562									161	251	311	562
	新寿街	70	95	107	202	50	115	85	200					120	210	192	402
	曙街	120	121	346	467		3		3					120	124	346	470
	旭街	167	407	583	990	99	234	197	431			3	3	266	641	783	1424
	常盘街	79	143	149	292	24	40	32	72					103	183	181	364
	荣街	49	108	91	199	29	57	114	171					78	165	205	370
	花园街	40	61	58	119	7	16	10	26					47	77	68	145
	小松街	17	19	18	37									17	19	18	37
	芙蓉街	89	225	124	349	10	17	12	29					99	242	136	378
	橘街	49	155	79	234	2	4	5	9					51	159	84	243
	春日街	69	121	74	195		2	2	4	4	8	7	15	73	131	83	214
	吉野街	45	82	55	137	3	5	1	6					48	87	56	143
	明石街	190	323	133	456	16	31	20	51	4	6	3	9	210	360	156	516
	须磨街	126	290	139	429	16	33	22	55					142	323	161	484
	淡路街	193	372	284	656	9	25	16	41	2	5	5	10	204	402	305	707

续表

地区		内地人				朝鲜人				台湾人				日本人			
		户数	男	女	计	户数	男	女	计	户数	男	女	计	户数	男	女	合计
日租界	三岛街	189	109	104	213									189	109	104	213
	住吉街	95	258	134	392	20	45	43	88	3	6	3	9	118	309	180	489
	秋山街	45	59	82	141	51	136	81	217					96	195	163	358
	蓬莱街	27	43	46	89	48	121	104	225					75	164	150	314
	松岛街	105	190	147	337	8	29	20	49					113	219	167	386
	浪速街	67	88	88	176	7	49	9	58	3	5	4	9	77	142	101	243
	宫岛街	280	472	284	756	4	7	8	15	2	7	5	12	286	486	297	783
	吾妻街	28	36	51	87									28	36	51	87
	伏见街	131	176	117	293									131	176	117	293
	桃山街	18	47	35	82	2	5	4	9					20	52	39	91
	福岛街	491	977	570	1547	53	119	95	214					544	1096	665	1761
	桥立街	17	34	32	66	33	70	65	135					50	104	97	201
	扶桑街	7	11	29	40									7	11	29	40
	大和街	6	10	19	29	19	53	26	79					25	63	45	108
小　计		3029	5366	4326	9692	525	1245	993	2238	19	42	32	74	3573	6653	5351	12004
法租界		277	826	210	1036	26	68	28	96	2	4	2	6	305	898	240	1138
英租界		85	117	79	196	1		2	2	2	6	2	8	88	123	83	206
意租界		15	40	8	48									15	40	8	48
特一区		85	325	76	401	18	8	5	13					103	333	81	414
特三区		118	147	445	592	9	23	22	45					127	170	467	637
特四区		193	134	146	280	3	3	2	5					196	137	148	285
华　街		250	738	316	1054	53	112	185	297					303	850	501	1351
小　计		1023	2327	1280	3607	110	214	244	458	4	10	4	14	1137	2551	1528	4079
总　计		4052	7693	5606	13299	635	1459	1237	2696	23	52	36	88	4710	9204	6879	16083

资料来源：根据1941年的天津日本商工会议所『天津商工案内　昭和十六年版』做成。

这些区域都是像新寿街那样的新兴住宅地，或像秋山街那样的租界边缘。也就是说，都是比较容易租赁土地和房屋的区域。集中居住的另一个原因是，在某个街区，内地人拒绝朝鲜人的邻组加入，① 因此他们不得已集中住在制约较少的街区。

---

① 「人物列传」、『京津事情』第 4 卷第 9 号、1941、第 44 页。

二　朝鲜营业者的状况

表 3 是 1939 年在天津的朝鲜人职业一览表。首先，除去银行公司职员、职员、店员等被雇佣者，其顺序是杂货商、贸易商、粮食商、米谷商、餐饮业、饭店、旅馆。以前在天津的朝鲜人的代表性职业是"以走私鸦片为主的杂货商"和餐饮业，随着朝鲜人人口的增加，与生活必需品有关的职业也在增加。

尤其是和"内地人"的职业类别相比，其特点是米谷商和旅馆业所占比率高。

前者是进口销售朝鲜米的相关从业者，可以说是为应对日本人激增而出现的职业；后者则是面向增加的朝鲜居住者和暂时滞留者的职业。

从被雇佣者来看，具有如下特征：银行公司职员、职员、店员显著增加，超过了以前朝鲜人代表性的从军翻译、军队相关从业者及女招待、女佣等职业。这不仅是由于来自朝鲜国内的企业及在东北的朝鲜人企业的进入，还因为日本企业的进入而增加了就业机会。

通观营业者和被雇佣者，不再只是以前的鸦片走私者和三业相关者，基本上是一旗组①占多数，所谓正当从业者也有显著增加。1930 年代末，移居天津的朝鲜人虽然还存在问题，但在天津日本人社会当中，逐渐得到认可。

表 3　1939 年在天津的朝鲜人职业一览

职　业	人　数	职　业	人　数	职　业	人　数
官吏	27	新闻记者	5	杂货批发商	46
公务员	21	汽车经营者	9	药剂师	51
银行公司职员	151	药材业	1	杂货商	356
广告业	24	乐器商人	5	古董商	15
点心制造业	12	冷冻器业	10	粮食商	185
印刷业	7	西服店	50	木材商	4

---

①　其具体内容详见后文。——译者注

续表

职 业	人 数	职 业	人 数	职 业	人 数
贸易商	215	旅馆	80	电机商	11
烟草贩卖业	48	洗衣业	18	皮革商	4
照相业	10	轧花业	3	职员	150
医生	15	餐饮业	115	店员	165
学校教员	14	饭店	91	女工	45
牧师	2	运输业	9	女招待	146
从军翻译	71	冷冻业	10	女佣人	32
铁路轮机员	5	米谷商	146	临时工	15
其他军队从业者	9	煤炭业	18	其他	4170
总 计	6711				

资料来源：朝鮮総督府官房外務部『中華民国在留朝鮮人概況』，1943 年，第 19～20 页。

表4是天津日本商工会议所1940年前后统计的197家①朝鲜人企业。该书营业分类的特别之处是对应经济统制。因为详细，故能够很好地反映出其在天津的状况。首先从设立年份看，197 家企业中没有记载成立年份的企业约占半数，为99家。很多朝鲜人企业没有记载设立年份，是因为它们不是确定资金后再设立企业，而是在经营中逐渐建立起来的，甚至都没有注意到明确的企业设立日期。小企业或经营的代表是"配给之部、饮食、其他食品杂货"，在18家企业中没有设立年份记载的有14家，同样性质的"配给之部、杂货、其他杂货"有6家企业，由于全都没有记载，更是如此。

贸易之部最多的是大米、杂粮，有14家。其他商业之部，旅馆有14家，包括租住公寓、出租房间共有16家。配给之部中，其他食品杂货中朝鲜人企业最多，为18家，继之是大米、精米、杂粮，西服、毛线及其他线类，分别为12家。和前述的1938年朝鲜人职业表一样，大米商和旅馆业者、食品杂货商、西服商是重要的营业类别。

---

① 由于是通过姓名所做的判断，有可能并不全是朝鲜人，也有台湾人混入。

表4　1940年在天津的朝鲜人企业营业类别一览

大分类	中分类	小分类	1934年	1936年	1937年	1938年	1939年	1940年	不明	合计
贸易之部（输入）	饮食品	大米、杂粮			1	2	6	1	4	14
	饮食品	面粉、水果、蔬菜				1			1	2
	饮食品	海产品					1	1	1	3
	饮食品	调料	1				1	1		3
	饮食品	其他食物				1		2	1	4
	棉花、日式西式纺织品、被服类	棉布、人造丝布、西服			1	1	1		1	4
	建筑材料	钢材原料、木材、三合板	1						1	2
	机械工具、金属制品	机械、工具、电器、配件					1		1	2
	燃料、油脂类、肥皂及其类似品	燃料、矿物油、其他油脂类			1			1		2
	药品、医疗器械、物理化学用品	医药品、农药杀虫剂	1			1	2		2	6
	装饰品、便携式物品、化妆品	帽子、帽身、帽子原料、化妆品					2			2
	书籍、文具、娱乐用品	文具、书籍及杂志、纸		1			1		1	3
	书籍、文具、娱乐用品	玩具						1	1	2
	其他	小盒子、简易筷子							1	1
	其他	其他一般杂货、其他特产					1		5	6

续表

大分类	中分类	小分类	1934年	1936年	1937年	1938年	1939年	1940年	不明	合计
其他商业之部	金融	贷款、当铺			1	1	1		1	4
	运输通信	陆运			1	1	1		4	7
	运输通信	出租车行业（包括出租卡车）				1			2	3
	建筑、承包行业	土木建筑承包		1		1	2		1	5
	建筑、承包行业	暖气、下水道工程承包							1	1
	建筑承包业	其他承包业					1	1	3	5
	旅馆、租住公寓、出租房间行业	旅馆		1		1	6		6	14
	旅馆、租住公寓、出租房间行业	租住公寓、出租房间				1	1			2
	电影院、照相馆、中介行业	照相馆	1					1		2
	电影院、照相馆、中介行业	中介							2	2
	其他	代写书信							1	1
	生产之部	纤维、制棉及相关产品				1	1		2	4
		制造绳子							1	1
		各种机械及其他加工修理					1			1
		饮食原料				1				1
		制作木材及木制品						1	1	1
		皮革制品				1		1	1	2

170

续表

大分类	中分类	小分类	1934年	1936年	1937年	1938年	1939年	1940年	不明	合计
	生产之部	印刷							2	2
		染料、炼油				1			1	2
配给之部	饮食品	大米、精米、杂粮		1	1	2	2	1	5	12
	饮食品	蔬菜、水果				1			2	3
	饮食品	豆腐、魔芋、面类、大豆制品				1			1	2
	饮食品	其他海产品					2		2	4
	饮食品	瓶装罐头					1			1
	饮食品	点心					1		1	2
	饮食品	日本酒、洋酒、清凉饮料	1			1				2
	饮食品	烟、茶叶				1			2	3
	饮食品	砂糖							2	2
	饮食品	其他食品杂货				2		2	14	18
	棉花、日式西式纺织品、被服类	西服、毛线及其他线类	1	1		2	2		6	12
	建筑材料	木材、三合板							1	1

171

续表

大分类	中分类	小分类	1934年	1936年	1937年	1938年	1939年	1940年	不明	合计
配给之部	机械工具及金属制品	暖气、下水道、卫生用具、防火工具							1	1
	燃料、油脂类、肥皂及蜡烛	煤、焦炭、其他燃料							1	1
	药品、医疗器械、物理化学用品	医药品							1	1
	家具和家庭用品	榻榻米、隔扇、装裱及其材料							1	1
	装饰品、便携式用品及化妆品	鞋子							1	1
	书籍、文具、娱乐用品	玩具、古董							2	2
	古董类	旧报纸、古董、空瓶					2	2	2	6
	杂类	简易筷子、盒子							1	1
	杂类	其他杂货							6	6
合计			6	5	6	25	40	16	99	197

资料来源：天津日本商工会議所『天津商工案内 昭和十六年版』, 1941年。

从设立年份看，最多的是 1939 年（40 家），继之是 1938 年（25 家）。从 1940 年起开始减少，这是因为有"营业限制"。在配给之部，1938 年和 1939 年都是设立 10 家。但是贸易之部，1938 年为 6 家，1939 年为 17 家。大米、杂粮方面 1939 年设立 6 家。其他商业之部，1938 年为 6 家，1939 年为 12 家。旅馆 1939 年设立 6 家。即以小资本就能建立的"配给—杂货"业的设立始自中日战争后的初期，拥有相当资本的米谷贸易业和旅馆的设立，则以 1939 年为中心。

从这些企业设立的视角来看，是在中日战争开始后不久，预料到日本人会增加和华北稳定而设立的。朝鲜人开设的企业支店和办事处，1938 年、1939 年共 5 家，1940 年为 4 家，还是以后者为中心而设立的。

三　上层朝鲜人的履历

1940 年 10 月的《朝光》，以《天津朝鲜人的活跃相》[1] 为题，登载了住在天津的 64 名朝鲜人名单。加上 1941 年 9 月的《京津事情》的《人物列传》[2]，登载了住在天津的 14 名朝鲜人的经历和人物介绍，虽然登载的人名与前者略有重复。1940 年住在天津的朝鲜人，根据天津居留民团的调查，如表 1 所示为 8000 人[3]。《朝光》、《京津事情》登载的人名录，都是在天津的朝鲜人中有店铺和商号之人，即所谓的成功人士，也包括朝鲜人领导者。

这些人名录记载的事项主要是年龄、出生地、原籍、创氏名、现住所、商号、行业、原职、原任地、往来天津的时间、开业年份等。我想分析这些人名录中天津的上层朝鲜人的发展历程，就能了解其生存状态。

近代以来移居华北地区的朝鲜人，大约可分为四种类型：第一种类型是抗日活动家、政治避难的"逃避者"以及叛徒。最早的是因 1910 年代"韩国合并"和"三一运动"[4] 而逃至天津的朝鲜人。然后是 1930 年代以

---

① 「天津朝鲜人の活躍相」、『朝光』第 6 卷第 10 号、1940。

② 「人物列伝」、『京津事情』第 4 卷第 9 号、1941、第 42～53 頁。

③ 原文如此，应为 10589 人。——译者注

④ 所谓"三一运动"，又称独立万岁运动，是指 1919 年 3 月 1 日处于日本殖民统治下的朝鲜半岛爆发的一次大规模民族解放运动。该运动是由朝鲜宗教界人士和青年学生发起的，并以朝鲜高宗李熙的葬礼为契机于 3 月 1 日在京城塔洞公园举行民众集会，宣读《己未独立宣言》，进行示威、请愿活动要求独立，后发展为起义，席卷整个朝鲜半岛。后遭到日本殖民当局的镇压，最后以失败告终。——译者注

后在满洲从事抗日斗争，"满洲国"建国后逃来的朝鲜人。他们多数在日军进入华北后，逃亡华中。① 由于政治变节者也是知识分子，他们后来也为朝鲜人社会的发展而努力。

第二种类型是"一旗组"。这是不问国籍，在殖民地、占领地特有的类型，天津在住朝鲜人多属于这一类型。所谓"一旗组"就是在华北占领地，怀着一攫千金的目的，赤手空拳往来天津，企图获得财富。不仅是朝鲜人，中日战争以前的"内地人"也多是这一类型。第二种类型还可以分为五类：一是来津到开业需要很长时间，职业经历多者；二是有冀东走私贸易经验者；三是在满洲具有居住经验者，即经过朝鲜—"满洲"—天津这一线路者；四是具有咖啡店、料理店、旅馆业经验者；五是与军队及特务机关有关者。当然，符合这些情况的企业和个人，在上述的五个特征之中也并不只是具有单一特征，而是复合型的，在这里不再展开。

第三种类型是从朝鲜国内及满洲来天津的企业，可称为"企业进入组"。这一类型大致可分为三种情况：一是以设置办事处、支店的形式进入的企业；二是中日战争爆发后集中进入的企业群；三是在满洲有过一些企业活动经验的企业，具有资本和知识，以企业的形式进入。这一类型也和第二种类型一样，都不具有单一的特征，而是复合型的。在这个类型当中，也出现不少在天津日本人经济界发挥重要作用的人物。

第四种类型是官吏和大企业的派出人员，是依靠薪金生活者。一是朝鲜总督府的官吏和民团职员，他们大概是 1920 年代来津成为雇员的。二是作为朝鲜和日本国内的大企业派驻来津之人，多为 1930 年代以后移居来的。

表 5 表示的是从《天津朝鲜人的活跃相》及《人物列传》中所选出的65 人，以这四种类型和各类型中所具有的特征事项及四种类型共通的事项为项，逐一记述每个人所具有的特征。纵轴显示的记入数多是各类型的典型人物。第一种类型（抗日活动家）是所谓的叛徒。被记入人名录的"成功者"当然还是少数。

---

① 崔瑨淳：「児童教育に就いて（一）」（「北支に於ける半島同胞の諸問題」『北支那』），1939，第 14 頁。

表5　天津移居者的类别情况

序号	姓名	抗日活动家、政治犯等	一旗组						企业进入				薪俸者的进入		具有四种特征的事项			合计
			企业设立年数为6年	有冀东走私贸易经验者	有满洲居住经验者	从事咖啡餐饮业旅馆业者	军队特务机关有关系者	上述以外者	设立办事处及支店者	中日战争后进入者	在满洲有企业活动者	上述以外者	官吏、民团等的雇员	各种企业等的派遣人员	平安北道出身者	从事有关米谷精米业的商人	经营农场	
1	白敬淳			1		1									1			3
2	金大铉								1						1	1		3
3	金泷一				1										1	1		3
4	金若参			1											1	1	1	4
5	徐基玉			1														1
6	金圣淑													1		1		2
7	朴世勋	1																1
8	金一焕													1				1
9	金硕龙										1				1			2
10	全轸铉										1				1	1		3
11	车在兴										1				1			2

175

续表

序号	姓名	抗日活动家、政治犯等	一旗组						企业进入				薪俸者的进入		具有四种特征的事项			合计
			企业设立年数为6年	有冀东走私贸易经验者	有满洲居住经验者	从事咖啡餐饮业旅馆业者	军队特务机关有关系者	上述以外者	设立办事处及支店者	中日战争后进入者	在满洲有企业活动者	上述以外者	官吏、民团等的雇员	各种企业等的派遣人员	平安北道出身者	从事有关米谷精米业的商人	经营农场	
12	李迺俊											1			1			2
13	郑雄甲											1						1
14	朱桓基											1						1
15	金麟铉					1	1							1	1			4
16	朴焕斗	1															1	2
17	李斗焕									1					1			2
18	玄堪							1										1
19	崔文伯				1	1									1			3
20	金允一					1									1	1		3
21	郑致宗		1												1	1		3
22	张得成			1											1	1		3

序号	姓名	抗日活动家、政治犯等	一旗组						企业进入				薪俸者的进入		具有四种特征的事项			合计
			企业设立年数为6年	有冀东走私贸易经验者	有满洲居住经验者	从事咖啡餐饮业旅馆业者	军队特务机关有关系者	上述以外者	设立办事处及支店者	中日战争后进入者	在满洲有企业活动者	上述以外者	官吏、民团等的雇员	各种企业等的派遣人员	平安北道出身者	从事有关米谷精米业的商人	经营农场	
23	李夏国										1				1	1		3
24	李昌建									1					1			2
25	蔡泰硕				1		1											2
26	金履泰					1	1								1			3
27	尹致相													1				1
28	金元济									1	1					1		3
29	裴尚俊				1										1			2
30	李元华				1		1								1	1		4
31	梁准锡						1								1			1
32	郑硕赞			1	1		1								1			4
33	柳殷馨						1											1

续表

序号	姓名	抗日活动家、政治犯等	一旗组						企业进入				薪俸者的进入		具有四种特征的事项			合计
			企业设立年数为6年	有冀东走私贸易经验者	有满洲居住经验者	从事咖啡餐饮业旅馆业者	军队特务机关有关系者	上述以外者	设立办事处及支店者	中日战争后进入人者	在满洲有企业活动者	上述以外者	官吏、民团等的雇员	各种企业等的派遣人员	平安北道出身者	从事有关米谷精米业的商人	经营农场	
34	李成守		1	1											1			3
35	李东根									1								1
36	朴武圣							1								1		2
37	李春泽			1											1	1		3
38	俞珠镕								1									1
39	吴得龙				1										1	1		3
40	洪钟焕									1	1				1	1		4
41	朴锡解				1	1	1											3
42	崔尚明						1									1		2
43	梁赞奉						1									1		2
44	金镇泰													1				1

续表

序号	姓名	抗日活动家、政治犯等	一旗组						企业进入				薪俸者的进入		具有四种特征的事项			合计
			企业设立年数为6年	有冀东走私贸易经验者	有满洲居住经验者	从事咖啡餐饮业旅馆业者	军队特务机关有关系者	上述以外者	设立办事处及支店者	中日战争后进入者	在满洲有企业活动者	上述以外者	官吏、民团等的雇员	各种企业等的派遣人员	平安北道出身者	从事有关米谷精米业的商人	经营农场	
45	张翊朝				1										1	1		3
46	许润												1					1
47	赵男基									1						1		2
48	姜金声				1	1										1		3
49	李起卿							1										1
50	金用椿							1							1			2
51	金弘范							1							1			2
52	金致正							1							1			2
53	金在禄											1					1	2
54	金练一											1					1	2
55	卢载柱											1					1	2

续表

序号	姓名	抗日活动家、政治犯等	一旗组						企业进入				薪俸者的进入		具有四种特征的事项			合计
			企业设立年数为6年	有冀东走私贸易经验者	有满洲居住经验者	从事咖啡餐饮业旅馆业者	军队特务机关有关系者	上述以外者	设立办事处及支店者	中日战争后进入者	在满洲有企业活动者	上述以外者	官吏、民团等的雇员	各种企业等的派遣人员	平安北道出身者	从事有关米谷精米业的商人	经营农场	
56	金国镇											1				1		2
57	吉仁福									1	1					1		3
58	金震根									1						1	1	3
59	李明龙										1					1	1	3
60	李世炳					1	1											2
61	白云镇													1				1
62	朴凤树														1	1		2
63	申曔澈														1			1
64	金曦荣													1				1
65	金赞亨										1					1	1	3
合计		2	2	8	12	4	7	8	2	10	6	11	4	5	34	21	8	144

注：表中有些移居者的分类与行文中的描述有矛盾，原文如此，未做修改。——译者注。

资料来源：「天津朝鲜人の活躍相」、『朝光』第6卷第10号、1940年10月；「人物列传」、『京津事情』第4卷第9号、1941年9月。

第二种类型（一旗组）的特征最多的"是有满洲居住经验者"，共12人。这些人多是从朝鲜移居满洲，在满洲遭遇经济破产等挫折后，为收复失地前来天津。其次是"有冀东走私贸易经验者"，共有8人。如前所述，冀东走私贸易是天津朝鲜人往来和其后发展的契机。第三位的是"与军队及特务机关有关系者"，有7人。就是所谓的"活跃在第一线"的人。第四位的是"从事咖啡、餐饮业、旅馆业者"，有4人。与三业相关的职业和旅馆业可以看作是一旗组成功者所固有的职业。

第三种类型（企业进入组）的特征，最多的是"中日战争后进入者"，有10家。企业进入当然是因为占领地统治的稳定，和日本国内的企业进入一样。第二位的是"在满洲有企业活动者"，有5家。也就是说他们在满洲积累了一定的资本和经验，和一旗组的失败不同，他们可以称之为成功者。第三位的是从朝鲜或满洲过来"设立办事处及支店者"，为数很少，但也有人成为在天津日本人经济界有影响的人物。

在第四种类型（薪俸者的进入）的特征中，作为"各种企业等的派遣人员"而来的有5人。作为"官吏、民团等的雇员"而来的有4人。其中也包括从日本一流企业或朝鲜的民族资本派遣的办事员。

另外，还想说的是超过这四种类型所共有的特征。第一是"平安北道出身者"为34人，超过半数。尤其是出身义州、新义州的人多。可以推测出义州、新义州关系也是在华北获得成功的一个原因。第二是"从事有关米谷、精米业的商人"，即显示出因为销售朝鲜米及其相关产业，而进入周边地区，这可能也是和"内地人"从业者出现对抗的一个原因。

超越这四种类型，成功者、指导者最终的目标是经营农场。可能还具有为"不正业"的朝鲜人提供就业机会的"社会政策性"的性质。在华北，朝鲜人必须"地主化"。这也是以前日本人在朝鲜国内经营农场而地主化的一个投影。

以下是根据这四种类型和各自的特征，所举的具体事例。

朴世勋是在津的朝鲜人中较早来津的，他被称为"在津同胞的元老"，可以推测他属于第一种类型（抗日活动家）。朴世勋"1918年来到山海关，三一运动后的1920年移居天津法租界，为当时的同胞社会奉献自己的力量"，① 是天津朝鲜人中居津时间最长的人。

如前所述，天津法租界是朝鲜人 1910 年代第一个往来的地方，可以视为初期阶段朝鲜人的居住区域。初期朝鲜人所移居的地方不是日租界，而是法租界，这一点必须要注意。可以推测出往来法租界的人，都是在朝鲜国内发起反体制运动等而出"问题"逃出来的人。如果考虑到朴世勋是在三一运动后才居住到天津法租界这一点，他很可能是和反体制运动有关的人。

和他同属第一种类型的朴焕斗（中国名为马青山），故乡是平安北道安州郡，当过教员，三一运动后移居天津。毕业于四川军官学校，曾在四川总司令部工作，参加了郭松龄"叛乱"，失败后进入朝鲜某军正义军事部，化名孟虎、林中虎进行活动。在哈尔滨被捕，在咸兴服役五年。九一八事变后"转向"，被任命为"满洲建国陆军中佐"。因在热河"讨伐"战中秘密释放昔日同志而失势，在家乡静养，后再次来中原，组织"华北联军自治军"，对抗宋哲元军。中日战争爆发后，组织海东"剿共"第一路军，担任副司令官（陆军少将），进入徐州一带，但最后退出一线。其后，在日本陆军特务机关从事情报、宣抚工作，但其关系被清算，开始向实业方面发展。和亲友金若参一起经营东一农场，从事慈善事业等社会活动。② 朴焕斗虽然不是三一运动后马上移居天津，但九一八事变后"转向"，利用和特务机关的关系，在天津成为实业家，起到了在津朝鲜人指导者的作用。③

从第二种类型（一旗组）的第一类的往来和企业设立时间来看情况如下。来津之年和企业设立年份都有记载的只有 14 件。从来津到企业设立所用的时间，7 年的 1 家，6 年的 2 家，5 年的 1 家，4 年的 1 家，3 年的 3 家，2 年的 3 家，1 年的 2 家。企业设立所用时间越长，说明其是赤手空拳来津，并经过艰难曲折的奋斗才得以设立企业。

郑致宗，在家乡从事商业，因不满足于现状，决定向海外寻求安居，于 1932 年来到天津。移居天津后，最初的工作是在经营米谷的昌平洋行，

---

① 「天津朝鮮人の活躍相」，『朝光』第 6 卷第 10 号、1940、第 254 頁。

② 「天津朝鮮人の活躍相」，『朝光』第 6 卷第 10 号、1940、第 256 頁。

③ 朴焕斗，中国名字为马青山，创氏名为青山三藏，参见马青山「在北支朝鲜人指導問題の考察」，『北支那』第 5 卷第 4 号、1938、第 19～24 頁。

直到 1934 年还遇到各种困难。他经常叹息说，"我的进出海外完全失败了"。转到和金张昌共同经营的从事通关业务的金光洋行后才逐渐盈利，1938 年得以单独经营东亚贸易公司。郑致宗虽然屡次改变经营，但最终到开设东亚贸易公司只花了六年时间，"赤手空拳来津，经过八年间的恶战苦斗，才构建了今日不愁吃住的基础"。①

李成守，出生于新义州，在平安北道道厅工作两年后，于 1932 年怀抱进出大陆之鸿志一路来津，然而前九年一直从事药业，在夜市的露天商店，呼喊着"便宜了，便宜了"。冀东走私贸易时期，挂上中央贸易公司的招牌，从事委托业，1938 年设立杂谷贸易商店五福洋行。李成守从来津到设立五福洋行花了六年时间，其间屡次调整经营。②

第二类是从事冀东走私贸易之人，也有 8 人。这些是朝鲜人来华北尤其天津的典型事例。他们作为一旗组来津，通过冀东走私贸易获得巨额财富，构建起自己的经济基础。

金若参，在天津朝鲜人当中被称为"第一富人"，在冀东走私贸易时经营棉丝、白砂糖、金银等，一跃变成暴富者的两班③，除了经营华北贸易公司和东洋出租车外，还转向经营土地事业。在朝鲜国内也开始着手土地经营，在当地经营东一农场。赤手空拳进入华北，构建了今日的基础。④

白敬淳，18 岁时离开新义州，在济南的六七年间从事不为人知的苦力工作，1932 年来津，作为冀东贸易部队的一员，获得不少利润。其后开设德盛洋行，乃在津朝鲜人中唯一的化妆品专卖店，1940 年和别人共同经营银河西餐馆。⑤

如第四章所述，冀东走私贸易起到了吸引大量朝鲜一旗组来华北的作用，引起了日本占领地治安恶化等社会问题。但是另一方面，冀东走私贸易为在天津的朝鲜一旗组带来了巨额财富，为他们打好经济基础发挥了重要作用。

---

① 「天津朝鲜人の活躍相」、『朝光』第 6 卷第 10 号、1940、第 257～258 页。
② 「天津朝鲜人の活躍相」、『朝光』第 6 卷第 10 号、1940、第 261 页。
③ 两班是指高丽、朝鲜两朝中的世族阶级，源于朝会时列于国王左侧的"文班"和右侧的"武班"。16 世纪下半叶以后，指以新进士为主体的统治阶级。
④ 「天津朝鲜人の活躍相」、『朝光』第 6 卷第 10 号、1940、第 253 页。
⑤ 「天津朝鲜人の活躍相」、『朝光』第 6 卷第 10 号、1940、第 252 页。

第三类是有满洲居住经验的人。一种是从朝鲜到满洲，在满洲遭遇经济上的失败，期望在天津东山再起。另一种则是在满洲无法获得发展，希望靠手头仅有的现款获得发展而移居天津。

金允一，在义州经营三年杂货、食品商店，收入不理想，决定来满洲发展。在兴京经营农场，花了五年时间仍与预想的有很大差距，他想要开设大农场。于是转到抚顺经营白米，由于全部配送给官公署和白米主要消费点，获得很大利润。但因大量收购失败，大受打击，于1938年春来津，经营米谷、食品。①

李世炳，家贫没有机会上学，曾在安东的中国中学短暂学习过。15岁时进入热河，担任宪兵队翻译。后在服饰品商店工作一年。也因此缘故，18岁来天津用辛苦赚的300日元，在芙蓉街开设了富士屋洋服店。这是天津有数的几个洋服店之一，是朝鲜人所经营的历史长、规模大的洋服店。②

第四类是西餐、餐饮业、旅馆业，其代表人物是金履泰。金履泰1936年从天津商业学校毕业后，在济南投身于汽车行业，从事"运输业"。1940年正月在天津开设"白河"西餐馆。后来转让给一起经营"银河"西餐馆的朋友，再次收购开设"卡芦桃"西餐馆。天津的朝鲜人开设的西餐馆有45家，"白河"是最坚实有人气的，在天津西餐馆中处于领先地位。③

第五类是与军队、特务机关有关者，其代表人物是郑硕赞。他18岁时离开故乡，在奉天、锦州等满洲各地流浪。九一八事变后作为军队小商人，获得暂时工作，没有浪费掉冀东贸易的大好机会，积极行动，后于1935年以天津为据点，在南市永安大街开设名为德一商会的棉花工厂。中日战争爆发后，在日租界开设名为德信洋行的贸易公司，重点放在一线的买卖上面，获得巨额利润。伴随着资金基础的稳固，看到暂时性买卖所具有的赌博性质的不稳定性，开始寻找更具稳定性和持续性的事业，结果于1940年5月开始经营德源饭店，这是一个具有60余间房的大饭店，是朝鲜人经营的最好的中国饭店。④

---

① 「天津朝鮮人の活躍相」、『朝光』第6卷第10号、1940、第257頁。
② 「天津朝鮮人の活躍相」、『朝光』第6卷第10号、1940、第261頁。
③ 「天津朝鮮人の活躍相」、『朝光』第6卷第10号、1940、第259頁。
④ 「天津朝鮮人の活躍相」、『朝光』第6卷第10号、1940、第260～261頁。

蔡泰硕先在奉天经营汽车行业，其间在军队做过文职工作，也经营过旅馆业。1936 年来津，和里水社（日本贸易协会）建立关系，再次从事汽车行业。中日战争爆发后再次从军，一直到 1938 年都在前线工作。1940 年春在南市开设美术照相馆"三友照相"，这是朝鲜人经营的唯一一家真正的照相馆。①

第三种类型的第一类是以设立办事处、支店、代理店的形式来天津的企业，具有代表性的人物是金大铉。金大铉 1918 年被选为朝鲜运输合名会社董事，这是其迈向实业界的第一步。他 1931 年担任楚山金矿合名会社代表社员，1938 年担任国境通运株式会社董事、新义州国境商事株式会社董事。1937 年 8 月，作为国境商事会社的华北代理店——天津国境商事株式会社的负责人来津，后来作为石油供应商获得成功。② 看到在华北经营土地有利可图，他便以 50 万元资本金设立中华产业股份有限公司，计划在津浦线杨柳青至天津西站间的 2000 坪土地上设立杨柳青农场，第一期计划准备工作完成后，已经建设了 600 町。③ 其后，他成为天津日本商工会议所内唯一的朝鲜人议员，④ 1942 年被该所选为官选议员，⑤ 不仅在天津朝鲜人社会，还在天津日本经济界发挥了重要作用。

金赞亨，1930 年在奉天开设新盛商会，一直干了 16 年，取得了非常好的成绩。1940 年秋在天津设立支店，从事精米业等活动，在天津郊外也经营农场。这个天津农场种植糙米，是为了补充日本、朝鲜等地新鲜谷物贸易停顿后的大米供应。⑥

第二类是中日战争后集中来天津的企业。不是只携带一旗组的"路费"的人或"收复失地"的人，而是在华北占领地统治稳定的时候，具有资本和经验的企业。

金震根 21 岁时到平壤，在当地一个谷物商店工作六年，获得发迹的机会。其后，约有四年时间与人共同经营东昌商会，在该商会的镇南浦工厂

---

① 「天津朝鮮人の活躍相」、『朝光』第 6 卷第 10 号、1940、第 258～259 頁。
② 「天津朝鮮人の活躍相」、『朝光』第 6 卷第 10 号、1940、第 251～252 頁。
③ 「天津朝鮮人の活躍相」、『朝光』第 6 卷第 10 号、1940、第 253 頁。「人物列伝」、『京津事情』第 4 卷第 9 号、1941、第 43 頁。
④ 「天津朝鮮人の活躍相」、『朝光』第 6 卷第 10 号、1940、第 252 頁。
⑤ 佐藤陸雄：「天津商議新議員の選定」、『北支那』第 9 卷 6 月号、1942、第 64 頁。
⑥ 「人物列伝」、『京津事情』第 4 卷第 9 号、1941、第 45 頁。

（精米所）工作一年，继而单独经营永兴商会五年。此时已经获得很大成功，在平壤、镇南浦的米谷贸易界有很高的声望。洞晓国内外米谷行情的他，没有放弃中日战争后进入华北的机会，1938 年末联合奉天的新盛商会进入天津，天津新盛商会在不满两年时间仅纯利润就达到数十万日元。其后他脱离新盛商会，独立经营"泰盛商会"。①

金硕龙从广东东南大学毕业后，经营宣川和定州的三井物产特约店、安东新申贸易商会及一二三商会，担任平安铁工株式会社董事等，在地方上很有权势。他来天津后于 1939 年 6 月设立北津商店，经营理发工具、化妆品、建筑工具、木筷子、纸盒子等。在事变以来朝鲜人进入天津的热潮中，他蔑视鱼龙混杂者，逐渐取得有目共睹的业绩，现在已成为众所周知的人物。②

第三类是在满洲有些企业活动经验，获得一定成功的企业群体。金泷一是金允一的弟弟、金官一的哥哥。他们三人曾短时间在抚顺干事业，后分别经营信泽公司、顺昌公司、中光公司。金泷一和哥哥一起在抚顺经营了七八年，1937 年来津，开设顺昌公司经营米谷而盈利，1940 年因天津大水灾暂停营业。其后因为实行白米配给制，不得已转向商业，开设经营古董顺昌公司。③

李夏国在奉天经营洋服店，1934 年来津，在日租界中心地福岛街开设竹村洋服店，有职工 25 人，是一个每月需 2000 余日元的大规模商店，并获得成功。1940 年开始扩张事业部，开市竹村商行，除有洋服部外，还设立了贸易部、电气机具部，贸易部批发一切杂粮食品，电气机具部在哥哥李化实的领导下，从事建筑材料、电气机具的批发、零售及施工承包。④

第四种类型薪俸生活者中有一类是作为"各种企业的派遣员"而来的人。金镇泰 1916 年从春川实业学校毕业，进入铁原金融组合，1922 年加入京城现株信托株式会社。1927 年进入年和信系的主干会社鲜一纸物，此后八年间业绩突出，成为和信的重要人物，受到社长的赏识。十四年间历任和信秘书、连锁店织物营业课长、鲜一庶务课长，成为大和信建设的支

---

① 「天津朝鮮人の活躍相」、『朝光』第 6 卷第 10 号、1940、第 267 頁。
② 「天津朝鮮人の活躍相」、『朝光』第 6 卷第 10 号、1940、第 256 頁。
③ 「天津朝鮮人の活躍相」、『朝光』第 6 卷第 10 号、1940、第 253 頁。
④ 「天津朝鮮人の活躍相」、『朝光』第 6 卷第 10 号、1940、第 258 頁。

柱，1939 年末作为和信大陆贸易当地现任负责人和信贸易天津办事处第一任所长来津赴任。[1]

申暶澈经过在海州中学学习，于 1936 年从普专法科学校毕业，在京城府厅工作一年，继而进入载宁金融组合，工作两年。1942 年进入天津三井物产来津。[2]

第二类是作为"官吏、民团等的雇员"而来之人，金一焕是典型人物之一。他从平壤公立农业学校毕业后，担任总督府土地调查局技师，其后担任天津居留民团职员。1922 年辞去民团工作，在朝鲜、满洲、华北从事土木建筑业，1924 年再次担任天津居留民团职员，负责租界测量。1932 年辞职后开设金工务所，不久在北京、安东、济南、芦台、塘沽、葫芦岛开设办事处，扩大经营规模。他担任朝鲜人民会会长的 1939 年，有很多一旗组来津，难以觅食的失业者充斥市内。他将这些失业者不断纳入自己的土木事业之中。因此，他被捧为天津日本人的领导者也就理所当然了。他还是居留民团唯一的朝鲜人议员，被冠以"土木界的霸主"称号。[3] 据说军事、官公署、国策会社等的承包工程年收入突破了 100 万元。此外，金一焕还被选为朝鲜总督府所支持成立的东华产业株式会社的顾问，是在津朝鲜人中非常有权势的一位人物。[4]

结　语

朝鲜人向华北地区移居，是与日本殖民统治朝鲜并进入中国有密切联系的。最初政治避难者和抗日活动家是主流，九一八事变后鸦片从业者和餐饮业者成为骨干，并在日租界内得到承认。

塘沽协定签订后冀东走私贸易兴盛，使华北的朝鲜人急剧增加，也成为华北特别是天津的朝鲜人发展的契机。随着中日战争的爆发，他们或是成为处于最前线的小杂货商、军用商人以及承包人，或者在军队特务机关的基层从事谍报活动，由此加深了与北支那派遣军的关系。

---

[1] 「天津朝鮮人の活躍相」、『朝光』第 6 卷第 10 号、1940、第 265 頁。
[2] 「天津朝鮮人の活躍相」、『朝光』第 6 卷第 10 号、1940、第 268 頁。
[3] 「天津朝鮮人の活躍相」、『朝光』第 6 卷第 10 号、1940、第 254 頁。
[4] 「人物列伝」、『京津事情』第 4 卷第 9 号、1941、第 46 頁。

这种关系一方面意味着他们在中国内地的活动，发挥了日本人进入华北的先遣队作用。中日战争爆发后，随着华北统治的稳定，从朝鲜和满洲而来的朝鲜人资本的企业开始涌入，并最终改变了以前的"职业形象"。

此外，这些企业和从日本来津的公司职员、雇员也成了多数。在战时，如此进入天津的朝鲜人和朝鲜企业，在日本占领统治华北地区之时，发挥了一定的作用，也出现了在天津日本社会具有重要地位的人。

作者：幸野保典，驹泽大学经济学部
译者：万鲁建，天津社会科学院历史研究所
校对：郑　颖，天津大学建筑学院

1920 年代后半期至 1940 年代天津义务教育的进展及其背景[*]

〔日〕户部健　著　刘凤华　译　户部健　校

内容提要：本文探讨的是 1920 年代后半期至 1940 年代中国义务教育的推进及其背景。这一时期中国义务教育的普及速度的确迅速，由此引发的小学生数量的增加，恐怕给教育本身乃至当地社会的存在状况均带来了或好或坏的较大变化。捕捉这种动向对于了解 1920 年代下半期之后的中国社会非常重要。但是，有关这一时期的义务教育，甚至学校数量、学生人数等基本事实的研究还不充分。因此，作为此后深入研究的基础性工作，本文以天津为例，探讨这一时期义务教育普及的具体情况及其背景。

关键词：天津　义务教育　入学　南京国民政府时期

前　言

中国正式引进近代教育是 20 世纪初期的事情。当时的中国主要是以日本的教育政策为模型进行教育改革。1902 年《钦定学堂章程》和 1904 年《奏定学堂章程》（癸卯学制）的出台，使中国确立了自蒙养院（幼儿园）至京师大学堂的学校教育体系。

在此过程中，政府积极致力于初等义务教育。1904 年颁布的《奏定初等小学堂章程》规定："除废疾、有事故外，不入学者罪其家长"（"立学总义章"

---

* 户部健「1920 年代後半～40 年代天津における義務教育の進展とその背景」，载東洋史研究会編『東洋史研究』第 69 卷第 4 号，2011 年 3 月，第 644～678 页。

本文是日本文部省平成 20～21 年度科学研究费补助金青年项目 "1920～1940 年代天津学校式社会教育的展开和地域社会"（课题号：20820018）成果的一部分。

第一、第二节），由此可以窥见政府对初等义务教育关注度之高。但是，这样一种态度却并没有立刻反映到社会这一层面。实际上，20世纪的前20年间，中国就学率持续呈低水平状况。① 因此，政府认为有必要采取措施让更多的儿童入学。直至1930年代以后，某种程度上，以上措施的成效才清晰地显现。

本文所要讨论的是1920年代后半期至1940年代义务教育的进展及其背景。此前，有关近代中国义务教育的研究成果数量颇多，但是有关1920年代后半期至1940年代的义务教育，深入性研究却格外之少。特别是关于日中战争时期的义务教育，除了概述之外，基本尚无研究。究其原因，大概可以诉诸学界对人民共和国成立以前，特别是对公众教育的态度。也就是说，在革命史观影响较强的1970年代以前的中国近现代史研究中，与对前政权的批判相呼应，清末、中华民国时期的公众教育明显地被轻视了。1980年代以后，状况开始改变，对人民共和国以前的教育的研究逐渐开展，但是，对国民党政权以及与日本伪政权关系密切的1920年代后期至1940年代的公众教育，可以说依然处于研究过程当中。②

但是，如上所述，1920年代后半期以后中国义务教育的普及确实是在加速发展。因此，小学生的增加，恐怕也对教育本身乃至于当地社会带来或好或坏的较大影响吧。我想，捕捉这种动向，对于研究1920年代以后中国社会的存在状况是非常重要的。然而基于前述原因，1920年代的义务教育在学校数量和学生人数等基本事实方面仍未清晰明了。这也是不争的事实。

---

① 例如，陈宝泉（当时是教育部次长兼普通教育司长）将1919年的入学儿童人数除以1916年的人口总数，初步计算出就学率。据此推算，全国的就学率大约为11%（引自陈宝泉《我国义务教育之经过及进行》，《义务教育》第18号，1923。参见蔡振生等编《陈宝泉教育论著选》，人民教育出版社，1996，第162～166页）。

② 有关近代中国义务教育的概要论著，主要有田正平等编《世纪之理想——中国近代义务教育研究》（浙江教育出版社，2000）和熊贤君的《中国近代义务教育研究》（华中师范大学出版社，2006，是1998年出版的《千秋基业——中国近代义务教育研究》的修正版）等，但是两者对日中战争时期以后的教育均记述较少，特别是本文所论述的日本占领地区（沦陷区）的义务教育基本没有触及。有关日中战争时期以后的义务教育，日本的多贺秋五郎『中国教育史』（岩崎书店，1955）和斉藤秋男等『现代中国教育史』（国土社，1962），李华兴主编《民国教育史》（上海教育出版社，1997）等进行了某种程度的论述，但均没有进行详尽考察。此外，中国各地出版的地方教育史的概论性书籍（例如，赵宝琪等主编《天津教育史》上卷，天津人民出版社，2002；陈科美主编《上海近代教育史：1843～1949》，上海教育出版社，2003），均对日中战争后的义务教育进行了记述，但这些记述较多缺乏客观性。

因此，作为此后深入研究的基础性工作，本文将普及义务教育的具体状况及其背景，放入 1920 年代后半期至 1940 年代这一长时段的时间轴中进行考察。当然，由于地域不同，义务教育的存在状况也不尽相同，所以，本文将以天津这一代表华北区域的沿海都市为例进行探讨。[①] 选择以天津作为考察对象，还基于以下四点理由。第一，笔者此前对近代天津"社会教育"（专为失学者所办的教育）的具体状况进行了研究，在此过程中收集了大量有关义务教育的史料；[②] 第二，如若将此前有关"社会教育"的研究成果与本文合在一起，那么，某种程度上，在近代天津初等教育及对失学者的教育方面，将形成一个整体性研究；第三，天津作为中国最早进行有组织性的教育改革的城市而闻名，但相关研究却基本止步于清朝末期；[③] 第四，通过探讨民国以后义务教育的动向，可以更为客观地看待清末教育改革的意义。

在本文中，首先以学界研究成果为参考，概述近代中国义务教育政策的变迁；然后再探讨 1920 年代后半期至 1940 年代天津市小学数量的增加及其背景。在此基础上，从社会弱势群体（特别是城市下层民众）与义务教育的关系的角度，考察义务教育的普及程度，评估增设小学的成效。

一 义务教育政策的变迁

（一）清末至中华民国北京政府时期

中国推行教育义务化的运动始于清朝末期。如前言所述，1904 年清政

---

① 有关近代天津教育的概要论著，主要有以下几部：张大民主编《天津近代教育史》，天津人民出版社，1993；天津市地方志编修委员会编著《天津通志·基础教育志》，天津社会科学院出版社，2000；前引《天津教育史》上卷。

② 拙稿「近代天津における『社会教育』の変容過程」，平成 19 年庆应义塾大学大学院文学研究科博士论文，2008。拙稿「宣講所と文化館のあいだ——近代天津における『社会教育』と中国革命」，参见高橋伸夫編著『救国、動員、秩序——変革期中国の政治と社会』，慶応大学出版会，2010。

③ 有关清末天津的教育改革，主要有以下研究成果。阿部洋「清末学堂考——直隷省を中心として——」·「（福岡工業大学）文科論集」第 1 集，1996；貴志俊彦「清末の都市行政の一環——袁世凱の教育政策をめぐって——」·『MONSOON（広島大学）』2 号，1989；阿部洋「中国近代学校史研究——清末における近代学校制度の成立過程——」，福村出版，1993；朱鵬「厳修の新学受容過程と日本——其の一·壬寅東遊を中心に——」·『アジア教育史研究』四号，1995；朱鵬「厳修の新学受容過程と日本——其の二·天津の紳商と近代初等学堂をめぐって——」·『天理大学学報』192 辑，1999。

府颁布的《奏定学堂章程》中明文规定："不入小学者，罪其父母"。此外，地方督抚也发挥其强力领导作用，开始在全省范围内推行义务教育。1911年，学部主管的中央教育会对义务教育的具体办法进行审议，最终出台《试办义务教育章程案》，确立了四年义务教育体制。清朝末期，诸如此类以义务教育为导向的运动以多种形式展开。[①] 但是，在将这种运动推向实质性阶段以前清朝就覆灭了。

通过辛亥革命建立的中华民国北京政府，继承推动义务教育运动，并实行了多项有关义务教育的政策。首先应该提及的是1912年颁布的《学校系统令》（壬子学制），在此法令中，四年的初等教育成为义务教育，[②] 在学制上将前述的《试办义务教育章程案》正式确定下来。

此外，同时期还出台了有关学龄期的规定，教育部在1912年颁布《小学校令》，以满6岁至14岁作为儿童的学龄期。[③] 1915年4月，教育部长汤化龙上书大总统袁世凯，提出《义务教育施行程序》，指出为了普及义务教育而应推行的具体程序。在这份文件中，推行义务教育的程序划分为两个阶段：第一阶段（至1915年12月），重点推进法律的制定和入学儿童的调查等工作；第二阶段（1916年1～12月），以第一阶段成果为基础，进行划分学区、审定教师资格、确保资金、分发教科书、汇总各省义务教育普及计划情况等工作。上述申请书在一个月后得到袁世凯的批准。[④]

这样，义务教育化运动终在民国初年正式开始。但是，它未必一定付诸实践。例如，《学校系统令》虽然规定了四年的初等教育为义务教育，但是，能够强制性地让不来学校的儿童上学，或者惩罚这些儿童家长的系统并未成立。[⑤] 并且，即使是前面列举的《义务教育施行程序》刚刚准备实行，但由于袁世凯死去，除了部分地区（陕西、江苏等省）以外，其他地区均变成了有名无实。

---

① 熊贤君：《中国近代义务教育研究》，第118～128页。此外，有关中国义务教育开始的正确时间，有1904年开始和1911年开始等诸种不同论点。
② 《教育部公布学校系统令》，《教育杂志》第4卷第7号，1912。
③ 《教育部公布小学校令》，《教育杂志》第4卷第8号，1912。
④ 《教育部呈拟具义务教育施行程序呈请核示施行及批令》，《教育公报》第12册，1915。
⑤ 1913年教育部出台的《强迫教育办法》第4条规定，"为儿童当入学之年，八岁一律入学，违者重罚其父兄，并处罚学童"，但是，实际施行的较少（参见熊贤君前引书，第310～311页）。

上述状况导致大量儿童失学。在清末，失学儿童已经成为一个问题，但是民国时期这个问题并未改观。因此，政府着力普及半日学堂。[①] 政府认为，如果设立受拘束时间较少的半日学堂，有工作的儿童便容易上学。根据 1916 年到 1918 年间的调查，半日学堂达到 1740 所。[②] 此外，政府还设立以识字教育为特点的简易识字学塾。在 1916～1918 年间，全国识字学塾共有 4854 所。[③]

但是，单纯靠半日学堂和简易识字学塾并不能完全解决儿童失学问题。当时的中国社会依然存在着数量庞大的失学儿童。从这个意义上讲，可以说北京政府时期的义务教育所能覆盖的范围是极为有限的。

应该指出的是，相比于政府的活动，民间教育团体推行的"社会教育"（平民教育、通俗教育等）对于减少这一时期失学儿童的作用更大一些。[④]

（二）南京国民政府时期

对于教育，南京国民政府比北京政府更为积极。这是由于国民党非常重视教育（特别强调党化教育和三民主义教育）。因此，这一时期国民政府在几个问题上对义务教育实行了变革。下面将探讨与本文相关的内容。

1. 教育经费比较稳定

在北京政府以前，义务教育不振的主要原因是教育资金不足。本来分配为教育经费的资金，会被军阀政权挪用为军费。针对这种状况，1920 年代教育人士通过"教育经费独立运动"发出不满声音，结果是，江苏省等部分省份暂时实现了教育经费的独立，[⑤] 但是，多数省份没有实现教育经

---

① 1914 年政府出台了《半日学校规程》，参见《教育部公布半日学校规程》，《教育法规类编》第五类普通教育，1919，第 180～181 页。

② 《1916～1918 年各省通俗教育各项学校》，参见《第一次中国教育年鉴》丙编第二"社会教育概况"，第 602～603 页。并且，半日学堂在清末时期已经存在〔《学部通行京外给事中刘学谦奏设半日学堂片稿文》（1906 年 1 月 4 日），参见《学部奏咨辑要》卷 1，1909〕。

③ 《1916～1918 年各省通俗教育各项学校》，参见《第一次中国教育年鉴》丙编第二"社会教育概况"，第 602～603 页。简易识字学塾在清末时期已经出现〔《学部：奏遵拟简易识字学塾章程折》（1910 年 1 月 10 日），参见《大清宣统新法令》第 11 册，商务印书馆，1910，第 33～34 页〕。

④ 有关平民教育和通俗教育的研究动向，请参阅拙稿「近代中国『社会教育』史研究の现状と課題」，『中央大学アジア史研究』32 号，2008。

⑤ 高田幸男：「南京国民政府の教育政策——中央大学区試行を中心に——」，中国现代史研究会編『中国国民政府史の研究』，汲古書院，1986，第 286～287 页。

费的独立。南京国民政府在教育经费独立方面是较为积极的。1930年教育部颁布《确定教育经费计划书及全方案经费概算》，规定了教育经费的来源和分配方法。1931年国民政府又出台《中华民国训政时期约法》，其中第52条规定：“中央及地方应宽筹教育上必需之经费，其依法独立之经费并予以保障。”这些措施发挥了功效，教育经费在国家预算和地方预算中所占的比例，比北京政府时期明显增加。① 当然，各地教育经费问题并未因此马上解决。正如朝仓美香所说，即使是在南京国民政府时期以后，农村依然存在着教育经费不足的问题。② 但是，总体来看教育经费与此前的各个时期相比，已经较为稳定。

2. 失学儿童对策的变化

为了对失学儿童进行教育，北京政府普及半日学堂和简易识字学塾，但是除了部分省份之外，其效果并不很明显。为了打开局面，南京国民政府代之以设立新的学校——短期小学。所谓短期小学，与一般性的小学相比，最重要的是上学时间较短。1932年出台的《短期义务教育实施办法大纲》规定，短期小学的失学儿童年龄为10～16岁，毕业年限为1年，学时为540学时。③ 设立短期小学的原因之一，是南京政府内部出现了从现实角度普及义务教育的观点。在当时的中国，能够完成小学4年教育的儿童十分有限，大多数儿童由于家庭等因素辍学，或者即使是上学，也不能坚持读完4年而中途退学。受此影响，国民政府设立有别于四年制小学的短期小学，以推行义务教育。短期小学是一种临时性措施。国民政府在1935年颁布的《义务教育实施暂行办法大纲》中明确规定，短期小学是截至1944年前实行的临时措施。④

3. 日中战争爆发后，国民政府的义务教育政策也发生了变化

这与国民政府为了建设国内战时体制而实行的新县制相关。所谓新县

---

① 李华兴主编《民国教育史》，第533～543页。

② 朝仓美香：『清末・民国期郷村における義務教育実施過程に関する研究』，風間書房，2005，第259页。

③ 《短期义务教育实施办法大纲》，参见多贺秋五郎编『近代中国教育史資料』民国编・下，日本学術振興会，1975，第215页。有关短期小学的专门性研究主要有以下成果：西村達哉「南京国民政府の義務教育政策に関する考察」，『教育学研究紀要』（中国四国教育学会）第46卷第1部，2000；余子侠：《抗战时期国民政府初等教育政策述评》，《河北师范大学学报》（教育科学版）2005年第4期。

④ 《实施义务教育暂行办法大纲》，前引『近代中国教育史資料』民国编・下，第266页。

制，简单来讲，就是 10 户为 1 甲，10 甲为 1 保，10 保为 1 乡镇，由 15～30 个乡镇组成 1 个区，区由县政府管辖。① 为了在新的行政制度下推行义务教育，国民政府在 1940 年颁布了《国民教育实施纲领》，规定在乡镇设立六年制的中心国民学校，在保设立四年制的国民学校。就此，过去的小学（包括短期小学）被纳入新的国民学校。此外，每个学校都实行针对儿童的普通教育（即学校教育）和针对文盲的识字教育（即社会教育）。② 1944 年国民政府出台《国民学校法》，对国民学校给予详细规定。③ 值得注意的是，其中明确规定在国民学校进行免费教育。有关免费义务教育，国民政府已在 1932 年的《小学法》的第 16 条中做出规定，但是法令中也写道："但得视地方情形酌量征收"，因此在实际上学费的征收仍在继续。④ 通过《国民学校法》，上述"酌量征收学费"等例外情况被取缔。此外，有关免费义务教育，1947 年国民政府出台的《中华民国宪法》第 160 条也给予了明确规定。

1944 年国民政府出台《强迫入学条例》，对各县学龄儿童的调查和监督入学等问题做出规定。其中，第 8 条对有关监督入学的顺序规定如下：

> 劝告　凡应入学而未入学之学龄儿童应由保长会同中心国民学校或国民学校校长用书面或口头劝告其父母或监护人限令入学。
>
> 警告　父母或监护人经劝告后如仍不遵限令其子女或受监护人入学者，得于劝告期限届满五日内将其姓名榜示警告并仍限期入学。
>
> 罚锾　榜示警告后仍不遵行者，得于限期满七日内经乡镇强迫入学委员会议决，处以十元以下之罚锾，仍限期入学并汇报县政府。

这样，国民政府就构筑了一个免除学费，同时强制未入学儿童入学的体制。但是，其成效还有待于进一步研究验证。

---

① 关于新县制，下述研究较为详细。味冈徹「国民党政権の地方行政改革」、中央大学人文科学研究所編『民国後期中国国民党政権の研究』、中央大学出版部，2005。天野祐子「日中戦争期における国民政府の新県制——四川省の事例から——」、平野健一郎編『日中戦争期の中国における社会・文化変容』、東洋文庫，2007。

② 《国民教育实施纲领》，前引『近代中国教育史资料』民国编・下，第 1020～1023 页。

③ 《国民学校法》，前引『近代中国教育史资料』民国编・下，第 930～931 页。

④ 《小学法》，前引『近代中国教育史资料』民国编・下，第 182～183 页。

二　天津小学的增加及其背景

以下将探讨近代天津义务教育的普及与其背景。当时，小学有公立（国立、市立、省立等）和私立（包含民办、区立）的区分，本文基本以公立小学作为考察对象（省立小学除外）。

（一）全体动向

天津是中国较早推行近代教育的城市。这与清末直隶总督袁世凯强力领导的、在天津推行的"新政"有关。[①]"新政"的范围涉及政治、经济、警察及卫生等各个领域，教育理所当然被包括其中。因此，早在1902年天津最早的小学——天津民办第一小学堂成立时，天津的初等教育就开始了。[②] 此后，小学的数量逐渐增加，1949年达到了396所（只限天津市区，包括私立小学）。[③]

有关清末、民国时期天津小学的数量，通过高艳林的《天津人口研究：1404~1949》[④]、天津市地方志编修委员会编著的《天津通志·基础教育志》等著作的记述可知晓大略情况，但是不明之处仍旧很多。[⑤] 因此，本文的这部分，首先将尽可能厘清与天津小学数量增加有关的准确内容。

本文只以市区为探讨对象。所谓天津市区，现在由和平区、河北区、河西区、河东区、红桥区、南开区等6个区组成，[⑥] 是天津市的建成区域。自1928年天津市政改革以后，天津的建成区被称为天津市（乃至天津特别市），以与此前的天津县相区别。此后，近郊被不断纳入，建成区也不断扩

---

① 有关清末时期的天津，下述研究较为详细。罗澍伟主编《近代天津城市史》,中国社会科学出版社，1993；天津地域史研究会编『天津史——再生する都市のトポロジ——』，東方書店，1999；吉沢誠一郎：『天津の近代——清末都市における政治文化と社会統合——』，名古屋大学出版会，2002。
② 张绍祖编著《津门校史百汇》，天津人民出版社，1994，第116页。
③ 天津市地方志编修委员会编著《天津通志·基础教育志》，天津社会科学院出版社，2000，第348页。
④ 天津人民出版社，2002。
⑤ 李竞能的《天津人口史》（南开大学出版社，1990）记述了学校数量，但明显错误很多，特别是1937~1945年间的数据，因此，只要是有关学校数量的数据，本文均未采用。
⑥ 南开区为译者增加。

大，至 1936 年基本形成现在的规模（1943 年前建成区一部分曾是租界）。[①]

有关南京国民政府时期和日中战争时期的天津市区学校的数量，通过学界的研究可以知晓大致情况，但是，清末和中华民国北京政府时期的动向（继承关系）却不甚明了。这是由于，在北京政府之前并未进行以天津市区为对象的调查。相关史料主要有直隶学务公所等编集的《直隶教育统计图表》（自民国元年至民国七年每年均有编纂）等，但那是对直隶省乃至天津县的整体调查，并不能知晓天津市区学校的状况。因此，笔者利用天津特别市教育局编著的《民国二十八年度天津特别市教育统计》[②] 来解决这个问题。

《民国二十八年度天津特别市教育统计》这部史料，记载了 1939 年在册的公立、私立小学的创立年月（私立学校是被行政机构申请通过的年月）。利用这部史料，某种程度上可以知晓清末和北京政府时期的学校数量（不包括 1939 年前撤废的学校）。幸运的是，在这部史料中，明确记载了各个学校的地址，因此也可知道在不同的时代、在哪些地方设有小学（关于小学的所在地，天津特别市教育局编《民国 30 年天津特别市教育统计》[③]、天津市政府编《天津市政统计及市况辑要》[④]、天津市教育局统计室编《天津市中小学校社教机关便览》[⑤] 等均有记载。本文利用的是记录最早的那份史料）。并且，即使是 1940 年代，根据笔者考察，也可知道某些年度学校的数量。

以上考察的结果，请见表 1。从表 1 可以知晓，自清末至 1949 年间，天津市区的小学是怎样的发展状况。

表 1　天津公私立小学数量的演变

年　份	学校总数	公　立	私　立
1911	45[a]	28	31
1928	103[a]	31	72

---

① 李竞能：《天津人口史》，第 69 ~ 80 页。
② 出版者不明，1940；参见天津市档案馆编《近代以来天津城市化进程实录》，天津人民出版社，2005。
③ 出版者不明，1942。
④ 天津市政府，1946。
⑤ 出版者不明，1947。

年　份	学校总数	公　立	私　立
1929	117	33	84
1930	122	37	85
1931	131	39	92
1932	142	40	102
1933	137	41	96
1938	187	52	135
1939	194	51	143
1941	230	75	155
1945	262	105	157
1946	261	107	154
1947	—	115[b]	—
1948	325[c]	126	199
1949	396[d]	—	—
1953	404[d]	—	—

注：上述统计中的私立小学包括民办、区立小学（不包括没有得到教育局认可的学校）。"—"表示没有数据，情况不明。

资料来源：前引《天津人口研究》，第252页。但是，（a）-（d）引自以下材料：（a）来源于《市立小学校概况表二》和《私立小学校概况表二》，参见前引《民国二十八年度天津特别市教育统计》；（b）来源于前引《天津市国民学校小学及幼稚园便览》；（c）来源于《天津市教育局关于一年来小学教育概况（1950年1月）》，参见中共天津市委党史资料征集委员会等编《天津接管史录》上卷，中共党史出版社，1991，第796页；（d）来源于前引《天津通志·基础教育志》，第396页。

另外，各公立小学的地理分布可见表2（由于私立小学数量很多，因此本文没有列出）。

从上述表格可以看到几个有趣的事实，但从学校数量增加这点来说，可以看到学校数量的增加有几个高峰。1920年代后半期以后至1930年代前后、1941年前后、1940年代后半期是几个重要的时间点。以下将讨论上述不同时期小学数量增加的情况及其背景。

（二）各个时期小学数量的增加及其背景

1. 1930年前后

如表1所示，在清末数年间，天津市出现了一个设立小学的高峰，但是到了北京政府时期，其速度大为减缓。私立小学以租界地区为中心不断

表 2 天津公立小学的演变（清末～1947 年）

区	清末	1939	1941	1946	1947	所在地	类型
一区				100	1 区中心	万全道	5
					1 区 3 保	迪化街	5
					2 区中心	博爱路	4
	圣慈庵 (1905)	29	29	29	2 区 5 保	学堂街	1
	大佛寺 (1910) *	26	26	26	2 区 6 保	粮店后街	1
	行宫庙 (1903)	28	28	28	2 区 7 保	粮店后街	1
	西方庵 (1905)	27	27	27	2 区 9 保	于厂大街	1
	官立第 4 女子 (1908)	25	25	25	2 区 10 保	水梯子大街白衣庵	1
二区	陈家沟 (1907)	22	22	22	2 区 13 保	华安大街	5
		14 短 (1936)	54	54	2 区 14 保	娘娘庙中街	1
		5 短 (1937) ↗			2 区 17 保	锦衣卫桥街	3
	民立第 54 (1908)	直隶第一师范附小第二部			2 区 18 保	锦衣卫街	6
		15 短 (1937)	锦衣卫张家胡同短 ↗?				
		13 短 (1936)	锦衣卫桥永安里短 ↗?				
	学校名不明	24	24	24	2 区 21 保	小关大街	1
				104	2 区 23 保	海潮寺	4
	官立第 8 女子 (1908)	7	7	7	2 区 25 保	狮子林大街	1

199

续表

区	清末	1939	1941	1946	1947	所在地	类型
三区	直揩庵（1904） →	23	23 →	23 →	3 区中心	河北月纬路	5
		80 短（1936） →	65	→	3 区 2 保	四经路	1
		28 短（1936） ↗			3 区 5 保	黄纬路	5
		79 短（1937） →	58	→?	3 区 6 保	日纬路多福里	3
		56 短（1937） ↗?		58 →			
			63（1941） →	63 →	3 区 11 保	宿纬路	3
		43 （1936） →	43	43 →	3 区 15 保	东六经路	4
		21	21	21 →	3 区 20 保	杨桥大街	2
	堤头村（1906）	94 短（1936） →	71	103 →?	3 区 25 保	堤头前街	1
		65 短（1936） ↗			3 区 26 保	朝阳寺后	3
		88 短（1936） →	66	→			
		53 短（1936） ↗		?	3 区 27 保	辛庄大街	3
		41 （1934） →	41	86 →	3 区 28 保	席厂村	4
		区立宜兴埠 →	私立宜兴埠 →	41 →	3 区 30 保	白庙前街	2
			天齐庙短	93 →	3 区 32 保	宜兴埠后街	6
		91 短（19376） →	→	71 →	3 区 33 保	天齐庙大街	3

续表

区	清末	1939		1941		1946		1947	所在地	类型
		36 (1930)	→	36	→	36	→?	4 区中心	公议大街	2
		29 短 (1933)	→	郭庄子 短	↗?					3
		23 短 (1937)	→	56	→	56	→	4 区 4 保	昨道正石桥大街	
		22 短 (1937)	↗	72	→	72	→	4 区 7 保	三元里	3
		6 短 (1936)	→							
		24 短 (1933)	↗							
		33 (1930)	→	33	→	33	→?	4 区 10 保 1	杨旗下坡天福里	2
		1 短 (1933)	→	姚家台义生里	→	→	→?	4 区 10 保 2	杨旗下坡官生里	3
		44 (1936)	→	44	→	44	→	4 区 15 保	三益里	2
		35 (1930)	→	35	→	35	→	4 区 16 保	后兴庄靶档道北	2
		9 短 (1933)	→	52	→	52	→	4 区 22 保	沈庄大街仁和里	3
		10 短 (1937)	↗	55	→	55	→	4 区 24 保	学校大街三庆胡同	3
		20 短 (1933)	→							
		21 短 (1936)	↗							
四区						89	→	4 区 26 保 1	沈庄子养鱼池	4
						76	→	4 区 26 保 2	和平村	4
		区立赵沽里	→	区立赵沽里	→	90	→	4 区 30 保	赵沽里	6
		区立大毕庄	→	私立大毕庄	→	91	→	4 区 31 保	大毕庄	6
								4 区 33 保	东局子	5

续表

区	清末	1939		1941		1946		1947	所在地	类型
五区		30（1927）	→	30	→	30	→	5区中心	七经路	2
		39（1931）	→	39	→	39	→	5区5保	一号路	2
		区立大直沽第一、第二	→	私立大直沽第一、第二	→？	92	→？	5区6保	大直沽中街	6
		27短（1936）	→	大直沽短	→？	99	→	5区7保	大直沽义利街	3
								5区9保	马路街	5
								5区14保	娄家庄永学街	5
				79（1940年代？）	→	78	→	5区15保	张达庄	4
六区		河北省立女子师范学校小学部（1938）	→	51	→	51	→	6区中心	杭州道	6
						97	→	6区1保	威尔逊道	4
		49（1936）	→	49	→			6区10、11保	哈内路	5
		45短（1936）	→	挂甲寺短	→	49	→	6区25保	贺家后街	2
		私立北洋纱厂子弟（1938）	→			79	→	6区26保	挂甲寺桥西街	3
		49短（1937）	→	杨家庄短	↗？			6区28保	杨家庄杨家胡同	6
		区立土城第一、第二	→	私立土城第一、第二	→	87	→	6区29保	土城村裕泰街	6

续表

区	清末	1939		1941		1946		1947	所在地	类型
六区		47 短 (1937)	→	陈塘庄短	→	80	→	6 区 30 保	陈塘庄	3
		区立陈塘庄	→	私立陈塘庄	↗					
						88	→	6 区 32 保	西楼村学堂路	4
								6 区 34 保	何兴村新万庆里	5
		私立南开八里台 (1928)	→	40	→	40	→	6 区 35 保	马场道	6
七区	广北 (1906)	1	→	1	→	1	→	7 区中心	东南角草厂庵	1
	官立第 9 女子 (1910)	5	→	5	→	5	→	7 区 3 保	东南角如意胡同	1
	营务处 (1905)	3	→	3	→	3	→	7 区 4 保 1	东门外	1
	官立第 2 女子 (1907)	4	→	4	→	4	→	7 区 4 保 2	东门内弥勒庵胡同	1
		31 短 (1933)	→	大费家胡同	→	101	→	7 区 5 保	东门内大费家胡同	3
	县署西 (1906)*	8	→	8	→	8	→	7 区 6 保 1	南马路	1
								7 区 6 保 2	南门内大树胡同	5
		33 短 (1933)	→	69?	→	81	→	7 区 7 保	南门东官沟街	3
		74 短 (1937)	↗							
								7 区 20 保	十一区四马路	5
		48 (1936)	→	48	→	48	→	7 区 22 保	南门外升安大街	2

续表

区	清末	1939	1941	1946	1947	所在地	类型
	放生院（1905） →	19	19 →	19 →	8区中心	梁家嘴放生院	1
	药王庙（1904） →	2	2 →	2 →	8区2保	大胡同东大街	1
				82 →	8区4保	天后宫	4
	官立第10女子（?） →	6	6 →	6 →	8区10保	城内户部街无量庵	1
	官立第3女子（1908） →	12	12 →	12 →	8区13保	鼓楼西	1
	天津师范附小（1905） →	直隶第一师范附小第一部等 →	50	回归省立 →	8区14保	西北城角	6
	坡隍庙（1903） →	10	10 →	10 →	8区15保	西北城角城隍庙	1
		34（1930）	34 →	34 →	8区16保	西北城角卫生局	2
		31（1921）	31 →	31 →	8区17保	二道街	2
	慈惠寺（1904） →	11	11 →	11 →	8区18保	慈惠寺大街	1
		55短（1933） →	57	83 →	8区20保	西关街	4
八区		57短（1936） ↗		57 →	8区21保	西关外大街	3
			9	9 →	8区22保	南关签街	5
	如意庵（1907） →	9	46 →	9 →	8区23保	如意庵街	1
		46（1936）	46	46 →	8区26保	小西关大街	2
		14 →	14	14 →	8区27保	皇站庵	1
	官立第6女子 →	15（1916）	15	15 →	8区28保	西关老公所胡同	2

续表

区	清末	1939	1941	1946	1947	所在地	类型
		61 短（1933）→	双忠庙短 →	96 →	8 区 29 保	西头双忠庙	3
			60（1941）→	60 →	8 区 30 保	西头同议会所北	4
		60 短（1937）→	59 →	59 →	8 区 33 保	梁家嘴永安里	3
		64 短（1937）↗					
八区	育德庵（1905）→	18	18 →	18 →	8 区 34 保	育德庵	1
	官立第 5 女子（1908）→	20	20 →	20 →	8 区 35 保	太平街	1
		58 短（1936）→	大豁巷短 →		8 区 36 保	西北角大豁巷 156 号	3
		47（1936）→	47 →	47 →	8 区 37 保	北阁西河沿二大街	2
		38（1931）→	38 →	38 →	8 区 43 保	侯家后中街	2
九区	河北大寺（1903）→	16	16 →	16 →	9 区中心	大寺前街	1
				84 →	9 区 1 保	河北馆下三官庙	4
		17	17 →	17 →	9 区 7 保	河北大街石桥	1
	玉皇庙（1905）→	83 短（1933）→	三条石短 →	70 →→	9 区 8 保	三条石普渡庵胡同	3

205

续表

区	清末	1939		1941		1946		1947	所在地	类型
区		84 短（1933）	→		→	85	→	9 区 10 保 1	河北关上拾埝会	4
		100 短（1936）	↗	67	→	67	→	9 区 10 保 2	赵家场耿家园	3
九区						102	→	9 区 14 保	赵家场河沿	4
		37（1930）	→	37	→	37	→	9 区 15 保	佟家楼后秀德里	2
		87 短（1933）	→	西于庄短	→		→	9 区 22、23、24 保	西于庄大街	3
		32（1929）	→	32	→	32	→	9 区 26 保	西沽三官庙街	2
		区立丁字沽	→	私立丁字沽	→	94	→	9 区 28 保	丁字沽大街白衣寺前	6
十区	→		→	13	→		→	10 区中心	马场道 46 号	5
十一区	学校名不明	13	→	13	→	13	→	11 区中心	南大道养病所	1
		34 短（1933）	→	68	→	68	→	11 区 2 保	南门外大街孙家胡同	3
		51 短（1933）	↗							
		35 短（1936）	→	太平庄短	→	66	→	11 区 3 保	太平庄兴树里	3

续表

区	清末	1939		1941		1946		1947	所在地	类型
		45（1936）	→	45	→	45	→	11 区 8 保	天海路	2
		68 短（1937）	→	61	→	61	→	11 区 19 保	南大道王家台	3
		61 短（1933）	↗							
十一区		42（1936）	→	42	→	42	→	11 区 29 保	西市大街 5 号	2
				私立培新（1945）等				11 区 32 保	卫津路 2 号	6
		32 短（1936）	→	南门西短	→	64	→	11 区 37 保	南门西利学南胡同	3

注：

①在 1947 年，只刊载了在册的小学和有继承关系的学校。即，1947 年前撤废的学校没有包含在内。

②"→"表示与右边一栏学校的继承关系，"↗"表示与右上方的学校。

③学校名称全部为略称（例如，市立第 1 小学，简写为 1 小学，市立第 3 短期小学，简写为 3 短）。此外，学校名称后附的括号内的数字，表示学校的创立时间（有 * 表示在学校创立时间同上有不同说法）。

④"类型"一栏中数字所表示的意思：1 表示清末设立的学校；2 表示自民国成立至 1939 年设立的学校；3 表示成立之初为短期小学，但后来被改组为普通小学的学校；4 表示 1939～1946 年间设立的学校；5 表示 1946 年 3 月～1949 年的学校；6 表示省立和私立小学被改组为市立的学校。

资料来源：

①清末和 1939 年：《1939 年天津特别市教育统计概览》，见前引《民国二十八年度天津特别市教育统计》，《民国三十年天津特别市教育统计》，参见前引《近代以来天津城市化进程实录》，第 646～658 页。

②1941 年：《市立小学概况表 1、表 2》，《市立短期小学改组及更名对照表》，参见前引《民国三十年天津特别市教育统计》，第 16～27、52 页。

③1945 年：《表 13 本市市立小学》（35 年 3 月底），前引《天津市政统计及市况辑要》，第 26～29 页。

④1947 年及所在地：《天津市国民学校小学暨幼稚园便览》（36 年度第 2 学期），前引《天津市中小学校社教机关便览》，第 7～25 页。

另，有关各学校，除上述资料外，还参考了如下资料：前引《津门校史汇》；王守恂撰《天津政俗沿革记》卷十《文化》；前引《天津通志·基础教育志》；前引《天津城市历史地图集》；《中华人民共和国地名词典·天津市》编集委员会编《中华人民共和国地名词典·天津市》，商务印书馆，1994。

增加，但是与其相反，公立学校只成立了 3 所。天津公立小学没有增加的原因，如第一部分所述，是由于天津的教育预算不足。到了 1920 年代，这种状况更加严重，学校的设立暂且不说，甚至教员工资的支付都陷入困境。[①] 而且，这一时期的天津人口持续增加，与之相呼应，应该入学的学龄儿童数量也在不断增大。可以说，这一时期私立小学的新设（或被政府许可）正是对这一状况的回应。1920 年代后半期，公立小学的数量再度增加。其背景主要有以下两点：第一，天津市教育局成立；第二，教育经费实现了独立。如前所述，1928 年天津市进行了市政改革，作为市政府的下属机构新设了教育局。教育局作为统一负责天津市教育行政的组织，由 3 个科室组成。实际上，在教育行政机构方面，北京政府时期已经成立了天津县教育局，但是从组织规模和实行能力来讲，天津市教育局显然更具优势。此后，天津市的教育就在教育局的领导下，陆续开展各种活动。[②]

从财政上支援上述活动的是被称为"教育专款"的教育专用经费。这项教育专用经费是由英美烟草公司（British American Tobacco）代理征收的卷烟税的一部分（每年 72 万元），由新设立的天津市教育专款委员会（教育局的下属组织）对其进行管理。[③] 重要的是，通过这项举措，天津市的教育经费实现了独立，更加稳定。这一时期，之所以设立了数量众多的公立小学，与以天津市教育行政为核心的组织上、财政上的变化相关。

2. 1941 年前后

1937 年 7 月日中战争爆发后，天津租界以外的地区（华界）均陷入日军统治之下，不久，设立了以"维持地方治安、恢复秩序、安定人心"为宗旨的治安维持会。同年 12 月，"中华民国临时政府"在北京成立，治安维持会解散，其业务被伪天津特别市公署继承。

---

① 这种状况在第二次直奉战争后达到顶峰。当时的报纸有如下记载："直省教育经费向来延欠，各校教职员枵腹从公已属艰窘万状，近来直省军费收入多移作军费，而教育费益难按月发放。"参见《益世报》（天津版）1925 年 11 月 5 日。

② 有关天津市教育局的详细论述请见拙稿「南京国民政府の成立と地方における「社会教育」の変容」，『アジア研究』（静岡大学人文学部「アジア研究プロジェクト」）4 号，2009。

③ 汪桂年：《天津近代小学教育家——邓庆澜》，政协天津市文史资料委员会编《天津文史资料选辑》第 58 辑，天津人民出版社，1993，第 95~96 页。

日本占领对天津的教育带来很大影响。以此为界，对中国人的日本语教育开始兴盛起来，学校教育和"社会教育"中也进行以对日妥协为指向的宣传活动。不言自明，其实质是谋求日本占领统治更为顺畅。这种教育在中国被称为"奴化教育"，即使是现在，仍旧是被批评的对象，[①] 这是不能回避的事实。但是，天津教育行政的存在方式却没有因为日本的占领而出现相应的变化。可以说，它基本继承了日中战争之前的体制。因此，小学也因袭了战前的形式存在下来。

1938 年时，天津市区有小学 187 所（公立 52 所，私立 135 所），短时间内数量并没有很大变动。到了 1941 年，小学数量大幅增加，达到 230 所。尤其是公立小学的增加非常显著，其原因是短期小学转变成了正规小学。

如本文第一部分所说，天津市在 1933 年以后才开始设立短期小学。最初只有 40 所左右，数量并不是很多。甚至短期小学的存在意义也被怀疑。下面是短期小学的机关杂志《短小教育》所刊载的内容：

> 短期小学的成立，在天津已有一年多的历史了，可是有很少数人知道他的意义、使命和现在的情况，甚或因不明了而生出种种的误解，使我们办短期教育的人听到，非常灰心和难过！[②]

但是，1935 年国民政府颁布了前述的《义务教育实施暂行办法大纲》后，情况为之一变。短期小学一举增加到 100 多所。据 1939 年的统计，在短期小学就学的人数达到 9107 人。[③]

---

① 有关天津的奴化教育和当时进行的治安强化运动，详细论述请见黎始初《日军在天津的五次"治安强化运动"》，中国人民政治协商会议天津市委员会文史资料研究委员会编《沦陷时期的天津》，天津人民出版社，1992。

② 编者的《发刊词》，参见《短小教育》创刊号，1935 年 3 月。产生这种状况的背景之一是，补习学校这一与短期小学类似的教育机构在天津已经存在。补习学校是对失学者进行识字、算数和党义教育的学校。在教育局的主导下，1929 年开始成立补习学校，当时有学校 100 所，学生 5292 人（《市立民众补习学校统计表之一》，参见天津特别市教育局编《半年间之民众补习学校》，天津特别市教育局，1929）。与短期小学相比，补习学校的修学年限只有半年，因此上学更为容易，但是，即使是补习学校毕业后，也不能说是接受了义务教育。因此，对于那些原本计划接受义务教育的人们来说，上补习学校并不是上学。

③ 《民国二十八年度天津特别市教育统计》，参见前引《近代以来天津城市化进程实录》，第 647 页。

日中战争爆发后，由于逃避战火等原因，天津市的人口迅速增加。人口增加意味着学龄儿童的增加，继而导致儿童大量涌入数量有限的小学。为了改变这种状况，政府采取措施，将短期小学转化为普通小学。也就是说，在100所短期小学中，将其中的50所小学以"二校合为一校"的方式合并撤废，最终创设了新的24所小学。原本只有51所公立小学，通过上述措施，一举增加到75所。不仅公立小学的数量增加，私立小学也呈现出同样情势。我认为，那也是天津市人口增加导致小学不足而造成的影响。

3. 1940 年代后半期

自日本战败到1949年1月天津解放之前，天津均处于国民政府的统治之下。此时，天津市教育局必须面对的问题是小学数量的不足。因此，教育局为了打开局面而倾尽全力，结果是小学数量由1945年统计的262所，增加到1948年统计的325所。在这一时期中，究竟是何种原因导致了小学数量的增加呢？由于没有全部的史料，其原因也很难确定。但是，可以肯定的是，前述《国民学校法》是小学数量增加的主要动因。

1944年国民政府颁布的《国民学校法》这时终于开始在天津执行。根据这项法令，以1个保设立1所小学的比例设置国民学校，但是天津在战后阶段却没有完成这个目标。根据1946年出版的《天津市政统计及市况辑要》，1946年2月天津共有311个保，但是市立小学只有101所，大约是每3个保只有1个小学的比例，这不符合《国民学校法》的规定，因此，教育局开始致力于增设国民学校，尤其是市立国民学校。这一时期增加的市立国民学校多为新设学校，此外也有通过其他方式设立的国民学校，方式之一是将短期学校转化为国民学校。如前所述，在1930年代后半期，短期小学总共只有100所。其中的半数约50所学校在1941年被改组为普通小学，但仍然残存着48所短期小学。这些短期小学在此后的岁月中究竟如何，由于史料不足而无法知晓，但是，根据1945年以后的资料，有数个国民学校是在这些短期小学的校址上成立的。如果考虑到新建一所学校所需的巨额经费，我想大概可以推测到，在日中战争时期或者战争之后，短期小学的一部分被改组为普通小学，继而成为后来的国民学校。此外，一部分私立小学开始转为公立也是在这个时期推进的。这主要是将位于天津市郊的几所私立小学（被称为民办或者区立小学，很多由私塾改良而成）改组为公立小学。

即便这样，小学数量仍然不足。因此，作为补充，新成立了 40 多所私立小学。

以上探讨了天津市小学增加的情况及其背景。关于学校的增加，在直到 1920 年代后半期的这段时间里，公立小学占小学总数量的比例是较低的，1930 年代以后，这个比例开始不断提高，达到 30% ~40% 的程度。最终，1953 年天津的小学已经全部转为公立小学，[①] 但是本文可以确认的是，在 1953 年前，天津的小学已经在某种程度上向公立小学转化。

另外，在不同时期，学校数量增加的原因不同，例如天津市教育局成立而带来的教育行政的整编、教育经费实现独立、人口增加导致小学数量的不足、《国民教育令》带来的学校增设等。有关《国民教育令》带来的学校增设，虽说是全国范围内均在实行，但也可以认为这是大城市（特别是沿海地区）所特有的。此外，由于教育行政的整编和经费独立还不够完善，因此我想，在人口严重外流的农村，恐怕会是完全不同的状况。有关当时农村教育的普及情况，将作为此后的课题进行研究。

三　对社会弱势群体普及义务教育及其程度的变化

（一）人口增加与学生增加的关系

如上一部分所述，1930 年代以后天津小学的数量迅速增加。当然，这也意味着小学生数量的增长。但是，在这一时期的天津不只是小学生数量在增长，市内人口也在持续上涨。那么，这一时期天津小学生数量的增加，只是一种与人口增加相契合的现象吗？抑或小学生数量的增长超过了人口增长的速度？本部分首先探讨这个问题。

表 3 是 1928 年天津市成立后近 30 年间天津市的人口状况。关于近代

---

① 天津市地方志编修委员会编著《天津通志·基础教育志》，第 291 ~304 页。

天津的人口状况，《天津人口史》和《天津人口研究》曾进行了研究，由于双方利用的史料不同，因此记述略有出入。本文则以两者利用的数字为基础，管窥此时期天津市人口的不间断增长趋势。

人口增加的最重要因素是外部人口的流入。天津自古以来就被称为"五方杂处"之地，来自各地的移民较多，近代以后这种趋势更为明显。工厂打工者以及由自然灾害、战争造成的灾民大量涌入天津，人口大量增加。

此外，天津市城区的不断扩大也是人口增加的重要因素。天津市城区在南京国民政府时期和日中战争时期扩大了很多。在南京国民政府时期，大直沽和土城等原属于天津县的部分地区划归天津，在日中战争时期，由于租界的归还，城区进一步扩大。在此过程中，天津市人口不断增加，人口数量包括了归还之前的租界人口。

表3　天津市人口与小学生数量的关系（1928～1953年）

年份	市内人口（人）		小学生数（人）		小学生率（%）	
	①（A）	②（A′）	①（B）	②（B′）	A/B	A′/B′
1928	1122405	869139				
1929		884226	22854	22923		2.59
1930	1068121	869477	25774	25088	2.41	2.90
1931			28592	27892		
1932			30792	30841		
1933	1033642	1110567	32485	33359	3.14	3.00
1934	1188883	1021671	42442		3.57	
1935	1237292	1071072				
1936	1254696	1081072	43863		3.50	
1937	1262261	1132263	33577		2.66	
1938	1391171	1114029	39361	44433	2.83	3.99
1939	1448985	1232004	41934	48926	2.89	3.97
1940	1502088	1274792	45601		3.04	
1941	1644663	1210150	50044	71970	3.04	5.95
1942	1725422	1426098	53796		3.12	
1943	1776323	1524365	57521		3.24	

续表

年　份	市内人口（人）		小学生数（人）		小学生率（%）	
	①（A）	②（A′）	①（B）	②（B′）	A/B	A′/B′
1944	1762608	1800039	60212		3.42	
1945	1721502	1759513	78802	78802	4.58	4.48
1946	1677000		104470	81151	6.23	
1947	1715534	1710910	88132	113595	5.14	6.64
1948	1913187	1860818				
1949		1895702		134363		7.09
1950		1919149		179629		9.36
1951		2067785		301612		14.59
1952		2175522		230507		10.60
1953		2317316		245602		10.60

注：（A′）和（B′）栏中的斜体数字，为笔者根据其他资料记载的数字而填入的。

资料来源：①李竞能《天津人口史》，第 82、235~237 页。②1929~1948 年的数字来源于前引《天津人口研究》，第 92~93、252 页。1947 年小学生的数量来源于前引《天津市国民小学校小学及幼稚园便览（民国三十六年度第二学期)》。1949~1953 年的数字来源于天津市地方志编修委员会编《天津简志》，天津人民出版社，1991，第 1174 页，参见前引《天津通志·基础教育志》，第 348 页。

当然，小学生人数的增加是与小学数量增加相关的。因此，可以确认，在 1930 年前后、1941 年前后、1940 年代后半期等不同时期，学生的人数都是增加的。

那么，学生人数的增加，与天津市人口增加之间是怎样的关系呢？这可以从小学生占市内人口的比例得到答案。如表 3 所示，《天津人口史》和《天津人口研究》的数据均显示，小学生占人口的比例是呈上升趋势的。特别是 1945 年之后的上升趋势更为明显。这表明，此时期天津小学生数量增加的速度超过了人口增长速度，并且入学人数与学龄儿童的比例（就学率）也在上升。这个结论，与当时的行政机构对天津市就学率的调查结果也较为吻合（调查年度和就学率分别为：1928 年 15.2%，1930 年 17.3%，1935 年 34.9%，1937 年 37.7%，1946 年 46.2%）。[①]

① 根据拙稿「近代中国における通俗衛生知識——天津（1912–1945 年）の事例から——」（『歴史学研究』834 号，2007，第 38 页）表 1 制作而成。

（二）社会弱势群体与义务教育的关系

1930 年代以后天津市的就学率开始上升，特别是在 1940 年代后半期急剧上升，那么，究竟哪些人开始上学了呢？

一般认为，下层民众和女性不上学者较多，是长时间拉低天津就学率的主要原因。因此，除了小学数量的增长，这些下层民众和女性开始进入学校，以及他们的就学时间比过去增加，也是构成天津义务教育普及度上升的因素之一。

其中，有关女性就学率上升的问题，《天津人口史》已经进行了研究。根据这部著作，女性在天津小学生中的比例，1929 年是 25.9%，1947 年增加到 32.3%。虽然增长缓慢，但是，女性入学者的比例确实是在增长的。[①]

而关于下层民众的情况，学界并没有太多研究。因此，本节将就此展开讨论。实际上，对"下层民众"这一概念进行定义是非常困难的。在进行一般性社会阶层分类的时候，多以收入水平作为标准，但是在目前，笔者未能发现有关当时天津市民收入水平的资料。因此，本文将根据支持家庭财政的人所从事的职业进行社会阶层分类。在当时的天津，农民、工人、家庭服务业（女佣和乳母等）以及交通业者，是收入水平相对较低的群体。因此，笔者将这类群体视为下层民众。

在此时期，这些下层民众的后代与义务教育的关系似乎更为密切。表 4 是 1933～1941 年间的不同时期学生家长的职业情况（遗憾的是尚未发现 1942 年以后的史料。此外，每年度都有不能列举的职业种类，例如家庭服务等职业）。从表 4 来看，下层民众的后代数量连年增加，并且其增长率超过了学生总数的增长率（另一方面，公务员及自由职业等所谓的"新中间层"的增长率却并不那么高）。这就意味着下层民众子弟就学率的提高。

---

① 李竞能：《天津人口史》，第 238～239 页。但是，女性所占比例仍旧很低。我想有如下原因：第一，天津男性人口较多（如果女性基数为 100 的话，1947 年男女性别比是 136.92%，参见李竞能《天津人口史》第 207 页）。第二，与上海相比，天津在工厂工作的女性较少（Gail Hershatter, *The Workers of Tianjin, 1900 - 1949*, Stanford: Stanford University Press, 1986, pp. 54 -57）。

表 4　小学生家长的职业（1933 年场合增减）

	人　口	小学生	农　业	工　业	商　业	公　务	军　警	交　通	自　由
①1933	100	100	100	100	100	100	100	100	100
②1938	100.3	106.7	222.5	135.4	133.5	74.9	141.5	203	106.8
③1941	108.6	362.2	626.3	460.2	452.7	90.4	175.1	387.1	150

注：根据 1936 年、1938 年和 1942 年的数据，天津市民的职业构成并没有很大变化（参见李竞能《天津人口史》，第 449~456 页）。

资料来源：①②来源于《天津特别市市立初等学校各年级学生家长职业统计表（1938 年度)》，参见《天津特别市公署二十七年行政纪要》第 5 编。③来源于《各级学生家长职业统计表》，参见前引《民国三十年度天津特别市教育统计》。

下层民众后代就学率提高这一结论，其他史料也可以进行某种程度的验证。首先，根据前述表 2 可以发现，在 1920 年代后半期以后新设立的公立小学的校址，大多设立在原来小学较少的地方（如果按照 1947 年当时的区位划分来说，则是三区、四区、九区、十一区等）。这些区与普及了小学的其他区（二区、七区、八区以及租界等地）相比，贫民较多。[①] 特别是三区、九区和十一区，每个区都有类似地道外、侯家后和西广开这样有名的贫民窟。在这些地区，教育局整合并且集中新设了一些小学。此外，在《民国三十年度天津特别市教育统计》中，收录了一份统计表格——《市立中小学免费生统计表》，在这份表格中，与传统小学（第 1小学~第 29 小学）相比，在 1927 年后新设立的学校（第 30 小学~第 72小学）中，免除学费或者减免学费的学生比例更高一些（传统小学是5.8%，新设立的小学是 12.8%）。[②] 因此，从史料中可以得知，新设立的小学在某种程度上接纳了贫困阶层的孩子入学。

另外，下层民众的后代就学率提高，也可以从不同年代他们最后学历的变化中窥见一斑。在天津市红桥区煤建公司从事会计和配送焦炭等工作的人员（多数是下层民众子弟）的最终学历，"文革"期间被整理成个人资料，

① 根据 1929 年的调查，在当时的天津市内（1~5 区，特别区 1~3 区），贫民占人口比例最高的是第 4 区（是 1947 年的第 3 区和第 9 区的一部分，下同），达到 40.41%；第 2 区（第 11 区的一部分）是 11.10%，第 5 区（第 4 区的一部分）是 6.17%。参见《人口与贫民比较》，天津市政府社会局编《天津市社会局统计丛刊》，出版者不明，1932。在1946 年出版的《天津市政统计月报》第 1 卷第 1 期的第五部分"教育"中，也写道："人口最密之区及贫民较多之区，失学儿童皆多，如第七、八区及第三、四区是。"

② 《市立中小学免费生统计表》，参见前引《民国三十年度天津特别市教育统计》，第 72~73 页。

表 5　不同时期天津市红桥区煤建公司员工学历（以出身地域分类）

单位：人

最终学历

生年/出身地	无学·文盲	私塾1	私塾2	私塾3	私塾4	初等小学校·在	初小1	初小2	初小3	初小4	初小·卒	高等小学校·在	高小1	高小2	高小·卒	初等中学校·在	初中1	初中2	初中3	初中·卒	高等中学校·在	高中1	高中2	高中3	高中·卒	中专业学校·在	中专·卒	不明	合计
I　1896～1909	2		2	2																									9
天　津			2	1																									3
天津以外	2			1											1														5
不　明	1																												1
II　1910～1919	4			2	1	2	1	2	2	3					1														27
天　津	1											2																	7
天津以外	3			2	1	2	1	1	2	1		2			1														19
不　明																											1		1
III　1920～1929	2			2		3	2	3	2	1		2	2	2		2	1											1	27
天　津	1			1		2	1	1	1			1	1	1		1	1												12
天津以外	1			2		1	1	3	1			1	1				1											1	14
不　明																													1
IV　1930～1939						2	1	3	3		1	1	1			1	1												14
天　津							1	2			1	1	1				1												5

续表

生年/出身地	无学	文盲	私塾				初等小学校						高等小学校				初等中学校					高等中学校					业校 中专			不明	合计
			1	2	3	4	在	1	2	3	4	卒	在	1	2	卒	在	1	2	3	卒	在	1	2	3	卒	5	在	卒		
天津以外							2		1	3			1	1	1																9
不明																															0
V 1940～1949							1			1	1		1	3		2	6	1		1	2	2						1	1		23
天津							1			1			1	3		2	6	1		1	2	2							1		21
天津以外											1																	1			2
不明																															0
VI 1950～1960																	15	1		1	7	2									26
天津																	14	1		1	7	2									25
不明																	1														1

注：在最终学历一栏中，"业校"是指职业学校，"中专"是指中等专门学校。并且，同一栏中的"在"指在学，"卒"指毕业，"1～5"表示在校学年数。在 6 年制小学中在学 5 年以上的学生资料，记入了高等小学一栏。

资料来源：拙稿「文化大革命期に作成された個人資料の教育史研究への応用」，第 141 頁。

笔者曾对此进行了研究。[①] 从研究成果（表5）来看，随着时代前进，他们的学历也在不断提高。值得注意的是，以1930年代出生为分界点，此后出生的从业人员，即便上学时间很短，但他们都曾有过上小学的经历。因此，我们大概可以看到，在1930年代以后，下层民众后代和小学之间的关系变得更为密切。在表5中，作为参考数据，也列出了出身是天津市以外的人员数据，但在目前并没有发现两者有很大的差别（如果数据增加，可能在某种程度上更能够清晰地反映出这种不同）。

（三）社会弱势群体入学的原因

在此时期，为什么社会弱势群体与学校的关系更加密切了呢？小学数量的增加，也即教育机会的增加，这应该是原因之一。但是，即便是学校数量增加，如果家长不理解上学的意义而不让子女入学，那么学生仍旧难以入学。在当时，对于家长来说，积极让子女入学的理由是什么呢？

对于这个问题，目前并不能给予清楚的回答。唯一可以确认的是，学费比过去更为低廉。在1920年代以前，私立小学暂且不说，即使是公立小学，学费仍然很高。以公立的药王庙小学为例，最初初等小学是免费的（半年为一个学期），但1913年学费是1元，1916年是2元，1922年是3元，1925年是4元。在1926年，不但学费上涨至5元，另外还收取4元的维持费用，而1926年学费最终涨至6元。[②] 可以说，在下层民众看来，这个费用是相当高昂的。[③] 根据天津市教育局的方针，1929年公立小学的

---

① 有关调查的详细内容，请参照拙稿「文化大革命期に作成された個人資料の教育史研究への応用——『天津市紅橋区煤建公司従業員関係档案』」，『アジア研究』（静岡大学人文学部アジア研究センター）5号，2010。

② 《天津市立第二小学校学校沿革》（1931年7月），第3～4页。参见天津县立两等小学校编《天津县两等官小学堂沿革略八种》，出版者不明，出版年不明，其中之一卷。

③ 1927～1928年间，根据对天津手工业者132户家庭的调查，他们10个月的平均收入是184.34元，收入的九成以上用于食物、衣服、房租、燃料费等项目的支出。剩余部分中，作为教育资金支出只有0.39元。参见冯华年《民国十六至十七年天津手艺工人家庭生活调查之分析》，收录于李文海主编《民国时期社会调查丛编》城市（劳工）生活卷，福建教育出版社，2005。最初刊载于《经济统计季刊》第1卷第3期，1932。

学费一律改收 1 元，很多私立小学的学费收取 3 元。而实际上，除此之外还要追加各种经费，因此对于下层民众来说，这仍然是一笔不小的开销，虽然这与北京政府之前的时期相比已经较为便宜了。到了1945 年，公立小学的学费最终实现免费。至此，影响小学入学的经济障碍基本被扫除。

除此而外，家长积极让子女入学的理由，大约还包括以下几点，例如，为了工作而必要的小学学历，或者上小学是天津男孩的一般性选择等等。但是，现在笔者并未找到能够证明这些事实的史料。这也是今后的课题。

此外还有一种可能性，即在《强迫教育条例》的影响下，教育局乃至警察局等机构出现了因保甲制度而诞生的就学监督，是否也是就学率上升的原因之一？但是，就此前所见，在天津基本没有考虑这个因素的必要性。之所以持这样一种观点，是因为在 1949 年前的天津，并不存在能够将学龄儿童全部收容的相当数量的小学。与其如此，莫如说是因为小学数量有限，各个小学都是通过考试而淘汰那些希望入学者。在《民国三十年度天津特别市教育统计》中，刊载了公立和私立小学报参与录取人数的比率（时间为 1941 年 9 月）。就这份资料来看，公立小学的平均入学考试倍率（初级小学一年级学生入学）是3.3 倍，私立小学是 1.6 倍。[①] 此外，在当时天津刊行的教育杂志中，也刊载了如下文章：

> 津市自事变后，人口骤增，学龄儿童，当益随之而加多，然学校之质与量，双方面却不能与人口成正比例之发展。观夫各校招生之情况，学生入学之踊跃可测之，如在市立小学荐一小学生，无论是插班，或是新开蒙的，必须托很大的人情、人头子，有时一样的荐不上，实际上也的确，无地可容，如招收学额，为四十名，则投考者总要超过一百余名，这样看来，学龄儿童颇感入学之难。[②]

---

① 《市私立小学校投考人数及录取人数统计表》，参见前引《民国三十年度天津特别市教育统计》，第 69 页。
② 《津市儿童入学问题》，《新民教育》1939 年第 4 期。

如果从以上史料来看，在当时的天津，就学监督基本没有发挥作用。儿童入学，与其说是源于国家的规定，莫如说是由儿童自己的意愿（或者家长的意愿）决定。

结 论

1949 年 1 月 15 日，天津解放。这时，天津市有公立小学 126 所，私立小学 199 所，没有经过教育局认可的私立小学 59 所，合计 384 所小学。以此为基础，人民共和国时期的天津义务教育开始起步。[①]

如果以教育行政的介入强度为主线来综观共和国成立前的天津义务教育的话，可以看到两个较大的转变时期。其一是清末新政时期，另外一个是 1920 年代后半期之后（特别是日中战争时期以后）。此前，学界对第一个转变时期研究较多，但就本稿所见，第二个转变与第一个转变同等重要，或者比前者更为重要。这一时期，天津义务教育的主要变化有如下几个方面：①小学数量的剧增（特别是公立小学与小学总数的比例增加）；②小学生数量的剧增（小学生占全体人口的比例增加，即入学率的上升）；③在学生人数方面，公立小学超过私立小学；④义务教育开始向教育中的弱势群体（女性和下层民众）普及。

上述变化的背景，大致总结有如下几点：①政府积极推动教育行政的发展（成立天津市教育局、教育经费独立、试行短期义务教育）；②日中战争爆发（日伪政府为了稳定统治而进行的教育普及、战后政府实行的国民教育）；③战乱和自然灾害等原因导致的外来人口涌入天津（学龄儿童增加）。

上述那些变化，对包含"社会教育"在内的天津的教育存在方式本身及其与区域社会的关联方式都将产生影响。通过对这个层面进行深入研究，来探讨天津义务教育普及的社会性意义，是我今后想要进一步探讨的课题。此外，将天津与其他城市及农村进行比较研究，亦是要研究的内容。

---

① 《天津市教育局关于一年来小学教育概况》（1950），参见《天津接管史录》上卷，中共党史出版社，1991，第 796 页。

此外，从其与国民政府时期的连贯性这一视角来讲，对共和国初期的义务教育普及仍有必要进行考察。①

作者：〔日〕户部健，日本静冈大学人文社会科学部

译者：刘凤华，天津社会科学院历史研究所

---

① 基于"1949 年：断绝性和连续性"这样一个视角，近年研究成果不断增加。参见久保亨等编『中国歴史研究入門』，名古屋大学出版会，2006。

斯人已去，事业永续

——隗瀛涛先生城市史学理论刍议

毛　曦

　　恩师隗瀛涛先生（1930～2007）作为中国当代著名历史学家之一，长期致力于中国历史的研究，在中国近代史、中国地方史及中国城市史等诸多学术领域成果丰硕、建树众多，对于当代中国史学的繁荣与发展产生了重要的影响。单就中国城市史领域而言，隗先生先后主编完成《近代重庆城市史》、《中国近代不同类型城市综合研究》、《近代长江上游城乡关系研究》等著作，发表《关于近代中国城市史研究的几个问题》、《近代重庆城市史研究》、《近代中国区域城市研究的初步构想》等论文，[①] 晚年领衔主持国家清史工程《清史·城市志》的纂修工作。此外，培养出大量的中国城市史研究的专业人才，为中国城市史学的发展繁荣做出了巨大贡献。隗先生在中国城市史研究中的学术建树及功绩已得到了学术界的广泛认同，[②] 他不仅对中国单体城市史、区域城市史、专题城市史有着专门的精深研究，具有重大的学术拓展与创新，而且在专题论文和大量著述中展现了对

---

① 隗瀛涛主编《近代重庆城市史》，四川大学出版社，1991；《中国近代不同类型城市综合研究》，四川大学出版社，1998；《近代长江上游城乡关系研究》，天地出版社，2003。隗瀛涛：《关于近代中国城市史研究的几个问题》，《城市史研究》1990 年第 3 辑；《近代重庆城市史研究》，《近代史研究》1991 年第 4 期。隗瀛涛、谢放：《近代中国区域城市研究的初步构想》，《天津社会科学》1992 年第 1 期。

② 定宜庄：《有关近年中国明清与近代城市史研究的几个问题》，〔日〕中村圭尔、辛德勇编《中日古代城市研究》，中国社会科学出版社，2004，第 246～273 页；何一民：《隗瀛涛教授与近代中国城市史研究》，余长安编《一个历史学家的历史》，四川教育出版社，1999，第 136～169 页。

于城市史学理论的诸多新论，对于中国城市史学的理论研究具有重要影响。

犹如对"史学理论"可做狭义解释与广义理解一样，[①] 城市史学理论也大体可有狭义与广义的划分：狭义的城市史学理论仅指对于城市史学学科问题的理论认识，广义的城市史学理论包括了对于城市历史的理论认识和关于城市史学学科的理论认识，即包含了城市史学学科理论和城市历史理论两个层面的内容。隗瀛涛先生的城市史学理论不仅包括了关于中国城市历史发展尤其是中国近代城市历史变迁的理论创见，如对于中国近代城市发展道路的分析业已引起学术界的充分重视，[②] 又如提出了市镇化是近代以前中国城市化的独特道路等新颖论点，[③]而且对于城市史学的学科问题即狭义的城市史学理论也阐明了较为系统的观点，为处于初步建设阶段的中国城市史学理论的进一步发展奠定了重要的基础，并促进着该领域研究的不断深化。笔者挂一漏万，仅从狭义的城市史学理论概念出发，试对隗先生的城市史学理论加以总结，以期对中国城市史学的理论研究有所裨益，并借此表达对恩师隗瀛涛先生的深切怀念。

一

中国虽有城市史研究的悠久传统，但城市史学作为史学的专门分支学科却兴起较晚；中国的城市史研究具有多种学术源流并呈现出相互融合的态势，而对于专门的城市史学理论的研究则是处于草创阶段。[④] 隗瀛涛先生从20世纪80年代后期开始将主要精力投入到中国近代城市史的研究工作，并始终十分重视对城市史学基本理论问题的探讨，从而与其他学者一道，对中国城市史学的形成建立了开创之功。

---

① 狭义的史学理论仅指有关史学学科本身等问题的理论认识，而广义的史学理论，不仅包括了对于史学本身问题的理论认识，还包括对于历史规律性等历史发展本身问题的理论认识，即广义的史学理论包含了历史理论和史学学科理论。

② 何一民：《20世纪后期中国近代城市史研究的理论探索》，《西南交通大学学报》（社会科学版）2000年第1期。

③ 隗瀛涛主编《中国近代不同类型城市综合研究》，绪论。

④ 毛曦：《中国城市史研究：源流、现状与前景》，《社会科学》2011年第1期。

城市史学的学科性质问题是城市史学的基本理论问题之一，对此，隗先生有着自己的见解。他曾指出：城市史学是"历史科学和城市科学相交叉的一门新兴学科"。① 后来，他又在论及区域城市史有关理论问题时再次申明了城市史学所具有的交叉学科性质："区域城市史既是区域史的一个分支，又是城市史的一个分支；确切地说，是区域史和城市史相结合而形成的一个新的研究领域"。② 从这些论述中可以得出这样的认识：城市史学是历史学的分支学科，是历史科学与城市科学的交叉学科，可由区域城市史等更多分支领域组成。我们知道城市科学（Urban Sciences）是以城市为专门研究对象的各种学科的总称，包括了城市规划、城市建设、城市经济、城市管理、城市地理、城市政治、城市文化、城市生态环境等诸多学科，那么，城市史学作为历史科学与城市科学的交叉学科，可由城市规划史、城市建设史、城市经济史、城市管理史、城市历史地理、城市政治史、城市文化史、城市生态环境史等诸多分支领域组成。当然，城市史学的学科交叉性还表现为在历史学内部，城市史与其他史学分支学科的交叉领域广泛存在，如隗先生指出的区域城市史即属于其中的一种。

隗先生关于城市史学学科性质问题的认识对于进一步思考城市史学的性质、开拓城市史研究的新领域富有启发。城市史学作为历史学的一个新兴分支学科，具有显明的交叉学科性质，城市史学的诸多学术领域皆可视作历史学和其他与城市相关学科的交叉领域。如城市学（Urbanology）是对城市有机整体即城市系统进行全面综合性研究的新兴学科，其研究对象为包括人、物、地在内的城市系统。③ 城市学与城市科学既相联系又有区别，与城市科学各学科对城市的割裂式研究不同，城市学将城市问题作为系统整体加以探讨。正如城市史学可以看作历史科学与城市科学的交叉学科一样，我们同样可将城市史学视为历史学与城市学的交叉学科。城市史学不仅要研究某一区域、某一时段、某一专题的城市史问题，也要研究城

---

① 隗瀛涛：《关于近代中国城市史研究的几个问题》，《城市史研究》1990 年第 3 辑；隗瀛涛主编《近代重庆城市史》，绪论。
② 隗瀛涛、谢放：《近代中国区域城市研究的初步构想》，《天津社会科学》1992 年第 1 期。
③ 参见江美球、刘荣芳、蔡渝平编著《城市学》，科学普及出版社，1988。

市历史变迁的整体与宏观问题，要从整体系统的视角研究城市史的各种问题。①

二

城市史学作为历史学的一种独立分支学科的存在，还表现在其与史学既有分支学科及相关学科虽有密切关联，但同时具有显著的区别。隗瀛涛先生曾就此发表看法，分析指出城市史与地方史、城市志相互之间的根本区别：

> 地方史（包括以某一城市为研究范围的地方史）一般是严格按照时间顺序编写，以某一地区内（或某一城市内）发生的历史事件为研究的主要内容，虽然也涉及经济、社会、文化等内容，但并没有把这些内容同城市的结构和功能演变联系起来进行考察分析。地方志（包括城市志）则旨在整理、保存史实和资料，它重视的是史实和资料本身，而不是这些史实、资料与城市结构功能的关系。城市史则是在利用地方史和城市志的研究成果和资料的基础上，着重分析城市结构、功能的演变。简而言之，城市史和地方史、城市志的根本区别，在于它重视的是城市本身的发展演变，而不仅是城市范围内发生的历史事件和历史现象，只有当这些历史事件和历史现象同城市结构、功能的演变有密切关系时，才成为城市史的研究内容。②

城市史与地方史、地方志关系密切，具有共同的交叉学科领域，但其各自的研究范围和学科特点却很难区分与把握，隗先生的分析不仅阐明了三者之间的区别与联系，而且为我们明了城市史学的特点、进一步思考城市史研究的范围与方法等问题提供了重要的启迪。

城市史学作为历史学的新兴分支学科之一，在学科理论方面有必要探讨与其他相关学科的关联性，以期为本学科的发展提供借鉴和支撑。如对

---

① 参见毛曦《城市史研究的范围与方法——试论历史地理学、古都学及城市史学之关系》，《史林》2009年第4期；毛曦《城市史学与中国古代城市研究》，《史学理论研究》2006年第2期。

② 隗瀛涛主编《近代重庆城市史》，绪论。

于城市历史地理或者说历史城市地理的探讨是历史地理学的重要内容之一，在中国现代历史地理学的发展中，城市历史地理研究占据着十分重要的地位，涌现出了大量的研究成果，为学术繁荣和社会经济发展做出了重要贡献。实际上，城市历史地理同样属于城市史研究的重要内容之一，城市历史地理可以看作历史地理学与城市史学共有的交叉研究领域，后起的城市史学可从历史地理学乃至地理学中汲取有用的营养，丰富和繁荣中国城市史研究。①

<h2 style="text-align:center">三</h2>

城市史研究的内容范围等问题也是城市史学的基本理论问题之一。20世纪80年代以来，中国学术界对于城市史研究的对象与范围等问题进行了一定的讨论，皮明庥、傅崇兰、朱政惠及隗先生等一批学者曾就此发表了各自的观点，促进了该理论问题研究的深入。② 隗瀛涛先生所主张的城市结构功能及其演变构成城市史研究基本内容的观点，至今在学术界具有十分广泛的影响，甚至被学者称为是这一研究领域的"结构－功能学派"。③ 隗先生在《近代重庆城市史》一书绪论中写道：

> 城市史无疑是以城市为研究对象的，但城市是一个众多因素复杂地结合在一起的有机整体，涉及的范围相当广泛，几乎包容了一个社会所有的现象。如果不能确定它研究的基本内容和基本线索，就很难抓住城市发展史的主题，也就不能显示城市史研究的特色……
>
> 我们主张城市史应该以研究城市的结构和功能的发展演变为基本内容……这有利于揭示城市发展最基本、最重要的规律。因为不同时代、不同地区、不同类型的城市总是具有不同的城市结构，而不同的结构又决定了城市具有不同的功能，城市各种功能的形成和发展反过

---

① 毛曦：《城市史研究的范围与方法——试论历史地理学、古都学及城市史学之关系》，《史林》2009年第4期。
② 毛曦：《城市史学与中国古代城市研究》，《史学理论研究》2006年第2期。
③ 定宜庄：《有关近年中国明清与近代城市史研究的几个问题》，〔日〕中村圭尔、辛德勇编《中日古代城市研究》，第246～273页。

来又影响城市结构的变化。城市的结构和功能一般是由简单初级形式向复杂高级形式演变，探讨这一演变过程，不仅能揭示城市发展的共同规律，而且能够揭示不同时代、不同地区、不同类型的城市的特殊发展规律。

城市的历史变迁在纵横的诸多层面上呈现出丰富多彩的内容和复杂多变的现象，要想揭示城市历史现象的本质，宏观上把握城市历史发展的规律，就必须抓住城市历史发展的轴线。隗先生提出的城市结构功能及其演变就牢牢地抓住了城市历史变迁的轴线，为认识城市历史发展的规律创造了有利的前提条件。隗先生还进一步强调应从城市地域、城市经济、城市社会、城市政治、城市文化等五个方面来研究揭示近代中国城市结构和功能的发展演变，认为"近代中国城市史研究的基本线索有两条相互推进、相互制约的主线，一是近代城市化过程，二是城市近代化过程"，[①] 所主编的《近代重庆城市史》一书正是其这一学术思想的具体贯彻和体现。

从城市史研究现状来看，中国的城市史研究可以说是不同学科多有参与。城市史学作为史学分支以城市历史为研究对象与其他学科以城市历史为研究对象有所不同：其他学科多以城市的某一方面的历史变化作为其研究对象，并且以当代研究为重点，根据需要上溯城市的历史发展；而城市史学除了以城市的某一方面的历史过程为研究对象外，更重视对整体、系统的城市历史的综合、宏观研究。城市史学以城市的历史发展为研究对象，自然包括了城市方方面面的历史变迁，也包括了城市圈的历史变化，更包括了城市体系、城市系统的历史过程和城市整体的历史变化过程。城市史学的研究范围包括了城市政治、经济、社会、文化、地理等各个方面的历史发展或变迁，也包括不同区域、不同历史阶段城市的历史发展，更包括了城市整体的历史发展过程及其规律，城市史研究的核心是政治、经济等社会发展所引起的城市的历史变迁及其规律。然而，要探寻城市历史发展的线索、轴线、核心等以作为城市史研究的基本内容或主要内容，并进而从宏观整体上了解城市发展的状况、把握城市历史发展的规律，将是

---

① 隗瀛涛主编《近代重庆城市史》，绪论。

城市史学工作者应长期思考并不断探讨的学术难题，隗先生的学术研究为我们提供了学习借鉴的标本。

四

隗瀛涛先生还在近代中国区域城市史研究中对城市史学的研究内容做出了更为明确的说明。他与谢放教授共同撰文《近代中国区域城市研究的初步构想》，认为近代中国区域城市史最基本的研究内容至少包括以下三个方面。

一是区域内城市体系发育演变的历史，具体包含内容有：区域内不同规模、类型城市的结构和功能，以及由此形成的城市体系的总体结构和总体功能；各类城市的数量、规模、地理布局和等级结构；城市之间、城乡之间政治、经济、社会、文化的联系内容和形式；中心城市在城市体系中的地位和作用。

二是区域城市化的历史道路和发展水平。

三是区域内的城乡关系。"近代城乡关系主要体现在城乡分离、城乡联系和城乡对立三个层面。城乡关系的变化，既有传统的延续，也有近代的演变。近代中国区域城市史应该研究这三个层面的变化及其特点。"①

区域是一个空间概念，属于地理学的范畴。区域城市史的研究必然与地理学尤其是城市地理学、历史城市地理学发生联系。隗先生等关于近代中国区域城市史研究基本内容的观点，不仅对开展中国近代区域城市史研究具有重要指导作用，且对开展包括中国古代及现代区域城市史在内的整个历史时期区域城市史研究也具有一定的普遍意义。这一认识也是其有关城市史学理论认识的进一步细化。

隗瀛涛先生还对城市史学的诸多相关概念有着自己的学术判断，为后人的相关研究提供了一定的参照。城市化是城市历史发展中的一个重要现象，对于城市化概念的界定学术界尚无统一的说法，隗先生对此做出了合理的解释："城市化的定义和内涵至今尚无一完整统一的解释。我们理

---

① 隗瀛涛、谢放：《近代中国区域城市研究的初步构想》，《天津社会科学》1992 年第 1 期。

解的城市化具有四个方面的内容：（1）人口流动方面的城市化现象，即农村人口向城市转移、集中的过程，城镇人口在总人口中比重的增长；（2）地域景观方面的城市化现象，即城市状态在地域范围内的扩大，城市数目的增长；（3）经济领域方面的城市化现象，即第二、三产业在空间上向城市集中、聚集的过程；（4）社会文化方面的城市化现象，即城市生活方式、价值观念的普及。"① 城市化现象，不同时代有不同的特征，不同民族、国家、地区有不同的特色，在城市经济、文化等不同方面也会有不同的表现，因而造成对城市化概念界定的不同观点。关于城市化问题，应该永远是城市史研究中需要不断加以界定和讨论的问题。

五

陈瀛涛先生的城市史学理论具有较为丰富系统的内容，这些理论认识在其近代中国城市史研究中得到了充分的贯彻，并对城市史研究领域的不断拓宽具有指导意义。陈先生在城市史研究中重视城市史学理论问题的研究，追求理论研究与具体研究并重及相互结合，在其有生之年不断进行新的探索，不断开辟城市史学的新的学术领域，不断进行学术创新。可以说，陈先生在中国城市史学领域的贡献属于创造性的，对于中国城市史学的进一步发展富有诸多启迪。此外，先生重视城市史学专业人才的培养，通过学生的专题科研，不断拓展延伸城市史研究的视野与时空范围，以期促进城市史学学科的快速发展。陈瀛涛先生对中国城市史研究事业的繁荣发展、中国城市史学学科的建立推进，做出了极其重要的开创性贡献。斯人已乘黄鹤去，风范留存事业续。陈先生未尽的中国城市史学事业，需要我们后学接力奋进。陈先生在城市史学方面的贡献正在且将继续推动中国城市史学不断走向新的繁荣。

作者：毛曦，天津师范大学历史文化学院

---

① 陈瀛涛主编《近代重庆城市史》，绪论。

"三生有幸"

——"中国史上的日常生活与地方社会"学术研讨会综述

许哲娜

由南开大学中国社会史中心主办的"中国史上的日常生活与地方社会"学术研讨会于 2013 年 10 月 31 日~11 月 3 日在南开大学举行。莅会学者 37 人，围绕"物质文化与日常生活"、"生计模式与地方社会"、"礼仪与生活"、"城市与聚落"、"乡族社会与地方生活"、"日常生活史的理论与实践"等多个主题进行了热烈的探讨。

一 对"三生"范畴的开拓与深化

日常生活史研究是近年来史学研究最有价值的重要突破之一。所谓"日常"，学界一般将之定义为"重复性出现的行为和现象"。相对于以往较多地关注重大事件、精英人物，有意识地关注那些在历史上具有特殊意义、"突变"性质的"非日常"现象，日常生活史研究把更多的注意力转向那些看似微不足道、一成不变从而习以为常的普通人的生活现象，提出了"三生有幸"的研究范畴，即生活、生命、生态，认为这三方面的发展是维系社会稳定的主要支柱与推动社会再生产发展的主要动力。

（一）生活研究

生活研究关注的是日常生活方式与生存策略。日常生活方式包括衣、食、住、行、礼物等物质载体以及婚姻、生育、丧葬、生计、消费、娱乐、收藏等行为方式，本次会议论文中涉及"衣"的有张佳的《塑造正统——洪武时期的胡服禁革》，涉及"食"的有许哲娜的《缔造"花茶时代"——清末以来花茶生产与消费初探》，涉及"住"的有万晋的《安史之乱后的洛阳士人居住与生活常态——以私家园林为视角》，涉及"行"的有《清代旗员与武职不准乘轿规制述略》，涉及礼物的有夏炎的《唐后期北方士人礼物馈赠中的南方风物与南北文化整合》，涉及婚姻、夫妻生活的有郭玉峰的《生活史视野下的清代家族婚姻、生育行为》、王善军的《辽代族际婚研究》、阎爱民的《汉画像石中的夫妻生活》，涉及丧葬的有张传勇的《送死：清儒许楣的生平与丧葬活动》，涉及生计的有廖华生的《因财失义：对〈何鸿柏财产纠纷史料〉的解读》，涉及消费的有李长莉的《晚清"洋货流行"与消费风气演变》、张仲民的《"卫生"的商业建构——以晚清报刊广告为中心》，涉及娱乐的有张忠的《戏院还是戏园——清末民初北京传统娱乐空间的更新》，涉及收藏的有姚旸的《从〈清仪阁所藏古器物文〉看清代中期江南民间收藏生活》。

生存策略包括个体之间出于互相依存需要而制定的礼仪、组织等，以及在这些礼仪、组织中累积形成的权力关系、习俗传统等。本次会议论文中涉及礼俗的有：郑莉的《海外移民与侨乡传统再造：兴化九鲤洞的坛班持戒仪式》通过对福建莆田一带一种经过系统化训练的神童组织"坛班"与持戒仪式的考察，探讨了"海外移民的文化传承及其对侨乡传统再造的影响"；刁培俊、王艺洁的《孝道与纲常的悖逆：北宋女子"夫死从子"规范的践行》探讨了北宋女子在"夫死从子"这一理念的践行过程中出于生存需要所采取的实际应对策略。涉及社会组织的有：田宓的《民国归化城土默特地区的地方动乱与聚落形态》对该地区蒙汉民众为防御"匪患"形成的保卫团与民团等组织及其采取的修堡、并村等措施做了探讨，王广义的《合与分：家庭、家族、宗族——基于近代中国东北乡村家族共同体探析》对东北农村地区家庭、家族、宗族三个层面的社会组织的演进过程、维系方式以及在此基础上形成的政治、经济、文化权力网络进行了分析，于秀萍的《明清以来的北方武术发展述略——以河北沧州回族李氏"六合门"为例的历史考察》对武术门派这一特殊的社会组织的形成基础、演变过程以及历史影响进行了论述。涉及权力关系的有：章毅的《〈汪氏渊源录〉与元代徽州地方精英网络》通过对元代徽州九支汪氏的家族情形的考察，探讨了"一个因蒙元新政而崛起的元代徽州地方精英网络"的社会地位与作用，并从中发现了宗族化趋势兴起的关键因素；吴琦、马俊的《晚明乡宦与乡评的互动及其对地方秩序的影响》探讨了原本作为乡宦借以维持威望并通过各种公益行为与之进行良性互动的舆论资源的"乡评"，在社会矛盾加剧、乡民与乡宦关系紧张对立的背景下走向尖锐和扭曲，并最终导致了大规模民变的蜕变过程；罗艳春的《明清湘鄂赣交边山区的聚落与人群》探讨了江西万载西北部山区"由最初的土著富户为主导，发展为移民群体的势力抬升"的权力关系变化过程；李平亮的《清至民国初期江西的"义图制"》通过对江西地区义图制的创立过程、运作机制及其"从一种民间的赋税催征方式演变为官方征收制度"的经过和原因的一系列考察，揭示了赋役制度演变的社会文化意义；申红星的《清前期豫北士人日常生活与地方社会》论述了当地士人社会交往对地方社会的影响；杜树海的《宋末至明初中国南方边界的生长——以广西左江上游土酋势力的动向及其祖先叙事的创制为例》对在历史的"关节点"上地方土酋势力如何在中、越两方王朝之间顺利转向进行了观察。

除了上述微观个案研究，对日常生活进行"全景式"研究的有常建华的《清中叶山西的日常生活——以 118 件嘉庆朝刑科题本为基本资料》，耿超的《河北地区宋代墓葬与日常生活研究》，蔡勤禹、庄成猛的《青岛平民院里的日常生活》等。

（二）生命研究

生命研究关注的是人的精神生存状态，既包括身体感觉、情绪反应与情感历程等感性思维活动的状态，也包括价值观等理性思维活动的状态。本次会议上相关论文重点关注了不同阶层士人群体的生命状态，如赵树国的《"动"、"静"之间：明清鲁中乡村士人的日常生活——以〈醒世姻缘传〉、〈聊斋志异〉等为中心的考察》、黄阿明的《彭定求晚年的闲居生活世界》等。张艺曦的《心学家画像在明代的流行及其作用——以阳明画像为例的讨论》通过对阳明画像流行状况的考察，讨论了明代士人的思想状况。此外还涉及了与士人群体有着密切关系的特殊阶层，如余新忠的《个人·地方·全面史——以族人法云和尚为个案的思考》。

（三）生态研究

生态研究关注的是人与环境的冲突与和解、互动与融合。虽然本次会议没有专文对这一主题进行探讨，但是一些论文也有所涉猎，如王力平的《唐代并州的妒女祠与妒女崇拜》特别论述了当地土地贫瘠、严寒干旱之自然环境对妒女崇拜的促成作用。

上述三个范畴既可以各成独立的研究领域，也不可避免地互有"纠葛"与"渗透"。如在"生活"层面的研究中，生活方式是生存策略的外在形式，生存策略是生活方式的内在依据。而生计层面与生态层面之间存在着适应、索取与改造等多重关系。本次会议提交的不少论文都从各自的个案和视角出发，对三者之间丰富而多元的关系进行了阐述。如"胡服禁革"探讨的并不仅仅是服饰问题，而是关乎"正统"；"乘轿"研究的也不仅仅是交通出行的历史，而是"礼法与等级"。

除了通过具体个案研究来展现中国史上日常生活的多彩形态之外，研究范式、理论方法的探讨也是本次会议的热点之一。其中邹怡的《史学史的再梳理：目的、对象与方法》通过对史学从天命到科学、从民族到多元的发展历程的回溯，梳理了史学流变以及其中包含的深层关怀与时代思潮的关联，为深化对日常生活史研究趋向的认识提供了重要的学术背景。代洪亮的《文化与日常：日常生活研究的发展与挑战》回顾了社会史研究从社会生活向日常生活的"方向性转变"，分析了日常生活史研究中面临的主观化、均质化、碎片化、概念宽泛化等诸多挑战，并对未来的学术选择提出了期许。

二 对"人"的回归

日常生活史的研究路径从产生之初就受到不少质疑，主要的担忧之一就是将史学研究进一步引向"碎片化"。笔者认为，这种担忧其实缘于对日常生活史的一种误解。实际上常建华在《中国社会研究史的再出发：从社会生活到日常生活》一文中就已经确定了在日常生活史研究中应该遵循致力于发现"日常生活与历史变动的联系"的研究原则。① 这实际上强调了要建构起一种与总体史既有区别又有联系的研究范式，而这一研究范式

---

① 常建华：《中国社会研究史的再出发：从社会生活到日常生活》，《人民日报》2011 年 3 月 31 日。

包含的绝不仅仅在于从宏观叙事到微观聚焦的转变，而是研究出发点与立场的根本转变。在以往总体史研究中，由于过于强调归纳与通约的研究思路，导致：在社会生产发展史研究中"只见犁铧不见人"；在社会生活发展史研究中，个体缺乏鲜明的存在与价值，往往被视作只能任由社会历史潮流裹挟前进的一片树叶、一粒尘埃，缺乏个性化的身体感觉与情感体验，往往被视作政治、经济、文化等公共生活的机器。而日常生活史对个体生命及其身体感觉、情感体验，日常生活的经验与策略的研究价值所赋予的前所未有的关注与重视，其目的和宗旨恰恰在于"建立以人为中心的历史学"，"以人的生活为核心联接社会各部分"[①]，也就是将"人的生活"作为史学研究的"出发"点，"以小见大"，去捕捉历史发展的踪迹，梳理历史变动的脉络。这也正是日常生活史研究区别于传统史学研究的核心要义所在。

　　本次会议提交的论文恰恰是对常建华所提倡的"日常生活与历史变动的联系"这一研究原则的成功实践。如常建华的《清中叶山西的日常生活——以118件嘉庆朝刑科题本为基本资料》从看似琐碎的骂人纠纷案例中分析了当地居民的人际关系、隐私和价值观。李长莉的《晚清"洋货流行"与消费风气演变》，通过洋货从作为炫耀性消费的"奢侈品"到作为流行时尚性消费乃至实用性消费的"日用品"的普及发展过程，以及对民众消费方式的影响，折射出中国社会近代化转型的轨迹。余新忠的《个人·地方·全面史——以族人法云和尚为个案的思考》从法云和尚这样一个"独特的生命个体"去"透视和捕捉一个区域乃至国家的时代风貌和特性"，并对法云和尚个人生活经验中所展示的日常生活舞台和背景有了"具体而真切的认识"。张艺曦的《心学家画像在明代的流行及其作用——以阳明画像为例的讨论》从心学家画像在明代士人中间的流行状况发现了"新学风将起的先兆"。夏炎的《唐后期北方士人礼物馈赠中的南方风物与南北文化整合》从日常生活中"礼尚往来"行为的视角对贬谪南方的北方士人如何积极适应南方生活，进而推进南北文化整合的历史过程进行了还原，从而也为在唐史研究中始终倍受关注的主题"发展重心南移"问题的解答提供了新思路。王善军的《辽代族际婚研究》从婚姻行为的角度探讨

---

① 常建华：《中国社会生活史上生活的意义》，《历史教学》2012年第1期。

了民族文化的交流以及中华一体观念与认同意识的产生根源等。

这些研究成果都表明了继西方史学实践之后，中国史学研究也正在证明"'按照准则进行研究'的日常生活史与微观史也有可能被视作一种'总体史'的一个变体"。① 这也从根本上有效地防止了日常生活史研究的"碎片化"趋向，在一定程度上避免了对日常生活史研究往往是"茶余饭后的闲谈"的误解、质疑和诟病。不过正如代洪亮在《文化与日常：日常生活研究的发展与挑战》中指出的，一些研究者在从"微小的研究对象或者说短时段的事件中抽象有关更大的共同体的结论"这一学术尝试中，必须警惕由于"个体与整体，个性与共性的关系非常复杂"，从而导致"容易陷入以偏概全之弊"。

对"日常生活"的关注其核心就是对"人"的回归。毕竟，每一个生命个体的尊严、价值和发展都能够获得肯定和保障，才是社会发展的终极目标。从"人"与"生活"出发的日常生活史研究可以为经济与社会发展衡量标准的形成提供切实的历史经验和依据，这也是实现史学研究要有"现实关怀"这一社会期待的重要渠道。

三 对通则的突破

"对通则的突破"是日常生活史研究为历史学研究带来的最显著的效应与贡献之一，对于我们随时保持对史学研究的反思，从中发现历史发展的多种可能性，从而不断将史学研究推向深入都有着非同寻常的意义。常建华在闭幕式的会议总结发言中特别强调了"对通则的突破"在日常生活史研究中的重要性。

探讨地方经验的差异性与多元化是"突破通则"研究的最常见最具有可操作性的切入点。因此，本次会议也将"地方社会"确定为主要议题。多数论文都从地方经验出发来探讨相关的主题，不但将地域作为一个研究对象，而且在某种程度上将之作为一种研究的视角和路径。如杜树海强调"从地方实景的角度发现王朝国家边界的生长"，李平亮也特别指出对义图

---

① 斯特凡·纳尔丹：《历史科学基本概念词典》，孟钟捷译，北京大学出版社，2012，第145页。

制的研究是"从区域史的视角，探讨了里甲赋役制度在地方社会的实施过程"，等等。随着日常生活史研究的不断深入和细化，学者关注的地域也越来越广泛。本次会议论文涉及的地域包括北京、天津、上海、山西、内蒙古、山东、河北、浙江、福建、江西、广西等，贯穿了从首都到直辖市、从省会到交边山区、从西北少数民族地区到东南侨乡、从东北乡村到南方边界的广大地区。

对经验和策略的关注是实现"对通则的突破"的另一个重要渠道。尤其是在礼俗研究方面，相对于以往较多地聚焦于对习俗规则、礼法制度的事项描述、意义归纳以及对其设计意图的阐释，日常生活史更注重通过对"实践的艺术"与"应对的策略"的解读，来考察某些习俗规则、礼法制度在日常生活的践行过程中所进行的修正和调适，甚至出现与设计意图完全背道而驰的"反常"现象，从而打破了以往研究所展现的礼法、习俗"天经地义"的刻板印象。如刁培俊、王艺洁在对北宋中上层已婚女性在实际生活中践行"夫死从子"规范的各种具体"做法"进行了分类与剖析之后，发现了某些与儒家规范并不一致的历史面相，从而得出了具有一定突破性的结论："北宋时期女子的社会地位并不像往常认识中的那样低"。张传勇的《送死：清儒许楣的生平与丧葬活动》以许楣这样一位生活在特殊时代环境中的有个性的丧葬礼仪专家的生平与志业为个案，探讨了明末清初浙西地区的独特社会文化现象，即明代遗民在明清易代这样一个特殊历史情境下特别关注丧葬之礼，专注于撰写营葬礼书、从事丧葬实践，从而推动了一批"代表传统时期营葬礼俗研究最高峰的著述"在清代前期的集中出现。

如果说实践的艺术与应对的策略反映的是"弱者的计谋"，那么文化的建构则体现了人们在日常生活中主动创制文化符号的能动性。尤其是在近现代消费活动中，在"实业救国"、"商业救国"思潮渐渐深入人心的时代背景下，商人随着社会地位的提升，在建构文化话语过程中的主导权也在逐步上升，他们出于增加销量和利润的目的对所售商品进行形式多样的"文化建构"，也因此成为"突破通则"研究的一个重要样本。如张仲民的《"卫生"的商业建构——以晚清报刊广告为中心》通过许多生动的案例展现了晚清中国商人"如何利用'卫生'做生意"，即利用"卫生"作为资源，将"卫生"物质化，建构出一种"以种族振兴、后代康健为导向的消费认同与消费文化"。许哲娜的《缔造"花茶时代"——清末以来花茶生产与消费初探》通过对清末以来花茶生产与消费的分析，认为在南方茶文化传入北方市场的过程中，茶商通过对花茶消费经验、消费品味的形塑与示范来推动新型花茶文化的建构，对一度受排斥的花茶转变成为"贵族化茶叶"起到重要作用，并对花茶文化地理格局中的三座重要城市——北京、福州、天津的作用和关系进行了解读。

四 对资料的"重读"

无论多么引人入胜的视角，最终都必须依赖丰富扎实的资料得以落实，这也是历史学的立足根本。日常生活史研究对资料的广度与深度提出了远远高于以往研究视角的要求，尤其是古代部分相对于近现代部分，乡村部分相对于城市部分，在资料方面面临着更大的挑战。然而，本次会议提交的论文中古代部分、乡村部分比起近现代部分、城市部分并未相形见绌，相反古代部分占到了提交论文的80%以上，虽然以资料占有量具有明显优势的明清部分研究为主，但是唐宋部分的研究论文数量和质量也相当可观，而乡村部分的研究不但形成了"乡族社会与地方社会"一个专门的分组讨论议题，而且在其他主题的分组讨论中也有所呈现。这些丰富的研究成果不能不说得益于学者们对资料强大的"重读"能力。

对资料的重读实际上包含了两个层面。首先，是对资料体系的重建，即从范围上进一步拓宽研究素材的来源，改变以往研究素材以书面文献资料为主，而书面文献资料又以正史为主的资料构成体系。本次会议论文在史料运用范围上有了较大的突破，包括以下多种类型。一是图像，如阎爱民对汉代画像石中夫妻的生活场景的诠释，张艺曦对明代心学家画像的分析。二是碑刻，如罗艳春对万载黎源忠义祠碑刻的解读。三是考古资料，如耿超对墓葬考古资料的运用。四是民间传说，如余新忠对法云和尚的民间传说的辨析。五是诗歌，如夏炎、万晋对"以诗证史"方法的实践。六是笔记小说，如赵树国对《醒世姻缘传》、《聊斋志异》的考察。七是报纸广告，如张仲民对《申报》"卫生"商品广告的梳理。八是私人日记和书信，如李长莉从《王韬日记》中获得了当时流行日用洋货的种类信息，郭玉峰从曾国藩家书、日记以及曾纪泽日记中获得了曾氏家族婚姻、生育、教育行为等方面的生活化细节和观念。

当然，过分追求资料的"新意"也会带来弊病。资料的发掘与诠释最终还是要服务于观点的论证。罗艳春在点评中提出了自己的思考，如果不具有不可替代性的研究素材的"新"发现，或是未能引发视角上新突破的单纯的资料范围上的"新"突破，其意义和价值都有待商榷。

此外，研究者还应当具备对各种类型的资料加以辨析的能力。余新忠在对与法云和尚相关的各种资料进行比照和辨析的过程中发现"民间的传说未必全然无据，而正式的文献记载也不见得全可靠"，这一方面为民间传说进入史学研究素材范围的正当性提供了重要依据，另一方面也提醒研究者要警惕正史的文献资料中可能渗透了撰著者的"主观立场和认识"从而影响研究结论的客观性。

其次，是对资料文本的重读，即从全新的视角对传统的历史素材进行解读和阐释。如常建华在《清中叶山西的日常生活》一文中对《清嘉庆朝刑科题本社会史料辑刊》的利用就是一个经典的例子，以往的研究多从人口、经济、法律等角度对这批资料加以利用。而常建华通过系统的爬梳与分析，从中发现了数量和规模都极为惊人的日常生活史研究素材，内容上涵盖了日常生活中几乎所有的基本层面而且极为详尽，如家庭方面包括婚姻（包括再婚）、生育的年龄状况以及兄弟分家、赡养老人的方式与形态等问题，村社事务管理方面包括乡约、保甲系统等基层组织的运行机制，人际方面包括骂人纠纷中所反映的隐私、价值观等问题，生计与消费方面包括移民谋生状况、各种店铺以及借贷、典卖土地与雇佣等等。这对于解决中古以前日常生活研究中资料匮乏的问题提供了一个很好的借鉴。

日常生活史研究的对象内容包罗万象，研究素材浩如烟海，方法体系尚待完善，本次会议论文所开拓的话题和领域既是有益的尝试，也是未来继续努力的方向。提倡"以人为本"、强调"生态和谐"的时代，为以生活、生命、生态为研究范畴的日常生活史研究提供了良好的发展机遇，同时也促进其承担起关怀现实、观照未来的社会责任。

作者：许哲娜，天津社会科学院历史研究所

三十而立：中国近代城市史
研究的门户与路径*
——以"首届中国城市史年会"为例

丁　芮

作为 20 世纪 80 年代勃兴的中国近代城市史研究，经过近三十年的发展，已然从小小的幼芽成长为枝叶繁茂的大树，学者队伍日益扩大，领域范畴逐年拓展，理论迭兴、精品辈出，亮点和热点层出不穷，取得了长足的进步和发展。为总结学科发展经验、传承学术研究脉系、梳理史学规划方向，2013 年 6 月 20～24 日，由中国城市史研究会等单位主办，西南大学历史文化学院、四川大学城市研究所承办的"城市发展与中华民族复兴暨首届中国城市史年会"在重庆隆重召开。这是"中国城市史学会"成立以来的首届年会，得到中外城市史研究者的广泛响应，共收到参会论文 90余篇，110 余名学者济济一堂，共同见证了近代城市史研究的成就与发展前景，也充分展现了近代城市史研究的学术特色和学科规模。

一　学者团队：近代城市史研究的门户派别

史学没有国界，但研究内容和学者团队却是具有地域特色的。这一点在近代城市史研究领域颇为突出，其在国内的发起溯源就是 20 世纪 80 年代国家社科基金所确定的上海、重庆、武汉、天津四个城市近代发展的重点项目，以此为模板，本地学者群体研究本区域城市这个潮流和趋势基本

*　［基金项目］天津市哲学社会科学规划课题项目"警察与近代城市社会管理研究——以京津两市为中心"（项目编号：TJZL13－003）。

贯穿了近代城市史研究的发展进程，而此次年会则充分体现了这一显著特点。

其中，上海城市史研究以上海社会科学院历史研究所为主，该所自1956年建立以来，一直将上海史列为研究重点。最近几十年中，上海城市研究是中国地方史、城市史等领域研究的热点，举办过多次学术讨论会，出版了数以百计的有关上海史的著作。另外，上海社科院经济研究所经济史研究室自建立以来也一直致力于上海经济史的研究，涌现出一批著名学者，出版了众多有关上海工商企业、银行等专著。研究上海城市史的还有华东师范大学中国现代城市研究中心，该中心成立于2003年3月，下设城市经济与规划、城市人口与社会发展、城市历史与文化发展、城市制度与管理四个研究室，形成了城市经济与可持续发展、城市人口与社会发展、城市史、城市文化、城市制度等特色研究方向。

重庆城市史研究以四川大学历史系为主，该系1988年成立的城市研究所现为四川大学社科研究基地，曾先后承担了同类型城市研究、中国近现代城市发展与社会变迁研究、衰落城市研究、20世纪西部中等城市与区域发展研究等多项国家级课题，并主持国家清史编纂工程《清史·城市志》，目前主编中国城市史研究丛书。

武汉城市史研究以武汉社科院及江汉大学为主，其中江汉大学城市研究所于2008年成立，主要研究方向为城市文化史、武汉城市史、市政史，以及针对当前的城市建设问题研究。

天津城市史研究以天津社会科学院历史研究所为主，骨干学科为"近代华北区域城市史"，编辑出版《城市史研究》集刊。主要研究方向为区域经济史、城市社会与空间、城市管理与控制、城市慈善、天津商会史等。

这些地域均自1980年代就开展城市史研究，前后承接多项国家及省部级研究课题，汇聚了一批相关学者，已经成为城市史研究的重要基地。而其他地域的学者也各成一派，江南市镇、华南沿海、中原地区、东北三省以及西部城市都有各自专业的研究团队和科研力量，形成了各具特色的研究群体和学术阵地。从1988年到2009年，上海、重庆、武汉、天津、青岛等城市先后举行过18次比较大型的关于城市史的学术讨论会。而随着城市化进程的加速和城市的迅速发展，又有一批从事经济史、社会史，以及自然科学中规划、建筑等学科的学者关注中国城市发展史，加入到近代城市史研究的行列。他们依托各区域的大学和研究所，从所在城市起步，扩展到区域城市、沿海城市、衰落城市等方面，从而进一步壮大了研究的团队力量。但由于学术资料、科研风格等因素的影响，各地域间的"门户之别"依然清晰可辨。

二 学术聚焦：近代城市史研究的路径特色

城市产生发展本身所呈现的区域性决定了城市史研究的地方性属性，而这种地方性也会因学者所关注的兴趣点异同而产生多元化的研究领域与特色。就本次与会的学者代表而言，又因其涉猎的内容与从事研究的时间长短而有不同的侧重和表现。

老一辈学者多以宏观理论和整体把握见长，努力思考、探索城市史理论与研究方法的构建。如上海社会科学院熊月之总结了中国城乡长时段的发展趋势与特点，在此基础上归纳了城乡二元产生的因缘；四川大学何一民分析了社会大分工对社会进步和文明发展的促进作用，力求挖掘城市发展的原生元素；天津社会科学院张利民则从政府动力、市场动力与社会动力的角度，指明了近代城市发展的动力要素；江汉大学涂文学也从内与外、天与人、国家与社会三个方面分析了城市化运动的机制构成。另外，台湾学者刘石吉着力于传统中国城市的机能特征，华南理工大学吴庆洲专注于中国古代城市的建造文化内涵，上海师范大学苏智良则注重于当代城市规划的现实关怀。他们所构建和开拓的理论框架和研究思路，高屋建瓴、发人深思。

中年学者的研究兴趣则主要集中于某一领域的理论阐释与解读，极力探求、寻找符合中国城市史发展特征的理论体系与模式。如南开大学江沛等论述了区域城市兴衰演化的过程中交通变迁的巨大作用，东北师范大学曲晓范也从新式交通运输与区域社会变迁的视角，考察了铁路建成后带来的社会经济发展和区域城市化的进程；四川大学鲍成志总结了近代以来中国江海交通的巨大变化，认为因轮船运输兴起而引发的城市兴衰是近代中国城市发展演变的重要内容，为近代中国城市新体系的形成奠定了基础；陕西理工学院蔡云辉考察了西部河谷城市的独特地理区位与环境，指出多样化的自然灾害对这些城市的发展产生了不同程度的破坏与影响；中国社会科学院成一农对以往中国古代都城城市形态研究中的一些研究方法和概念进行了评述，提出了对于中国古代都城城市形态的特殊研究方式。这些学者的论作理论扎实、论证有力，带有浓烈的思辨气息，可谓城市史研究的中流砥柱。

青年学者中多以具体而微的专史和个案研究为主，热衷开辟、发展新的研究领域和运用新的研究方法。如四川大学范瑛以清代极具典型意义的四川城市群体为例，探讨了农业时代末期中国传统城市空间形态的若干特征与理论模式；上海师范大学钟翀等通过对各种资料的批判与考察，进行了城市多个时间断面的中尺度空间结构复原分析；上海师范大学姚霏用新文化史的理论方法勾勒了"孤岛"时期的上海民众的日常生活，同时引入空间概念，分析城市区间分布对民众日常生活的影响；三峡大学胡俊修等以摊贩群体为研究对象，通过分析下层民众的集体人格与政治生态，阐释了城市社会治理的困境与出路；河南大学吴朋飞利用文献和考古资料，借助 GIS 系统对开封周王府世系、建筑布局进行了复原研究；福建省委党校林星借助人类生态学理论，探讨了城市空间结构长时段的变迁，认为影响城市空间分布的因素除了经济竞争，还有国家力量、文化因素以及社会价值观的认同；南京大学孙扬则从 1945 年至 1949 年香港社会的群体性事件入手，探寻战后香港群体性事件升级、激化、扩散的原因与规律，以及香港政府的考量与对策。这些学者的作品角度独特、方法新颖，具有强烈的新生代色彩，是城市史研究的锐起新秀。

但不可否认的事实是，30 年的发展对于城市史研究来说，尚处于"而立之年"，无论是从研究理论还是从研究方法来说，国内学者对中国近代城市史的研究仍落后于国外学者。近年来，中国大陆的学者已经开始正视这一差异，相当多的学者正在努力地拓宽自己的研究视野，借助新的研究方法和学术框架进行大胆的尝试和探索。考察这次会议论文的研究特色，已明显可以看出，许多学者已然把目光转移到对在中国社会内部起作用的内在机制以及社会变迁的研究上来，把视角放置在对地方社会、城市下层、弱势群体、文化现象等领域进行考察，中西彼此之间的学术差异逐渐缩小，对话基础也正在逐步加强。

总体而言，城市史研究作为方兴未艾的史学领域之一，其发展的潜力和前景空间巨大。一方面，各地的学者正在逐渐走向联合，拉近彼此间的距离，形成研究的合力，促进城市史研究的整体发展和繁荣，"城市史研究会"正是这种形势下的产物。另一方面，城市史研究正在老中青三代学者的共同努力下，在各个节点都呈现出新的趣向，在进一步突出新史料、新方法与新视野的基础上，不断跨越经济史、社会文化史、政治制度史、建筑史、历史地理等不同学科的界限，全方位地展示出 20 世纪中国城市发展的特点。而随着研究的进一步深入，它必将对正走在城市化发展道路上的当代中国起到积极的借鉴作用。

作者：丁芮，天津社会科学院历史研究所

Abstracts

Municipal Administration & Planning and Construction

Changing the Consumptive City into the Productive City
—The Process and Reasons of CCP's Urban Construction
Policy Around 1949   *Li Guofang* / 1

Abstract: In the late 1940s, CCP started to occupy cities rapidly and carry on urban management, with an aim to shift its focus from country to city. Gradually CCP formed a new urban construction guideline, which has Marx's theory of surplus value as its core from the perspective of the revolutionary party with the judgment "semi – feudal and semi – colonial" nature of Chinese society. CCP holds that the Chinese cities were all "consumptive", and its goal is to change them into "productive cities".

Key Words: Urban Planning; Urban Construction Policy; CCP; Consumptive City; Productive City

The Urban Function Transformation of Chongqing around the End of the
Anti – Japanese War   *Sun Mingli* / 12

Abstract: The development history of Chongqing experienced the urbanization from town to city and its urban functions transformed accordingly. The urban functions of Chongqing presents their own characteristics in the periods of the its opening, during the Anti – Japanese War and after the victory of the war, which have the profound impact on the urban modernization of Chongqing.

Key Words: Around the End of the Anti – Japanese War; Chongqing; Urban Functions

The Response to the Disputes of the House Leasing in Nanking National Government
——In Case of Tianjin　　　　　　　　　　　*Yin Xuemei　Wang Jing* / 19

Abstract: There were increasing legal disputes on house leasing in Nanking national government on account of housing shortage and rent control. The government and society organizations took active actions to solve the problems. For example, both the central and local governments gradually formed a coherent legislation system by supplementing relevant legislation and government and social organizations took some measures to solve the problems. However, the disputes still could not be solved completely under the complex conditions, although they had some benefits.

Key Words: the Law of House Leasing; Social Organization; Government Control

Regional System & Economic Development

The Relations Between Baoding and Beijing in Modern Times
　　　　　　　　　　　　　　　　Zhang Huizhi　Xu Rui / 30

Abstract: Baoding is one of the fading inland cities in the process of modernization. This paper analyzes the relationship between Baoding and Beijing in modern times, based on the characteristics of political resource gathering of Chinese traditional city. The conclusions are as follows: the objective reasons include Baoding's losing Beijing's military portal and secondary transportation center, alienation of political and economic relationship with Beijing led by administrative levels reduction and so on; the subjective reasons include Tianjin, instead of Baoding, became the central market of international market system, that is, Baoding lost Beijing, the dominant consumptive market.

Key Words: Baoding; Beijing; City Relationship; the Process of Modernization; Go Far Gradually Lose Gradually

The Commodity Circulations between Tianjin and the Towns along the
Beijing – Hangzhou Grand Canal in Modern Times（1860 – 1937）
　　—In Case of Dezhou, Linqing, Liaocheng and Jining

Xiong Yaping　An Bao / 39

Abstract：Grains were at a large amount in the commodity circulations between
Tianjin before opening as a commercial port and the towns along the Beijing – Hang-
zhou Grand Canal such as Dezhou, Linqing, Liaocheng and Jining, which were al-
so passed by grain transporting system. Along with the opening of Tianjin, Qingdao
and other cities, the abolishment of grain transporting system, and the Jin – Pu rail-
way putting into operation, the commodity circulations between Tianjin and the oth-
er four towns were gradually changed in 1860, 1911 and 1937.

　　Key Words：Cannal towns；Tianjin；Commodity Circulation

Spatial Structure & Environmental Transition

Tianjin Health Development in the Late Qing Dynasty and the Preliminary
Establishment of Public Health Conception
　　——In Case of Ta Kung Pao　　　　　　　　　*Zhang Hairong* / 52

Abstract：Tianjin health development in the late Qing dynasty and the pre-
liminary establishment of public health conception are determined by Tianjin u-
nique political, economic, cultural and geographical environment and closely
linked with Eastward spur. Health institutions and health measures are established in
Yamen period, which introduces Tianjin health undertaking into initial standards,
and there are more development in Yuan Shikai's administration. Additionally, the
participation of various social forces, especially the gentry class, is the important
factors which promote Tianjin health development and health concept populariza-
tion. The two great plagues in Tianjin in the late Qing dynasty, which directly
promote public health concept establishing and strengthening. Meanwhile, "be
healthy", as an important corpus of local autonomy at the time, coincides with

the age requirements of enlightening, Xin min Tak, and strong species, which have great influence on the image of the new citizen and the promotion of Tianjin modernization.

Key Words: the Late Qing Dynasty; Tianjin; Health; Ta Kung Pao

"Back to Scene": the Space Order and the Urban Society Change in the Daily Life
—The Review of *Streetlife: The Untold History of Europe's Twentieth Century*　　　　　　　　　　　　　　　*Wang Jing* / 73

Abstract: In Streetlife, Leif Jerram encouraged historians to reconsider and reflect upon the manner in which they construct narratives of modern history and the agency they attribute to traditional sources of events. In order to "back to scene", he identified five "stories" which bring a range of spatial perspectives to the transformations experienced in the 20th century. In sum, Leif Jerram presents a totally new history of the twentieth century with the city at its heart.

Key Words: City; History Scene; Space; Everyday Life

Social Stratum and Cultural Education

The Review of Tianjin Gentry Philanthropist　　　　　　　　　*Ren Yunlan* / 78

Abstract: In the Qing dynasty, especially the late Qing dynasty, charities were really perfect in the city of Tianjin with a batch of bourgeois philanthropists. They developed from the early building of cities and pools, repairing of bridges and roads, opening of porridge factories, burying unclaimed bodies to the later association, nursery, giving medicine to the poor free of charge, winter relief, preparing against natural disasters and administering the poor. The reasons for Tianjin philanthropist group include: firstly, the ethos of helping those in danger and aid these in distress influence the public philanthropy; secondly, the development of urban economy has produced a batch of rich businessmen,

who are the potential philanthropist; thirdly, the official praise and positive pub-
licity for charity led to a large number of people engaged in charity.

Key Words: Tianjin; Qing Dynasty; Gentry Philanthropist; Philanthropy

Reform in Quarrelling: R. G. MacDonnell's Countermeasures toward the
Gambling Activities   *Mao Likun* / 92

Abstract: In order to deal with the sophisticated situation caused by the trade
depression, the Hong Kong Governor Richard Graves MacDonnell devised the
Gambling Houses System. Gambling Houses System aimed to solve the following
four issues: eliminating the illegal gambling dens, changing the corruption trends
of the police, accumulating a large sum of money and providing some amuse-
ment places for the poor Chinese. Gambling Houses System realized the original
objects; however, it also met harsh criticism from all circles. Though Hong
Kong government refuted the above criticism one by one, Her Majesty's princi-
pal secretary of State for the Colonies insisted on limiting the autonomous power
of the Hong Kong local officials, which led to the termination of Gambling
Houses System. The Gambling Houses System had lasted for only four fluctuating
years, while its illuminations deserved reflection.

Key Words: Hong Kong; Richard Graves MacDonnell; Gambling Hou-
ses; Fees Derived from Gambling Licenses

Overseas Research

Winning the Turf: The Transport Workers in Tianjin   *Gail Hershatter* / 130

Abstract: This article has made a full – around analysis on the transport
guild, an organization in charge of the transport industry in Tianjin during the
Republic of China. Firstly, it outlines the forming history and organization rules
of transport guild, and describes the living conditions of workers in transport
guilds; Secondly, it analyses the Hunhunrs and Qing Bang (Green Gang), the

city traditions that were behind of the violence arising from demarcating the turf among transport guilds. Lastly, it explains the complex relationships inside and outside the transport guilds which were reflected in the violence, such as those among the transport guilds, between transport guilds and businessmen, workers and foremen, transport guilds and government.

Key Words: Tianjin; Transport Workers; Transport Guild; City Tradition

The Koreans in Tianjin　　　　　　　　　　　　　　*Kouno Yasunori* / 161

Abstract: Since the Japan – Korea Annexation in 1910, Koreans in Tianjin had gradually increased, particularly after 1930s the number surged, and beyond ten thousand in 1940. They fell into four categories: anti – Japan activists, parvenus, and mostly entrepreneurs and officials, and the representatives for big firms. Nearly half of them lived in the Japanese concession, and showed a strong concentration of neighborhood. The occupation that they were engaged in was very complex, initially mainly opium smuggler, grocer and restaurant owner, and later dealer in daily necessities, particularly rice dealer and hotel manager. They had played the role of advance agent for Japanese invasion into North China, and by some efforts they changed their former "occupation image" of smuggler and grocer, and become one part of Japanese community in Tianjin.

Key Words: Tianjin; Korean; Occupation Structure; Immigration Type

The Development and the Background of Compulsory Education in Tianjin from the Latter Half of the 1920s through the 1940s　　　*TOBE Ken* / 189

Abstract: This article examines the development and the background of compulsory education in Tianjin from the latter half of the 1920s until the 1940s. During this period, the spread of compulsory education in China was steadily increasing in speed. The resulting increase in the number of primary school students surely brought about for better or worse great changes in educational facilities and in the makeup of local society. I believe that grasping these changes is extremely important for understanding Chinese society from the latter half of the 1920s. However, as regards the compulsory education of the period in question, there has been insufficient progress in understanding even such basic information as the number of school or of students. Thus in this article, I examine the case of Tianjin in terms of specific circumstances of the spread of compulsory education during the period in question and its background as basic research to advance future study.

Key Words: Tianjin; Compulsory Education; Enrollment; Nanjing National Government Period

Academic Review

稿　约

《城市史研究》创刊于 1988 年，是目前国内唯一的城市史研究专业刊物，由天津社会科学院历史研究所主办，现为中国城市史研究会会刊，一年两期，由社会科学文献出版社出版发行。

一、本刊欢迎具有学术性、前沿性、思想性的有关中外城市史研究的稿件，涉及的内容包括城市政治、经济、文化、社会及与之相关的地理、建筑、规划等多学科和跨学科课题。对视角新颖、选题独特、有创见、有卓识的文稿尤为重视。另设有硕博论坛、新书评论、国外研究、研究动态、学术述评和会议综述等栏目。

二、文章字数一般应控制在 15000 字，优秀稿件可放宽至 3 万字，译稿则须附原文及原作者的授权证明，由投稿人自行解决版权问题。

三、来稿除文章正文外，请附上：

（一）作者简介：姓名、所在单位、职称、学位、研究方向、邮编、联系电话、电子邮箱；

（二）中英文摘要：字（词）数控制在 150~200 字；

（三）中英文关键词：限制在 3~5 个；

（四）文章的英文译名；

（五）注释：一律采用脚注，每页编号，自为起止。具体格式请参见《社会科学文献出版社 2012 年学术著作出版规范》第 17~25 页，下载地址：http://www.ssap.com.cn/pic/Upload/Files/PDF/F63493193437835532395883.pdf。

四、本刊有修改删节文章的权力，凡投本刊者被视为认同这一规则。不同意删改者，请务必在文中声明。

五、本刊已加入中国学术期刊（光盘版）全文数据库，并许可其以数字化方式在中国知网发行传播本刊全文，相关作者著作权使用费与稿酬不再另行支付，作者向本刊提交文章发表的行为即视为同意我刊上述声明。

六、为方便编辑印刷，来稿一律采用电子文本，请径寄本刊编辑部电子邮箱：zhanglimin417@ sina. com，或 chengshishiyanjiu@ 163. com。来稿一经采用，即付样刊两册，因财力有限，没有稿酬；翻译外文文章，酌予翻译费。未用稿件，一律不退，一月内未接到用稿通知，可自行处理。文稿如有不允许删改和做技术处理的特殊事宜，请加说明。

需要订阅本刊的读者和单位，请与《城市史研究》编辑部联系。联系方式：电子邮箱 chengshishiyanjiu@ 163. com。

本刊地址：天津市南开区迎水道7号天津社会科学院历史研究所

邮编：300191；电话：022 - 23075336

《城市史研究》编辑部

图书在版编目（CIP）数据

城市史研究. 第 31 辑／张利民主编 . —北京：社会科学文献
出版社，2014.9
ISBN 978 - 7 - 5097 - 6430 - 5

I. ①城… II. ①张… III. ①城市史 - 文集 IV. ①C912. 81 - 53

中国版本图书馆 CIP 数据核字（2014）第 201209 号

城市史研究（第 31 辑）

主　　编／张利民

出 版 人／谢寿光
项目统筹／宋荣欣　李丽丽
责任编辑／宋荣欣　赵　薇

出　　版／社会科学文献出版社·近代史编辑室（010）59367256
　　　　　地址：北京市北三环中路甲 29 号院华龙大厦　邮编：100029
　　　　　网址：www.ssap.com.cn
发　　行／市场营销中心（010）59367081　59367090
　　　　　读者服务中心（010）59367028
印　　装／北京鹏润伟业印刷有限公司

规　　格／开　本：787mm×1092mm　1/16
　　　　　印　张：16.25　字　数：265 千字
版　　次／2014 年 9 月第 1 版　2014 年 9 月第 1 次印刷
书　　号／ISBN 978 - 7 - 5097 - 6430 - 5
定　　价／65.00 元